臺灣歷史與文化 研究輯刊

六 編

第 18 冊

臺灣光復初期教育轉型研究
（1945～1949）

吳 仁 華 著

花木蘭文化出版社

國家圖書館出版品預行編目資料

臺灣光復初期教育轉型研究（1945～1949）／吳仁華 著 -- 初
版 -- 新北市：花木蘭文化出版社，2014〔民 103〕

目 2+216 面：19×26 公分

（臺灣歷史與文化研究輯刊 六編：第 18 冊）

ISBN 978-986-322-961-2（精裝）

1.臺灣教育 2.臺灣光復

733.08   103015093

ISBN-978-986-322-961-2

臺灣歷史與文化研究輯刊

六 編 第十八冊   ISBN：978-986-322-961-2

臺灣光復初期教育轉型研究（1945～1949）

作　　者　吳仁華

總 編 輯　杜潔祥

副總編輯　楊嘉樂

編　　輯　許郁翎

出　　版　花木蘭文化出版社

社　　長　高小娟

聯絡地址　235 新北市中和區中安街七二號十三樓

　　　　　電話：02-2923-1455 ／傳真：02-2923-1452

網　　址　http://www.huamulan.tw 信箱 hml 810518@gmail.com

印　　刷　普羅文化出版廣告事業

初　　版　2014 年 9 月

定　　價　六編 21 冊（精裝）新台幣 42,000 元

臺灣光復初期教育轉型研究
（1945～1949）

吳仁華　著

作者簡介

吳仁華，男，1964 年 9 月出生於福建寧化，籍貫福建龍岩，博士，現為福建工程學院研究員。1985 年 9 月本科畢業於北京師範大學數學系，1987 年 7 月研究生畢業於華東師範大學教育基本理論專業，2007 年 6 月博士研究生畢業於福建師範大學教育史專業，獲教育學博士學位。長期在福建省教育行政管理部門從事政策法規、發展規劃、高等教育的管理與研究工作。2011 年 12 月調入福建工程學院。曾主持或參與制定多個福建省教育事業發展五年規劃，主持福建省社會科學規劃項目、福建省教育科學「十二五」規劃課題等多項高等教育管理研究重點課題。出版《法制在學校》（合著）、《臺灣光復初期教育轉型研究（1945～1949）》、《福建高等教育講演錄》等多部專著，在《光明日報》、《中國教育報》、《福建日報》和《中國高等教育》、《高等工程教育研究》等刊物發表文章 60 餘篇。

提　　要

中國人民取得抗日戰爭的最終勝利後，臺灣回歸祖國，由日本殖民地變成國民黨統治區的一個實行特殊集權體制的省份，再次與祖國大陸融合在一起，開啓了臺灣社會的全面轉型。但同時，中國又進入了一個政局動蕩、社會急劇變化時期，臺灣人民在歡天喜地迎回歸後很快就對國民黨統治產生了不滿與失望，官民矛盾日益激化，爆發了反抗國民黨統治的「二二八」事件。面對在大陸的節節敗退，國民黨當局不斷加強對臺灣社會的控制，加強「逃亡基地」的建設。在這一特定的政治動蕩、社會轉型背景下，臺灣光復初期教育處於一個與其他省份有明顯不同特點的全面轉型時期。臺灣光復後，主權更迭，國民黨當局接管了各級教育機構和各級各類學校，依據其統治意志確定了新的教育宗旨，確定了建立符合國民政府法律規定的教育制度及具體過渡辦法，從而開啓了由日本殖民地教育向國民黨統治區教育轉型的進程。在這一時期，教育宗旨的確立與實施，教育制度的過渡與落實，教師隊伍的結構調整與素質提升，教育語言文字及教育內容的轉換與統一，在強權控制下，總體上得到了明顯地推進，實現了與國民黨統治區教育的融合，爲國民黨敗退臺灣後的生存與發展打了一定的基礎。但是，這一轉型進程深受日本長達半個世紀殖民統治的影響，又是在國民黨控制程度不斷提高、政治生態嚴重失衡、經濟凋弊的情況下進行的，而且時間短暫，因此，出現了許多衝突與扭曲，具有明顯的歷史局限性。臺灣光復初期教育轉型，本質上是一個在「國民黨化」核心主導下的「祖國化」轉型進程。以正確的歷史觀深刻認識臺灣光復初期教育轉型，不僅可以豐富對教育轉型的理論認識，更重要的是可以爲兩岸在重新分離半個多世紀後，增進相互理解，促進和平統一提供有益的啓示。

目
次

第一章　緒　論

　　抗日戰爭勝利，臺灣回歸祖國，這是中華民族的一件大事。從國民政府接管臺灣到 1949 年底全面敗退臺灣的這一段時期，兩岸學術界一般稱之爲臺灣光復初期。本書力圖以辯證唯物主義和歷史唯物主義爲指導，從教育轉型這一視角對臺灣光復初期教育發展的歷程進行系統、客觀地分析，以期能夠正確解讀這段複雜歷史的實質。

第一節　選題意義

　　自上個世紀九十年代後，臺灣光復初期教育歷史的研究逐步引起了兩岸學者的重視。臺灣學者在光復初期歷史成爲熱點的背景下，基於不同的出發點，對這一問題進行了多視角的研究。相對來說，大陸學者對這方面的研究重視不夠，起步較晚，力量薄弱，目前還缺乏系統的研究，還缺乏與臺灣學者對話交流的基礎。這就使得大陸教育史學界，不僅在中華民國教育史以及臺灣教育史研究上存在著缺憾，也在認識當前臺灣教育發展淵源與教育變革現實上存在著不足。

一、臺灣光復初期教育歷史是中華民國教育史的一個組成部分

　　臺灣回歸祖國，這一重大歷史事件本身使得其教育發展成爲了中國教育發展的一個組成部分。臺灣光復後，經過一段時期對各級各類教育機構與學校的接管及改造，很快地實行了與大陸國統區一樣的國民政府規定的課程標準與教材，施行中華民國的教育法律法規與政策。由此，臺灣光復初期教育轉型的最重要主題開始凸現，那就是實行「祖國化」教育。

　　臺灣光復初期，由於是在日本殖民統治長達半個世紀後回歸祖國，其政治、經濟、文化發展在當時的國民黨統治區中具有一定的特殊性，其教育發展也具有鮮明的特殊性。對這一時期教育的發展，臺灣學者多將其分為三個階段。即，第一階段為臺灣省行政長官公署時期，在行政長官陳儀「臺灣光復，教育第一」的號召下，保證學校不停課，致力於革舊布新，改革學制，建立與國統區各省相同的學制和規章；闡揚「三民主義」，推行國語運動，加深臺灣同胞對祖國的認識。第二階段為自臺灣省政府成立至 1948 年底為止，教育工作以整頓與改進為重心。在臺灣省政府主席魏道明「安定求繁榮」的施政方針引領下，積極推行義務教育，擴充中等以上學校，充實各校圖書設備，提高師資，加強視導工作，推廣社會教育，編印補充教材，及考選臺灣省學生赴祖國大陸升學等，各項工作分頭並進。第三階段自 1949 年初陳誠主政至國民黨政府全面敗退臺灣為止，教育工作之重心在實施「計劃教育」，除使青年學生有均等的受教育機會、畢業後可以學以致用外，並配合臺灣的政治、經濟、軍事工作，以增加所謂「反共救國」的力量，顯然，臺灣光復初期教育發展與同時期國民黨統治區其他省份的教育發展是不一樣的。但是，這一特殊性未引起學者足夠的重視。一些學者在研究民國教育史時，雖然經注意到了臺灣回歸祖國的教育問題，然而僅限於「關於臺灣區教育的整理問題」〔註1〕和「逃亡學生的救濟與組訓」〔註2〕。還有的僅是略微涉及戰後臺灣教育的接收與改造〔註3〕，同樣也沒有把臺灣這一時期的教育轉型與發展作為中華民國一個特殊區域的特殊歷史過程來加以專題研究。「中國臺灣地區的教育經驗，是 20 世紀中華民族教育財富的一部分。在『一國兩制，和平統一祖國』大政方針指導下，對與中國大陸高等教育制度不同的另一種中華高等教育體制，研究其在臺灣光復時期的『祖國化』改革，弄清其中的來龍去脈、歷史與現狀，不僅是必要的，而且是及時的。」〔註4〕因此，在從事中華民國教育史的研究時不能忽略臺灣光復初期教育發展的特殊性。可以說，缺乏臺灣光復初期教育歷史的中華民國教育史是不完整的。

〔註1〕熊明安：《中華民國教育史》，重慶出版社 1990 年版，第 313～314 頁。
〔註2〕同上註，第 370 頁。
〔註3〕李華興主編：《民國教育史》，上海教育出版社 1997 年版，第 472～473 頁。
〔註4〕李正心：《論光復時期臺灣高等教育祖國化》，《教育研究》，1999 年第 12 期。

二、臺灣光復初期是 20 世紀臺灣教育發展史的一個重要轉折時期

光復初期是臺灣教育發展歷史上承上啟下的重要轉折時期，既是滌除日本殖民統治教育、實行「祖國化」教育的過程，又是為國民黨政府敗退臺灣後實行以「反共救國」為核心教育打基礎的一個階段，對 20 世紀 50 年代後的臺灣教育產生了巨大影響。

第一，這一時期臺灣教育具有特殊的歷史使命。簡言之，其根本點是圍繞去「日本化」推行「祖國化」教育而展開。日本侵佔臺灣後強制推行奴化教育達半個世紀之久，光復時臺灣的中年一代多數人雖尚能講些國語，但受逼迫以講日語、寫日語、讀日文書，用祖國語言交流已退到家庭的狹小範圍，而青少年則大多已不能講自己的母語了。因而，教育的重心除了保證戰後學校不停課，致力於恢復學校正常教育教學秩序外，重要的是推廣國語，加強祖國歷史教育等，促進中華民族文化在臺灣的傳播。

第二，這一時期臺灣教育變化是在特殊的社會背景下進行的。從臺灣光復到國民黨政府全面退臺只有短短的 4 年多一點的時間，但是臺灣社會經歷了劇烈的變化與動盪。臺灣光復與國民黨的特殊接管、「二二八事件」、國民黨內戰失敗，每一個事件都對臺灣社會造成了激烈的衝擊和震撼，對這一時期的臺灣教育同樣產生了重要影響。這就使得這一時期臺灣教育轉型中存在的問題及其解決，常常是在外力的推動下進行的。如臺灣光復後教師緊缺問題一直非常突出，直到國民黨在內戰中敗退並選擇臺灣作為政權偏安之地，導致大量人員湧入臺灣，才使這一問題最終得到比較好的解決。

第三，這一時期臺灣教育面臨著多元文化相互交織與衝突。在光復初期的教育轉型過程中，各種影響相互交織，不同文化衝突明顯。其中，最根本的衝突是日本書化與中華文化的強烈碰撞。值得高度重視的是，國民黨政權及軍隊帶入臺灣的是由改造過的「三民主義」過濾後的封建文化，與一批進步人士所代表的先進文化形成了直接的衝突，還出現了戰後的中國文化與臺灣人民心中留存的中華文化明顯的差別與衝突，這些都對教育產生了很大的影響。

第四，這一時期臺灣教育有其自身特殊歷史條件決定的運行機制。在日本殖民統治後期國民學校比較發達，光復後行政當局在保證不停課的前提下，為了保持與鞏固國民學校發展基礎，加快了國民中學的發展，緩解國民學校畢業生升學問題。為解決師資緊缺問題，當局重點推動了師範教育的發

展，設置了一批中等師範學校，創立了臺灣師範學院。在發展職業教育與高等教育時也注意到了臺灣經濟社會發展的需要。這些，爲國民黨政府敗退臺灣後的教育發展打下了基礎。

因此，對於這一重要轉折時期教育史認識的缺乏，或者是認識的不正確，必將影響著對臺灣整個教育史的認識，也影響著對當前臺灣教育發展中引發爭論問題的認識。

三、臺灣光復初期是 20 世紀兩岸教育融合的一個重要時期

臺灣光復初期的歷史變革，對於兩岸關係的發展有著重要的作用與意義。對此，不少學者做出了積極的評價。「從 1945 到 1949 的四年是臺灣從日本帝國主義統治下回歸祖國懷抱的轉折時期，不論從政治上、經濟上、文化上都面臨著重大的改變，臺灣人民不適應國民黨的統治，國民黨對臺灣和臺灣人民也未有清楚的認識，二者之間的差距，引起了種種問題，發生了『二·二八』這樣的對當代臺灣政治產生重大影響的歷史事件。但是，臺灣人民畢竟在艱難的條件下，進行了工農業生產的恢復和重建，在文化教育等方面也開始剷除日本殖民統治的影響，在與祖國各地重新融合的道路上邁進了一步。」〔註5〕「光復後，臺灣和整個中國社會的整合雖然只有短短的 4 年，但這 4 年在臺灣近、現代的歷史和兩岸關係史上都具有十分重要的意義。儘管此後因爲國共內戰造成的結果，臺灣和中國大陸之間又處於隔絕的狀態，但由於有了這 4 年，臺灣歷史和海峽兩岸關係史發展的鏈條就呈現出了完全不同的景象。」〔註6〕臺灣光復初期，爲了儘快清除日本殖民統治的影響，重建和恢復中華民族固有文化，一批大陸教師，特別是一些知名人士（包括當時在大陸的臺籍人士）參與了臺灣教育的接收、改造、重建過程，如時任臺灣省行政長官公署教育處處長的范壽康，臺灣國語推行委員會主任委員魏建功，臺灣省立編譯館館長許壽裳等。他們在推動國民政府教育法律法規實施、建立新教育體制、國語推廣、教師培訓、中華傳統文化傳播等方面做了大量具體工作，極大地促進了臺灣教育與大陸國統區教育的融合。在民國政府和臺灣當局推動下，這一時期不少學生求學祖國大陸，增強了對國家的認同感。

〔註 5〕 陳孔立主編：《臺灣歷史綱要》，九州出版社 1997 年版，第 434～435 頁。
〔註 6〕 鄧孔昭：《光復初期（1945～1949）的臺灣社會與文學》，《臺灣研究集刊》，2003 年第 4 期。

「臺灣學生求學大陸，是臺灣擺脫日本殖民統治後，在教育方面與祖國大陸再次交融的具體體現，是中國現代教育史上具有重要意義的事件，對此應予以積極評價。」〔註7〕從臺灣光復到國民黨政權全面退臺的數年間，是臺灣與祖國大陸分割 50 年後融合，又是上世紀 50 年代後更嚴重分割的開始，不少臺灣人民對祖國大陸的印象就是那個時期留下的。同時，這也是大陸文化與教育對臺灣施以影響的重要階段。正確認識這一時期的兩岸教育融合對於認識臺灣教育史以及兩岸教育淵源都具有重要意義。

四、正確認識臺灣光復初期教育歷史具有重要的現實意義

臺灣光復後，與分離長達半個世紀的祖國全方位的重新融合，既有制度上的，也有心理上的。在制度方面，國民黨憑藉其相對於臺灣民眾來說的強大政權力量，強制推行專制統治，對於民眾的政治訴求置若罔聞；在心理方面，國民黨的錯誤施政與腐敗政治很快就使臺灣民眾從迎接回歸的喜悅轉化爲失望與抗爭。現今兩岸民眾之間存在著的一些誤會、誤解，有很大部分與這一時期臺灣民眾所遭受的苦痛及留下的心理創傷分不開。解除戒嚴後，光復初期歷史成爲臺灣政治意願表達的一個爭論焦點。基於不同立場，光復初期歷史特別是「二二八事件」，成爲少數臺灣政客玩弄政治、達成政治目的的史源。

臺灣重新回到祖國懷抱，其教育發展與大陸國民黨統治區的教育發展，因統一執行國民政府的教育法令而緊密聯繫在一起。但是，由於歷史和地理的因素，臺灣的教育轉型與大陸原日本佔領區域的教育轉型有著明顯的不同，不僅轉型基礎不同，就是轉型的走向也不同。在這一方面，臺灣的教育史學研究者據於其立場的不同，形成了不同的觀點。少數臺灣學者爲服務其政治觀與歷史觀，有意迴避或故意忽略這一時期教育「祖國化」特徵，肆意曲解或惡意顛覆這一段歷史。而大陸的教育史學研究者在這方面缺乏系統深入的研究，與臺灣教育史學界溝通交流不多，主動謀求共識不夠，對於不利於推進祖國和平統一大業的臺灣光復初期教育史研究中出現的錯誤觀點缺乏應有的駁斥與批判。

因此，選擇臺灣光復初期教育歷史進行系統的研究，是一項有創新意義的研究，具有重要的歷史研究價值和現實促進作用。

〔註 7〕黃新憲：《1946 年～1949 年臺灣學生求學祖國大陸考》，《河北師範大學學報（哲學社會學科版）》，2004 年第 6 期。

第二節　研究視角選擇

　　光復後，臺灣從日本殖民地轉變爲中華民國的一個省份，重新與祖國大陸的政治、經濟、文化及社會的發展變化緊密聯繫在一起，由此臺灣社會進入了一個根本轉型時期。教育轉型是臺灣光復初期的一種客觀現象，是這一時期社會轉型的一個重要組成部分。因此，運用教育轉型這一視角對臺灣光復初期的教育歷史進行分析研究可以較好地符合歷史實際。

一、對社會轉型的一般認識

　　社會轉型，源於西方發展社會學理論，主要指社會發生的重大而深刻的變化。轉型的基本含義是指轉變、變化、過渡、變遷等。對於社會轉型，目前學術界沒有統一的定義，不同的研究者分別從社會學、歷史學、經濟學等角度對其進行界定。從廣義上理解，社會轉型泛指一切社會形態的質變、飛躍。社會革命、社會發展進程中的重大改革和變遷等，都可被視爲社會轉型的形式。歷史上，每次社會形態更替，都經歷過社會轉型期。「社會轉型，從其字面意義上說，是指人類社會由一種存在類型向另一種存在類型的轉變，它意味著社會系統內結構的變遷，意味著人們的生產方式、生活方式、心理結構、價值觀念等各方面深刻的革命性變革。」〔註8〕

　　對於如何理解社會轉型，不少學者在深入研究的基礎上力圖概括出社會轉型的共同特徵。如有的將社會轉型的共同特徵概括爲：它是社會結構轉型，社會結構是探討社會轉型的關鍵；社會結構轉型不是社會局部的改變，而是社會整體系統從一種結構狀態向另一種結構狀態的過渡，它表現爲社會系統全面的結構性調整與轉化；社會現代化與社會轉型是重合的，幾乎是同義的；社會轉型的「轉」，是一種狀態、一個歷史階段、一種趨勢，它是一個動態過程，但不是一個無止境的過程，因而社會轉型具有明確時代特色。〔註9〕還有的認爲，應該從以下四個方面來理解和把握社會轉型：社會轉型與社會常規時期相對應，是社會發展連續性的中斷；社會轉型是人們實踐活動方式的根本改變；社會轉型是社會基本結構的根本變化；社會轉型是文化模式的變遷。〔註10〕這是兩種有代表性的概括，主要區別在於概括者的主觀意識，即對社

〔註8〕　陳晏清：《當代中國社會轉型論》，山西教育出版社1998年版，第18頁。
〔註9〕　章輝美：《社會轉型與社會問題》，湖南大學出版社2004年版，第4～5頁。
〔註10〕　李慶霞：《社會轉型中的文化衝突》，黑龍江人民出版社2004年版，第21～30頁。

會轉型是否賦予價值判斷。前者的概括賦予了社會轉型的價值判斷，即將之與現代化特定含義聯繫起來；後者是以中性來認識社會轉型。筆者認為，在本研究中對社會轉型的理解還需要注意以下因素：社會轉型的概念和一般的社會變化相聯繫，社會變化是所有社會的特徵，但並不是所有的社會變化都被稱為社會轉型；社會轉型的概念常常與社會發展相關聯，社會發展的概念包含著價值判斷，而社會轉型是一種社會現象的描述，一般不具有價值判斷的意味，並不是所有轉型都是進步的、發展的。

　　社會轉型之所以引起人們的高度重視，原因在於轉型過程中社會矛盾呈現新的特點。社會轉型時期的社會矛盾有三個特點：第一，對立性，即社會轉型的推動力量與制約力量處於對立並且是激烈衝突狀態，呈現出二元社會結構，兩種力量此消彼長，在鬥爭中或者是急劇轉化或者是緩慢轉化；第二，交叉性，社會轉型使得社會出現新的斷裂、矛盾和衝突，打破了原有的關係格局與平衡狀態，社會內部產生的複雜的利益差異和各種利益訴求矛盾交織在一起；第三，突發性，轉型過程中社會存在的各種差異和矛盾處於激烈的鬥爭狀態，如果不能得到合理有效的解決和化解，往往會釀成嚴重的社會問題，有時會因為一件具體細微的事件，就可能產生波及整個社會的衝突，甚至可能產生嚴重的社會動盪。

　　在社會轉型的研究中，有的研究者將社會轉型劃分為社會結構轉型、社會運行機制轉型、價值觀念體系轉型三個層面，有的研究者將其劃分為經濟轉型、政治轉型、文化轉型三個部分。無論怎麼劃分，在社會轉型過程中，不同層面、不同部分的轉型往往不是同步的。「如果把社會轉型僅僅理解為經濟的或政治的變遷，這樣的轉型有可能在短時間內迅速完成。但是，如果從文化模式變遷的角度來把握社會轉型，那麼社會轉型則需要一個非常漫長的過程。因為這樣的社會轉型是在經濟轉型、政治轉型之後，還有一個文化轉型需要完成。」﹝註11﹞因此，對於社會轉型，進行一定的結構分析是必要的。

二、教育轉型理論的基本內涵

　　教育轉型是社會轉型的一個組成部分，是一種客觀存在。儘管目前還缺乏系統的教育轉型理論研究，但是，我們可以從已經開展的相關研究中對教育轉型理論做出一個初步概述，為具體的實務研究提供一個理論框架。

﹝註11﹞李慶霞：《社會轉型中的文化衝突》，黑龍江人民出版社2004年版，第29頁。

1. 教育轉型理論研究概略

教育轉型問題一直受到教育理論界的關注，但多數研究者對於教育轉型的語義表述不一致，往往是在教育近代化、教育現代化、教育變革、教育轉折等語境下進行研究。值得注意的是，這一研究已取得許多重要成果，一些觀點對於認識教育轉型具有重要的啟示。如「一個時期的教育傳統總是受到外部和內部兩種影響。外部影響就是當時的政治、經濟、文化傳統的因素；內部影響即先前的教育傳統。」〔註 12〕，「教育傳統的轉化是整體性和全方位的，它涉及教育傳統的物質、制度、觀念三個層面以及人員、財物、結構、信息等教育系統的各個要素，而這三層面和各個要素之間又是相互依賴、相互影響、相互制約的，但它們的地位和作用並不一致。從上述三個層面上來看，教育觀念的轉化是起主導作用的。從四個要素來分析，則人員要素處於主導地位。〔註 13〕」一些有識之士，在研究中認識到了教育傳統的現代轉化是一個艱難過程，教育觀念轉化不是同步的。「教育制度往往會隨著政治經濟制度的變革而得以變革，往往可以從上而下通過行政手段達到。教育內容的改變，也可以隨著科學技術的發展而上下結合地進行。只有教育觀念的轉變，不能用行政命令的方式解決，只有在社會經濟、政治、文化等各種外部變革之中逐步得以改變。急風驟雨的革命可以使人們的觀念發生急劇的變化，但深層次的受文化傳統影響較深的觀念，包括教育觀念還會潛伏在人們的頭腦中。」〔註 14〕對這些觀點進行適當引申，可以認為教育轉型具有三個層次、四個要素。其中，三個層次相應地可以外在地對應於教育與經濟、政治、文化的關係，而四個要素則是教育內在的因素。

近年來，教育轉型作為一個獨立概念逐步為一些學者所使用，針對教育轉型的理論研究也逐步展開。有學者從科舉革廢與近代中國高等教育轉型的視角，專門進行了近代中國高等教育轉型的理論探討，並認為近代中國高等教育轉型包括教育思想、教育體制、教育內容與方法、考試評價制度等諸多方面，其發生機制與演變進程受社會因素的制約和影響，反映了政治、經濟、文化變革的必然要求。同時，還受到教育內部諸要素的影響，這主要表現在

〔註 12〕 顧明遠主編：《民族文化傳統與教育現代化》，北京師範大學出版社 1998 年版，第 11～12 頁。
〔註 13〕 同上註，第 24 頁。
〔註 14〕 同上註，第 441 頁。

高等教育內部各要素之間存在必然性的聯繫，相互作用，由此推動教育的變
革與發展。〔註 15〕在這裡，研究者從教育的外部規律與內部規律論出發，揭
示了教育轉型的發生機制。還有學者從當前教育與文化關係角度進行研究後
認爲：造成教育文化矛盾的原因之一，是現代中國教育過度轉型或轉型過度。
近 30 年中國的教育轉型是在市場經濟和由「以經濟建設爲中心」的發展戰略
大轉移的推動下進行的，可以說教育的現代化在相當程度上是外推型而不是
內髮型的。於是，教育轉型在獲得巨大的不容申言和置辯的外部動力的同時，
也存在著一些深層次的隱患。

最直接的表現之一，就是教育過度直接地依賴於現存的經濟與社會，乃
至由經濟依賴、社會依附，走向文化上的飯依，完全與經濟社會的世俗性混
爲一體。〔註 16〕這裡，研究者不僅提出了教育轉型過度的概念，還揭示了教
育轉型與文化轉型的關係。此外，一些學者也以教育轉型爲題，從不同角度
對當前教育改革與發展進程進行了研究。

但是，從總體上看，教育界對於教育轉型自身的研究還是缺乏的，特別
是運用教育轉型視角進行教育史的研究還未深入展開。歷史上教育轉型的出
現，有這樣幾種情況：一是不同社會制度間的教育轉型，這是最宏觀層面的
教育轉型，是社會形態轉換時的教育轉型，是一個破舊立新的過程，是根本
的轉型。二是同一社會制度下不同朝代間的教育轉型，這種教育轉型總體上
看是漸進性的。在朝代更替間可能由於戰爭使教育設施等遭到毀滅性的破
壞，但新朝代建立後，一般情況下教育制度能得到比較快的重建。在同一社
會制度下的教育轉型，主要是根據社會生產力發展來推動的，總體上是個比
較緩慢的過程。三是特殊區域主權更替時的教育轉型。在歷史上，由於戰爭
等各種原因，不少區域出現了主權更替的現象，相應地就出現了主權更替時
的教育轉型。不過，這些特殊區域的教育轉型取決於主權更替過程中的社會
制度變化、文化變換等。有的區域會呈現急劇轉型形態；有的區域呈現平緩
轉型形態。然而，正如有學者所指出的，「歷來對中國史的研究大多不外通史
與斷代史，對於社會轉型期的歷史一般很少作專門性的研究。這裡所謂『轉

〔註15〕 張亞群：《科舉革廢與近代中國高等教育的轉型》，華中師範大學出版社 2005
年版，第 226～231 頁。
〔註16〕 樊浩：《現代教育的文化矛盾》，《北京師範大學學報（社會科學版）》，2005
年第 4 期。

型期』的含義，我認爲是指朝代與朝代間、社會形態與社會形態間的轉換所發生的各種變化，如宋元之際、明清之際、封建社會轉變成半封建半殖民地社會等。在這種轉型期往往發生許多足以引起人們注意的變化，甚至是巨變。但我們研究通史時常常一掠而過，研究斷代史時則多用力於主朝，較少涉及易代鼎革的變化，甚至出現空白。因而，研究轉型期歷史的專著較少見。」（註17）在教育史的研究中同樣存在這一情況。我們認爲，教育史的研究不僅應當告訴人們關於歷史某一個時期教育發生、發展的過程，還要向人們揭示教育的本質及發生、變化的機制。從社會轉型角度來研究教育發展歷史，並將其置於社會轉型之中，從教育轉型與經濟轉型、政治轉型、文化轉型的關係變化，及教育轉型自身發展的軌迹變化來加以研究，可以爲教育歷史研究提供新的範式，進而拓寬教育史研究的視野。

2. 教育轉型發生機制的初步認識

教育轉型在社會轉型中，不是一種原生性轉型，其原始推動力往往不是由教育內部矛盾運動所產生，而是爲政治、經濟、文化轉型所推動。教育轉型與經濟轉型、政治轉型、文化轉型關係極爲複雜，並不只是存在著推動與被推動的完全一致對應的狀態，而是適應與衝突、推動與反推動並存。教育轉型可能超越發展階段，也就是超越政治、經濟、文化轉型提出的要求與提供的條件，出現轉型「過度」；也可能滯後，出現轉型「不足」。

教育轉型與經濟轉型、政治轉型、文化轉型三者間的關係既不是一致的，也不是同步的。從教育轉型與經濟轉型關係看，工業革命以來，隨著現代科學技術的發展及對生產、生活產生的重要影響，一方面教育活動中與經濟活動融合的部分與經濟轉型具有直接的對應性，如科學技術的更新，在專業教育與技術培訓中就能得到很快的體現；另一方面，教育活動以培養人爲主要目的的爲經濟服務的成分，則與經濟轉型的關係較爲複雜，兩者不是線性的、對應的。從教育轉型與政治轉型關係看，兩者最爲直接。「教育制度與經濟制度之間並不存在直接的同一性；與此不同的是，一定的教育制度卻不能和不同的政治制度相聯繫，而只能與某一種政治制度相適應。或者說，教育制度與政治制度之間在相互適應的過程中，各自調節和變換的範圍較小。我們甚至可以認爲，教育制度與政治制度之間相互適應的機制沒有什麼太大的彈

〔註17〕來新夏：《要多研究和編寫轉型期歷史》，《光明日報》，2004 年 9 月 21 日。

性，屬於一種『硬適應』，而不是『軟適應』。」〔註18〕從教育轉型與文化轉型關係看，兩者關係最爲複雜。如果將教育作爲文化的一個組成部分，教育轉型是文化轉型中的一個組成部分；如果將教育作爲與文化並列的一種人類活動，教育轉型與文化轉型呈現的是一種相互作用關係。教育不僅傳承文化，也創造文化。教育既受已有文化傳統的影響，又在發展過程中不斷努力擺脫傳統文化的影響。教育轉型與文化轉型的相互影響是潛在的，「一方面，教育制度對觀念文化的影響是潛移默化的；另一方面，觀念文化對教育制度的影響也是彌漫性的，不受時間和空間的限制」〔註19〕。

　　同時，教育轉型與文化轉型間的關係受到經濟轉型、政治轉型的極大影響。符合政治意識形態的文化，或者說是主流文化，就可以在教育轉型時得以較好的傳承，而非主流文化相對來說就難以在教育轉型中得到體現。在一定政治條件下，符合經濟發展走向的文化，也會在教育轉型中得到較好的體現。不能忽視的是，文化有其基本的屬性，即時代性和民族性。「任何文化形態，既是一定時代的文化，又是一定民族的文化；既是特定民族在一定時代的文化，又是一定時代的特定民族的文化。因此，任何文化都是民族性與時代性的集合，表現爲特定時代的文化所具有的民族特色。離開時代性與民族性談文化，只能是抽象的文化，沒有存在的理由和可能。」〔註20〕從這一觀點出發，無論是作爲文化轉型的一個組成部分，還是作爲與文化轉型並列的社會轉型的一個組成部分，對教育轉型的把握都必須掌握其所應當具有的時代性與民族性，否則就會失去研究的意義。

　　教育轉型還有其自身的內在發生機制。這種機制的第一個層面是其轉型的基礎，或者說是轉型所依據的傳統。「教育傳統是指經過長期的歷史積澱而形成並繼承下來的教育思想、制度、內容和方法，即在過去教育實踐中形成並得以流傳的具有一定特色的教育體系」〔註21〕在教育轉型過程中，傳統並不是一種靜止的等待改造或拋棄的成份，傳統裏蘊含著推動轉型的因素，也蘊含著制約轉型的因素，傳統本身處於發展變化過程，轉型就是以傳統爲基

〔註18〕謝維和：《教育活動的社會學分析──一種教育社會學的研究》，教育科學出版社 2000 年版，第 234 頁。

〔註19〕同上註，第 237 頁。

〔註20〕黃德福：《梁啓超與胡適──兩代知識分子學思歷程的比較研究》，吉林人民出版社 2004 年版，第 195 頁。

〔註21〕顧明遠：《民族文化傳統與教育現代化》，第 11 頁。

礎，以傳統爲對象。第二個層面，是指在轉型過程中教育系統內部各要素之間的矛盾運動關係。社會轉型的推動，打破了原有教育系統內部各要素之間的平衡，需要通過一定的調整，構建新的平衡。在這個意義上說，教育轉型就是教育系統各要素的動態平衡過程。如教育普及化程度的不斷提高，就會提出上一級教育發展的要求；學校規模的擴大，會提出對教師數量與質量的要求等。教育轉型，從其系統要素來分析，可以具體分爲教育目的、教育方針、教育思想、教育制度、教育體制、教育內容、教育方法等多方面。這其中，教育目的、思想兩個要素轉型的實現是最根本的轉型，也是最深刻的轉型。

　　教育轉型的外在動力與內生機制是一種辯證關係，即外在動力對於教育轉型是決定性的力量，是推動教育轉型內生機制發生變化的推動力量。同時，教育轉型的內生機制對外在動力作用於教育轉型有著促進和制約的作用。

第三節　文獻綜述

　　對於從 1945 年至 1949 年底這一階段的臺灣教育轉型與發展的研究，在上個世紀 90 年代以前，由於種種原因在兩岸都未被深入地研究與探討，許多問題被迴避或忽略。在少數學者所進行的臺灣教育史的研究中，如臺灣學者汪知亭的《臺灣教育史料新編》及大陸學者莊明水等著的《臺灣教育簡史》等，對這一時期的臺灣教育轉型與發展有一定的描述，但是沒有將之作爲獨立的特殊階段進行研究。

　　1987 年臺灣「解嚴」後，光復初期的政治、社會、文化變化過程引起了學者們的廣泛重視，特別是「二二八事件」的研究不斷得到強化，使得不少史料得以被挖掘。上個世紀 90 年代以後，臺灣學者對光復初期教育問題的專題研究逐漸展開。歐素瑛先後發表了《光復初期臺灣經濟計劃與職業教育之改造（民國 34 年～38 年）》，《光復初期臺灣職業學校學生之來源與出路（民國 34 年～38 年）》，《光復初期的國立臺灣大學（民國 34 年～38 年）》，《光復初期臺灣職業學校之任用與待遇（民國 34 年～38 年）》，《戰後初期臺灣職業學校的調適——以課程變革與教材編印爲中心（1945～1949）》，《戰後初期臺灣中等學校之學風與訓育（1945～1949）》。葉龍彥先後發表了《臺灣光復初期的國民教育（1945～1949）》，《臺灣光復初期的職業教育（1945～1949）》，

《臺灣光復初期的師範教育（1945～1949）》，《臺灣光復初期的合作教育（1945
～1949）》，《臺灣光復初期的中等教育（1945～1949）》。黃士嘉先後發表了《臺
灣光復初期的師範教育（上）（1945～1949）》，《臺灣光復初期的師範教育（下）
（1945～1949）》。湯熙勇發表了《戰後初期臺灣中小學教師的任用與培訓》，
等等。光復初期教育問題成爲了碩士論文選題的一個方面。1998 年，臺灣師
大洪瑞重的碩士論文爲《臺灣行政長官公署時期教育接收與推展（1945～
1947）》。2000 年，臺灣師大董褘婷的碩士論文爲《光復初期臺灣國民學校師
資之研究（1945～1949）》，此外，還有少量的時間跨度較大的以戰後臺灣教
育發展爲題的碩士論文〔註22〕。上個世紀 90 年代以後出版的一些臺灣教育史
著作，也重視了對這一時期臺灣教育發展的研究。如，徐南號主編的《臺灣
教育史》，儘管未將光復初期作爲一個獨立階段，但是注意到了光復初期臺灣
教育發生的重大事件及與日據時期所發生的重大變化。「戰後臺灣教育史的研
究，如同日治時期研究一般，是目前社會文化史研究的重心，也是較早展開
的課題。1980 年代已有討論戰後初期教育的論著。但是，歷史學者的研究還
是直到 1990 年代才開始，從各級教育、語文教育和政策、各級學校以及圖書
館均有研究」。〔註23〕總體上看，臺灣學者在這方面的研究有三個基本特點：
一是文獻史料豐富，二是研究指導思想與立場明顯對立，三是研究結論分歧
很大。不少學者在研究中，客觀地敘述了這一時期臺灣教育某一個方面的發
展歷程，注意到了兩岸國民黨統治區教育的融合是主流、是根本的基本特徵，
注意到了臺灣光復初期教育歷史所蘊含的重要價值。曾健民就指出：「在臺灣
教育史中，光復初期是最爲重要且值得深入研究的一段時期；這段時期處於
日本的殖民地教育復歸爲祖國的國民教育的歷史轉折時期，不但有豐富的歷
史內涵，而且有高度的文化意義。從教育史的層次看，它歷經了國民政府對
臺灣教育接管的籌劃、接管與重建的複雜變革過程；從更廣泛的文化層次來
看，這個教育變革過程本身，就內含了臺灣現代文化史中殖民、去殖民、中
國化以及現代化的幾個基本問題。」〔註24〕

〔註22〕施志汶：《近十年歷史研究所臺灣史碩士論文考察（1993 年～2002 年）》，《臺
灣史料研究》第 21 期，2003 年。

〔註23〕林玉茹：《1945 年以來臺灣學者臺灣史研究的問題——課題與研究趨勢的討論
（1945～2000）》，《臺灣史料研究》第 21 期，2003 年。

〔註24〕曾健民：《光復初期臺灣的教育》。見黃俊傑編：《光復初期的臺灣：思想與文
化的轉型》，臺灣大學出版中心 2005 年版，第 1 頁。

　　但是，少數臺灣學者利用這一時期國民黨政府執政施政上的錯誤，激化大陸與臺灣人民的矛盾，甚至爲了藉此闡發「臺獨」理念，而不惜歪曲事實。有臺灣學者對臺灣光復初期教育的研究，既割裂了與祖國大陸的聯繫，又割裂了臺灣光復初期教育發展的前後聯繫。一位臺灣學者認爲，「在語言政策方面，國民黨政府把語言教育當作政治統治的工具。戰後即企圖在短時期內，以強制手段實行全面性的單一語言政策，極力剷除日語，使日據時代優秀作家無法延續其創作生命；同時忽略了臺灣是個多語族社會，不僅不尊重各族群的母語，甚至透過立法加以壓抑。在教學所使用的語言，也完全採『國語』直接教學法，不輔用地方語或民族母語。對學校強制推行說國語運動，禁止學童說『方言』，『違規』者還會遭到處罰。這種以政治力量壓迫而造成國語獨尊的現象，不但使臺灣其他族群喪失母語教育權、使用權和傳播權，也使下一代母語能力急速衰退，長此以往，導致臺灣語許多族群面臨母語流失的危機；也造成日後族群間的緊張關係日益嚴重」〔註25〕這些觀點，將「國語」與臺灣的「地方語」或族群「母語」嚴重割裂開來，對日本殖民統治者在臺灣實行的強迫推行日語的政策不作批評，還將袪除「皇民化」影響視爲一種錯誤。少數臺灣學者對這一階段教育轉型的研究，還忽略或者是有意迴避當時實行「祖國化」教育和兩岸教育交流頻繁的客觀歷史事實，割裂或任意解釋臺灣教育發展歷史中大陸的影響和作用。或者是在研究中有意或無意地不區分這一時期教育的主流與非主流趨向，混淆是非。如有臺灣學者就認爲這一時期「中國國民黨在臺灣的教育，是既『反臺灣』也『反教育』」，「所謂『反臺灣』就是看輕臺灣文化，禁說臺灣母語，消滅臺灣意識，不重用臺灣人。所謂『反教育』，則在『智育』上屬行思想灌輸，主義洗腦，領袖偶像崇拜，造成潛能的壓抑與萎縮，觀念陳舊保守封閉，人才變成奴才；加上仇匪恨匪，仇日恨日，仇臺恨臺的教育與報導，『德育』更受到傷害」〔註26〕這些錯誤的研究觀與研究結論，是我們在分析一些臺灣學者的研究中不得不指出來，並且要通過客觀公正的研究予以批駁。

　　上個世紀 90 年代後，在大陸也有少數學者開始關注這一時期臺灣教育轉型與發展的特點，並進行了一些初步的研究。如，黃新憲在《閩臺教育的交

〔註25〕劉振倫：《臺灣母語與鄉土教學的文化意識——以宜蘭縣爲例》，《臺灣史料研究》，1995 年第 5 期。

〔註26〕林玉體：《臺灣教育史》，文景書局 2003 年版，第 190 頁。

融與發展》一書中以「抗戰勝利後閩臺教育關係的發展」為題專門研究了這
一時期閩臺教育交流的狀況,並發表了《1946 年～1949 年臺灣學生求學祖國
大陸考》。李正心發表了《光復時期臺灣教育祖國化鈎沈》,《論光復時期臺灣
高等教育祖國化》。史習培發表了《光復初期臺灣教育重建與兩岸教育交流芻
議》。貝原發表了《試論臺灣光復初期的師範教育》。吳仁華發表了《論抗戰
勝利前夕接收臺灣教育的準備》、《臺灣光復初期教育改造透視》、《論臺灣光
復初期教育轉型的歷史定位》、《試析臺灣光復初期學生運動》等論文。與臺
灣學者比較,大陸學者總體上重視不夠,仍有一些著作述及臺灣教育歷史沿
革時忽略了這一階段〔註 27〕。同時在史料的挖掘上較為薄弱,更多地是利用
已有的史料闡發這一時期的重要特徵——臺灣教育「祖國化」,偏重從價值視
野開展對這一問題的研究。正如有大陸學者所指出的,「光復初期臺灣教育重
建擔負著剷除殖民教育制度、改造社會奴化心理、培養人才、促進兩岸融合
的重任,在某種意義上它比政治、經濟、文化、軍事的重建更為艱巨和緊迫。
海峽兩岸源遠流長的教育交流以臺灣光復為契機迅速發展,為戰後臺灣教育
制度的重建,實現臺灣文化教育制度祖國化,加快加深臺灣與祖國大陸的融
合發揮了重要作用」〔註 28〕。

　　上個世紀 90 年代後,無論臺灣學者還是大陸學者,對這一時期臺灣政治、
經濟、文化及社會變遷都作了大量的研究,特別是對「二二八事件」的研究,
對國民黨政府在臺灣光復初期實行的特殊體制的研究,對這一時期政治動盪
與文化衝突的研究,對這一時期臺灣文學的研究,對這一時期重要人物的研
究等等,有不少涉及了教育,如藍博洲、王峙萍等關於學生運動的研究。這
類研究,有助於教育史研究者深化對臺灣光復初期的政治、經濟、文化及社
會整體轉型的認識,為進行教育轉型研究以及分析教育轉型與政治、經濟、
文化及社會整體轉型關係提供背景與視角。這是臺灣光復初期教育轉型與發
展研究不可缺少的重要組成部分。

　　但是,總體上對臺灣光復初期教育轉型歷程的研究是不夠的。從歷史的
視野看,臺灣光復初期教育轉型的具體過程及特點,或者說這一時期究竟發
生了什麼,有許多還不是很清楚。如接管臺灣與臺灣教育體制的根本轉變,「二

〔註 27〕李海績、鄭新蓉主編:《臺灣教育概覽》,九州出版社 2003 年版,第 3～15 頁。
〔註 28〕史習培:《光復初期臺灣教育重建與兩岸教育交流芻議》,《臺灣研究》,2002
　　　　年第 1 期。

二八事件」與這一時期臺灣教育發展轉型的關係，國民黨政府在大陸節節敗退對臺灣教育發展的影響，光復初期變化很大的政治、經濟、社會形勢對教育的影響與相互關係等重大問題，由於史料局限或者是挖掘不充分，研究不夠，缺乏應有的深度；也由於研究視角的局限，缺乏整體的把握。從價值的視野看，對於臺灣光復初期教育轉型與政治、經濟、文化及社會轉型的相互作用，及其對上個世紀 50 年代後臺灣教育發展的影響，以及對現在臺灣政治、社會、文化發展的影響闡發不夠；對於這一時期文化、教育的融合在加強兩岸人民的相互理解與溝通、促進祖國和平統一大業的作用，都還需要進行深入的探討。因此，有必要運用教育轉型理論，充分利用已經挖掘的史料，在現有研究的基礎上，通過系統的專題研究，對臺灣光復初期教育轉型形成較為完整的客觀的認識。

第四節　研究原則與目的

　　臺灣光復初期，雖然只有短短的 4 年多，但卻是相當複雜的一段時期，對當今臺灣社會仍產生著重大影響。在相當長一段時間裏，由於政治因素，這一段歷史在兩岸沒有得到應有的解讀。上個世紀 90 年代後，又出現了據以不同政治立場和政治目的的解讀。透過對於這一本身就複雜而又摻雜現今政治衝突因素的歷史時期的認識，確立正確的研究原則，是深化臺灣光復初期教育轉型研究的重要前提。

一、研究原則

1. 客觀性

　　在歷史認識中，客觀性是主要的，是基礎。臺灣光復初期教育轉型研究可利用的史料相當豐富。多年來，臺灣學者在史料挖掘與整理方面做了大量的工作。但是，進一步挖掘史料，整理史料，依然是深化研究的基礎。從目前情況看，對於大陸存留的這一時期臺灣教育史料挖掘與整理尚有諸多不足，大量的檔案資料、各方人士回憶錄、同時期報刊等所承載的信息，未能得到有效利用。特別是要進一步對當時參與臺灣教育接管與重建人士有關歷史資料的整理。光復初期，擺脫了殖民命運的臺灣人民，懷著重做國家主人的巨大熱情，積極參與和支持恢復行使臺灣主權的國民黨當局提出的各種教育重建政策，不僅有當

時在臺的廣大教育工作者，也有當時在大陸的臺籍人士。如時任臺灣調查委員會委員的黃朝琴、游彌堅、丘念臺、謝南光、李友邦等。光復初期，一批著名的大陸文化與教育人士，如許壽裳、臺靜農、魏建功、黎烈文、李霽野、李何林、袁珂等赴臺，或者到教育文化機關參與臺灣文化重建，或是到臺灣學校進行教學。大陸各種文化出版物也紛紛湧進臺灣，成為溝通兩岸、重建傳統文化的橋梁。這些都是客觀存在的，是不能抹殺的。歷史的客觀性有歷史個別與局部本質的客觀性，又有歷史總的結構、規律的客觀。除了要大量挖掘史料外，還必須客觀地對待歷史發展過程中的主流，區分什麼是主要的，什麼是次要的。臺灣光復初期，臺灣社會與整個中國社會的整合是主流，從教育角度看，實行中華民國教育制度是主流。在這一時期，臺灣當局出於其政治上的本質，在教育接收與發展方面出現了很多的缺點與錯誤，但不能把局部的、細節的具體事件，擴大成全局性、整體性問題，這是研究這一時期臺灣教育轉型與發展必須牢牢把握好的基本原則。

2. 歷史性

臺灣光復後，蔣介石發動內戰，國民經濟陷入崩潰狀態，民不聊生。臺灣飽受戰爭破壞，各業百廢待興，恢復重建工作任務繁重。臺灣當局執政不力，施政錯誤，社會矛盾進一步激化；不同文化衝突與反差，中華主流文化認同受到政治的極大影響，這些都是歷史事實。臺灣屬於新舊交替、青黃不接的過渡時期，受到日據時代殖民統治遺風、中國大陸及臺灣自身因素等不同程度的影響。在教育政策和制度上，雖然以實行民國教育制度為主流，但是初期偏重接收、整理、維持及因襲，所建立的教育制度帶有明顯的臺灣當時政治、經濟、社會、文化發展的烙印。歷史都是有局限性的。我們不能僅用現在眼光，也不能僅用各人所依據的政治立場來看待這一時期教育的發展，更不能憑藉一些觀念抽象對待當時的客觀事實。「我們瞭解臺灣同胞特殊的遭遇，那是近代中國苦難歷史的一部分，每一個中國人都刻骨銘心。我們理解臺灣同胞愛鄉愛土的感情，那是中華文化的共同價值，哪一個中國人不熱愛自己祖先世世代代勤勞建設的共同家園？我們尊重臺灣同胞當家作主的願望，那是我們長期一貫的政策主張，兩岸和平統一後，臺灣同胞還將和大陸各族同胞一起成為中國這個大家庭的主人。」〔註29〕「瞭解」、「理解」、「尊

〔註29〕 賈慶林：《在江澤民同志〈為促進祖國統一大業的完成而繼續奮鬥〉重要講話發表十週年紀念會上的講話》，《光明日報》，2005 年 1 月 28 日。

重」，應當是我們在研究臺灣光復初期教育轉型與發展中所應持有的正確態度。

3. 整體性

對這一時期的臺灣教育轉型與發展，不能孤立地看，必須將之與抗戰勝利後全國的政治、經濟、文化及教育發展全局聯繫起來看，只有這樣才能正確認識教育轉型與發展問題。廈門大學林仁川教授認為，「現在他們把『二二八事件』說成大陸人欺負臺灣人，這不對，這是國民黨的債，國民黨當時非常腐敗，國民黨不僅欺負臺灣人也欺負大陸人。比如上海，上海1945年光復以後，大家非常高興，而重慶國民黨政府來了，搞五子登科，搶票子、搶婊子，所以上海人民也非常失望，掀起了反內戰、反飢餓、反迫害的鬥爭，所以不能把國民黨腐敗等同於大陸人民，臺灣很多這種觀點混淆在一起，這是國民黨的腐敗。正因為它腐敗才被共產黨推翻，並不是大陸人欺負臺灣人。」〔註30〕。顯然，脫離了對國民黨政權性質及其在大陸統治民心盡失這一歷史事實的認識，就無法深刻理解和把握這一時期的特徵。教育也是如此。抗戰勝利後，國民黨政府就部署了戰後教育的重建問題，提出教育發展的方針與措施，如臺灣光復初期實行「三民主義」的教育方針，使用統一國定本教材等。這一時期臺灣教育具有鮮明的特殊性，但必須置於中華民國教育發展的背景下，才能得到全面、深刻、客觀的認識；必須與抗戰後全國的政治、經濟、文化及教育發展全局聯繫起來看，才能得到正確認識。不僅如此，還必須將這一時期的教育與日據時代的臺灣教育聯繫起來，與國民黨政權偏安臺灣後的教育發展聯繫起來，才能得到正確的認識。歷史的真相是，光復初期臺灣社會與整個中國社會的融合是主流。從教育角度看，實行中華民國教育制度是主流。不能各人憑所依據的政治立場，來看待臺灣光復初期教育轉型，更不能憑藉一些先驗的觀念和主觀的想像，抽象地對待和取捨當時的客觀歷史事實。「臺灣的人口構成，臺灣的歷史發展道路，都可以從主體性的角度來說明，但是所有這些，都與中國大陸的原生性緊密相關。如果把這個主體無限誇大，超出中國史的範圍，那就是為『臺獨』製造歷史根據，是臺灣史研究者需要警惕的。」〔註31〕總而言之，在對臺灣光復初期的教育轉型進行研

〔註30〕 陳宏編著：《解讀臺灣問題》，新世界出版社2004年版，第23頁。

〔註31〕 張海鵬：《關於臺灣史研究中「國家認同」與臺灣主體性問題的思考》，《新華文摘》，2005年第10期。

究時，應注意不能把局部的、細節的具體事件，擴大成全局性、整體性問題，這是研究與對待臺灣光復初期教育轉型歷史所必須牢牢把握好的基本原則。

二、研究目的

本書通過研究力圖達到以下目的：

1. 系統梳理，彌補缺憾。通過大量史料的收集與分析，系統梳理臺灣光復初期教育轉型的脈絡，彌補目前尚無系統完整研究這一時期臺灣教育史的缺憾，豐富充實對中華民國教育史的認識，進一步增進對臺灣教育史的認識。

2. 揭示本質，客觀對待。運用正確的歷史觀，對於臺灣光復初期教育轉型進行深刻分析，區分其轉型的總體趨向與核心主導，從而完整地揭示本質，達到客觀對待、正確認識這一段教育歷史的目的。

3. 以史為鑒，面向未來。臺灣光復初期的歷史對於現今臺灣社會仍產生著深刻的影響，儘管其主要表現在政治上，但卻滲透到教育文化領域、滲透進民眾心理。通過研究，認識兩岸在長時期分離後重新融合在教育上可能存在的問題，認識這一段教育融合時期對當今臺灣教育發展的影響，從而為當前推進祖國和平統一大業提供有益的啟示。

4. 範式創新，拓展視野。運用教育轉型概念研究臺灣光復初期這一特定時期和特定區域教育歷史變革，更好地認識這一時期臺灣教育發生變化的機制，為進一步研究臺灣歷史上數次處於轉型時期的教育提供借鑒。同時，通過個案研究，豐富對教育轉型理論的認識，拓展教育史研究的視野。

第二章　臺灣光復初期教育轉型的基礎

日本對臺灣實行長達 51 年的殖民統治，目的是要將整個臺灣變成其永久的國土，為此推行了一整套從軍事鎮壓到政治控制、從經濟掠奪到文化改造的全盤同化政策，使得抗日戰爭勝利時臺灣形成了與祖國大陸國統區不同的政治、經濟、文化和教育的狀況。臺灣光復，從日本殖民地轉變成為國民黨統治區的一個部分，在教育轉型時首先面臨的就是對於日本殖民地教育進行根本改造。因而，光復初期教育轉型脫離不了殖民統治所形成的特定社會基礎和教育基礎。

第一節　社會基礎

兩岸人民同根同脈，日本殖民統治者採取的一切政策與措施沒有從根本上消除臺灣民眾的民族情感和對中華文化的認同，但長期的殖民統治還是對臺灣民眾，特別是對於在日據時期出生和成長的民眾產生了很深的影響，使臺灣社會與祖國大陸的其它省份在各方面形成了差距，這制約和影響著臺灣光復初期的社會轉型與教育轉型。

一、殘酷的日本殖民統治

日本殖民統治者自 1895 年 6 月 17 日「始政」後，正式開始了對臺灣的統治。半個世紀間，日本殖民統治者對臺灣不僅僅是經濟掠奪，而是採取了各種政治化、制度化的強制改造和灌輸（從物質到精神的不同層面），企圖使臺灣從根本上脫離中國，成為日本領土的一部分。

1. 日據時期的臺灣政治

日本殖民統治者在臺灣實行「天皇至上」的殖民政治制度，以代表「天皇」的臺灣總督府為最高的獨裁權力機關，構築嚴密的警察系統和保甲制度，以完全控制臺灣民眾思想和行為。1896 年 3 月，日本政府發佈《臺灣總督府條例》，規定了臺灣總督的主要權限為：統率陸海軍，掌管轄區內防備事宜；在必要時可任命民事長官，獨斷處置判任文官；可在職權或特別委任範圍內發佈命令。臺灣總督是日本管理臺灣的最高行政長官，又是駐臺日軍的統帥。隨後，日本國會通過《關於應在臺灣施行之法令》（以法律第六十三號令頒佈，因此亦簡稱《六三法》），授權臺灣總督可以視情勢而頒佈具有法律效力的命令。這樣，臺灣總督就成了集行政、軍事、立法大權於一身的獨裁統治者。1919 年，臺灣實行文官總督制。日本治臺策略轉為實行「內地延長主義」，國內法律部分適用於臺灣。日本殖民統治從高壓、武力為主轉向試圖通過文化同化臺灣人民，使臺灣和臺灣人民真正成為日本的領土和臣民。為此，對臺灣法律體製作了部分修改，在 1922 年頒佈法令第三號，對總督權力作了某些限制。但是，臺灣總督的專制統治並沒有實質性的改變。全面侵華戰爭爆發後，日本殖民統治又借戰時總動員形式使專制性得到強化，並推向極致。

為了維持對臺灣人民的高壓統治，日本殖民統治者在臺灣建立了遍及各個角落的警察網絡，形成了名副其實的警察社會。當時臺灣警察權力之大、管轄之寬，實屬罕見。臺灣的警察是萬能警察，其職責涉及臺灣民眾的涉外活動、戶籍管理、保安、兵役、征役、防火、防空、防疫、風紀、衛生、征稅、派捐、經濟管制、勸募公債、徵求儲蓄、強徵土地等等。為了加強對少數民族的統治，日本殖民當局視高山族同胞所在山地為「特殊行政區」，建立了以警察兼任行政、警備、教育等權力機關的統治制度，對高山族同胞的生活進行全方位的干預和控制。

日本殖民當局還復活並強化了傳統的保甲制度，與警察制度相配合，進一步維護和鞏固其殖民統治。1898 年，臺灣總督頒佈了《保甲制度》，規範約束保甲成員，使保甲成員的日常生活、行動等完全處在控制之中。保甲制度規定，臺灣的居民（居住在臺灣的日本人除外）10 戶為一甲，設甲長一人，10 甲為一保，設保長一人。保甲內若有人犯罪，其他人都負有連帶責任。保甲長分別由保甲內居民擔任，保甲的經費及保甲長的薪水由保甲內的居民負擔。保甲作為警察的下級行政輔助組織，受各地的警察機構控制和指揮。日

本殖民統治者在充分運用警察這一暴力機器的同時，又用「以臺治臺」的形式控制和奴役臺灣人民。

在日本殖民統治期間，臺灣人民沒有選舉權和被選舉權，得不到基本人權保證。臺灣的上層官員和高級管理人員幾乎全由日本人擔任，大部分的中下級管理人員和警察、教師也是日本人，日本人控制著各級政府部門和企事業單位。日本統治者在各方面對臺灣人民實行歧視政策。如在工廠中，同工種的臺灣人日工資就比日本人低一半。

2. 日據時期的臺灣經濟

日本國土面積狹小，資源貧乏。臺灣則是山有密林，海有百珍，野有沃壤，五穀豐稔。佔領臺灣後，日本殖民統治者在經濟上將之作為日本本土的農業基地和擴大戰爭的後方補給地，實行瘋狂掠奪的經濟政策。

第一，侵佔土地與林野。1898 年 7 月，日本殖民當局公佈臺灣地籍規則，開展土地和林野調查，清丈土地，凡是不能證明所有權的土地皆為「官有地」。日本殖民當局通過重新確定土地所有權，使得 80％的土地變成了總督府的「官有地」。1895 年，日本當局頒佈了《官有林野取締規則》，規定「凡無地契及其它可資證明其所有權的山林原野，悉為官有」。進行林野調查後，官有林野達總面積的 94％。當局把沒收的土地和林野廉價賣給日本資本家，或協助日本資本家強行收買土地。日據時期，臺灣總督府的官有財產收入中，來自林野的收入一直佔有很大的比重。

第二，建立壟斷金融體制。日本殖民當局於 1898 年設立臺灣銀行，發行臺灣銀行券，限制和兌換臺灣市場上流通的所有貨幣。從 1903 年起實施金本位制，建立和日本本土統一的貨幣制度。對官營的土地、鐵路、港灣、水利、電力、郵電、農林、工礦、外貿等所有產業，都給日本各大財團控制的壟斷資本進入臺灣以方便，並予以大力保護。

第三，實行專賣制度。專賣制度始於 1897 年，首先實行專賣的是鴉片。1901 年，臺灣總督府公佈《總督府專賣官制》，設立臺灣專賣局。先後將煙、酒、食鹽、火柴、煤油、樟腦、鴉片等重要資源和產品定為專賣品，讓所指定的日本商人經營，全部歸政府專賣。日據時期，臺灣總督府的專賣收入不斷增長，在每年財政收入中都佔有 40％～60％。

第四，建立殖民地經濟體系。日本殖民統治者運用政治強制手段切斷臺灣與日本以外國家、特別是中國大陸的經濟往來，壟斷臺灣對外貿易，形成

了臺灣的對外貿易就是對日貿易的格局，這種對日貿易是從日本本土經濟利益角度出發建立的。日本殖民統治者在臺灣實行的是「農業臺灣、工業日本」的分工，主要發展農業，重點是米、糖，以供應日本工業發展所需。20 世紀30 年代，日本確定了侵略中國和太平洋地區的「南進」政策後，對於臺灣的經濟發展定位作了調整，轉向了推動以軍需為重點的「工業化」進程，在農林、工礦、鐵路、港灣、電力、水利、郵電等方面，適度予以現代化的改造和建設。日據末期，對外交通、運輸斷絕，資源枯竭，加上戰爭破壞，臺灣軍需工業隨之停頓。到光復時，臺灣依然是以農業及農產品加工業為基礎的社會。

3. 日據時期的臺灣文化

　　日本殖民統治者在統治臺灣之初，除了武力控制外，充分意識到文化同化的重要性，大力推行殖民同化政策。隨著侵華戰爭的全面擴大和逐步深入，強制推行了一整套的「皇民化」制度，強力加快同化臺灣同胞，摧殘中華文化，消滅臺灣人民的民族意識，欲使臺灣同胞成為效忠日本天皇的「日本臣民」。

　　1896 年，殖民當局確立了普及日語的同化政策，廣泛開展日語運動，在全臺設立了 14 處的「國語（日語）傳習所」和「國語學校」。1933 年，進一步推行「國語普及十年計劃」，要求在十年之內讓 50％的臺灣民眾能掌握日語。在城市，則要求市民參加「國語講習所」；在農村則利用農閒時間開辦簡易「國語講習所」，強迫農民學日語。1937 年推行「皇民化運動」後，禁止學校、機關使用漢語，不准在公共場所講漢語，禁止報刊出版漢文版。戰爭末期，更以「奉公班」為單位，設立日語夜間講習所。為推進日語普及，對所謂普及日語有功人員頒發「愛語章」。被授予「講國語家庭」的，還可以享受當局施予的一些恩惠。

　　日本殖民統治臺灣後，力圖通過改變臺灣民眾的日常生活，轉從日本生活習俗，從而全方位壓制臺灣當地的中華傳統文化，使臺灣社會「日本化」。首先，極力推行日本神道及各種宗教，關閉中國寺廟，禁絕臺灣傳統的宗教信仰和民俗活動，以日本開國之君的「天照大神」取代中國神祇。殖民當局規定，每月 1 日為敬神日，無論老幼都須敬神如儀；每年 10 月 27 日為例祭日，全臺各行必須停業，前往神社參拜。一時，臺灣島上日本神社林立。到1942 年，全臺灣共設神社 133 所，神道傳教所 88 個，佛教傳教所 142 個，基

督教傳教所 262 個〔註1〕。其次，強制接受日本風俗。要求臺灣人不能過舊曆新年，要過日本新年，將臺灣同胞原來的冠婚葬祭習俗一律斥為「弊風」，予以打破。第三，推行改用日式姓名運動。1940 年 2 月 11 日，通過戶口規則的修訂，制訂臺灣人改換日本姓名的規則。同年 11 月 25 日，為了鼓勵更多的臺灣人改用日本姓名，臺灣「精神動員」本部公佈了《臺籍民入日姓名促進綱要》，還制定了獎勵辦法，規定說日語的家庭為「國語家庭」，在諸如物資配給等方面，給予和日本人同等的待遇。到 1943 年 6 月，改用日本姓名的臺灣人約 10 萬人〔註2〕。殖民當局希望通過日常生活日本化，來徹底改造民眾，灌輸皇民意識，使民眾真正成為「日本人」。但是，臺灣民眾具有強烈的民族意識，真正按照當局要求做的只是少數。

全面侵華戰爭爆發後，日本政府提出「國民精神總動員計劃實施要領」。1937 年 9 月 10 日，當局在臺灣通過《國民精神總動員實施綱要》及本部規程，進行思想宣傳和精神動員，旨在徹底消除臺灣人民的祖國觀念，灌輸大日本帝國的臣民思想。1941 年 4 月 9 日，臺灣「皇民奉公會」成立，宗旨是為建立高度國防國家，建立大東亞共榮圈，顯示國體，徹底灌輸皇民精神，使全體臺灣人民為日本盡忠。此後，還成立了「奉公團」、「青年學生報國會」、「青年奉公會」、「女青年奉公會」、「產業奉公會」、「文學奉公會」等名目繁多的組織，從各個方面全方位地推行「奉公運動」。殖民當局極力推行「皇民奉公運動」，一方面是為了戰爭服務，另一方面希望藉此全面清除臺灣的中華文化。

4. 日據時期的臺灣民眾特殊心態

「始政」以來，日本先後在臺灣實行了武力鎮壓政策、漸進的安撫政策、同化政策、「內地延長主義」政策以及「皇民化」政策等。全面侵華戰爭爆發後，更是將臺灣納入戰時體制進行全面控制與改造。由此，在臺灣社會留下了一道道深深的傷痕。

第一，尷尬心態。日據時期臺灣民眾特殊心態的形成，來自日本帝國主義蓄謀已久的侵略，以及無能的清政府「宗社為重，邊徼為輕」的投降政策。晚清政府以割讓臺灣求得與日本媾和，極大地傷害了臺灣人民。民眾奮起抗

〔註1〕 張承鈞編著：《誓不臣倭——臺灣人民抗日史》，臺海出版社 2002 年版，第 78 頁。

〔註2〕 藍博洲：《尋找祖國三千里——日據末期臺灣青年學生的抗日之路》。見《臺灣殖民地史學學術研討會論文集》，海峽學術出版社 2004 年版，第 317 頁。

日自保，由於得不到支持很快就失敗了。一些臺灣同胞並不將臺灣被割讓歸因於清政府的腐敗和日本的蓄意侵略，而是認為被祖國「遺棄」了。同時，在日本殖民統治下，日本人也不認臺灣同胞為「日本人」，只是將之視為二等公民。「對於臺灣民眾而言，這種無法主宰自己命運的邊緣位置和被出賣的心靈傷害，在日本帝國主義的殖民統治下，形成了『孤兒』兼『棄兒』的悲慘意識。」〔註3〕最能表現臺灣這種「孤兒」兼「棄兒」狀態的，是臺灣著名小說家吳濁流的長篇小說《亞細亞的孤兒》中的主人公胡太明的人生經歷。胡太明從家學淵源中接受了濃厚的中華文化和民族意識，無法忍受在殖民地臺灣的「二等國民」屈辱，毅然返回大陸；卻又因為他的臺灣身份，無端為大陸情治當局疑為日本間諜而身陷囹圄。「這種兩面受困而無所歸依的生命歷程，是臺灣人民普遍的一種生存尷尬」。〔註4〕

　　第二，矛盾情感。日本統治時期，不遺餘力推行「去中國化」，給臺灣民眾，尤其是在殖民統治期間出生成長的民眾造成了很大的影響。殖民當局全面隔絕臺灣與祖國大陸的關係與往來，長期地惡意宣傳和詆毀大陸及中華傳統文化，使得臺灣民眾對大陸情況的瞭解受到了很大的局限。臺灣知識分子「其眷念故國之情與文物衣冠之感，自然比較大陸的同胞更加痛切是不難想見的。但是嚴酷的現實，卻使他們無法接觸到祖國的體溫和脈搏（日人據臺後即實施嚴屬的臺灣與大陸的隔離政策），至於思想的潮流、文化的動向更是一無所知。在當時的一般讀書人，除卻四書五經以外，更不知天下還有書可讀，遑論思想文化。在這樣的情形下，而能夠對祖國的事情、世界的大勢獲得一知半解的人，可說是鳳毛麟角。〔註5〕」這一時期，中國的政治、經濟、社會發生了根本的變化，與存留在大多數臺灣同胞腦中的晚清中國印象已經有了本質的區別，兩岸的差異逐步擴大，兩岸人民的隔閡也逐漸形成。處於半殖民地半封建狀態的大陸，使不少日據初期不甘忍受殖民統治而東渡大陸的臺灣同胞失去了盼望祖國強大早日收回臺灣的信心，從而帶著複雜的矛盾心態——眷念與失望交織的心情，返回臺灣。當然，也有少數臺灣人在「皇民化」運動中受到欺騙，或者迫於生活壓力，而志願服從於殖民統治。

〔註3〕 劉登翰：《中國文化與閩臺社會——閩臺文化關係論綱》，福建人民出版社2002年版，第249頁。

〔註4〕 同上註。

〔註5〕 葉榮鍾：《臺灣人物群像》，時報文化出版企業有限公司1995年版，第220～221頁。

第三，戰爭惡夢。全面侵華戰爭爆發後，日本將臺灣作為南侵據點，一切都實行戰時體制。由於受到歧視，臺灣青年不能當兵，日本政府起初是用多種「非正式軍事人員」的名義招募臺灣青年，強行徵調到戰場為侵略戰爭服務。太平洋戰爭爆發後，由於兵源不足，日本開始大量招募臺灣青年從軍。「皇民奉公會」成立後，在全島設立了66個「軍事訓練場」，每年訓練至少1萬人以上的臺灣青年；還強迫3000名以上的臺灣青年參加所謂的「增產挺身隊」，進行無償軍事勞動，接受軍事訓練。在全島設立了50所「婦女訓練所」，以未婚的臺籍女子為對象，施以救急、看護等主要訓練。1942年4月，日本在臺灣正式實行「陸軍特別志願兵制」，脅迫17歲至30歲之間（其中以19歲至23歲為主）的臺灣青年參軍。為分化臺灣漢族與臺灣原住民，把臺灣原住民另編為「高砂義勇隊」。1943年5月，實施「海軍特別志願兵制」。隨著戰局的變化，從1944年9月起施行針對臺灣籍青年的征兵制度，徵用大批臺灣青年到華南、東南亞參加作戰。據戰後日本厚生省發表的數字，當年被強徵的臺籍日本兵及軍夫的總數多達20多萬人，他們被派往中國大陸和南洋充當炮灰，在戰場上陣亡的多達3萬多人。〔註6〕

二、日據時期臺灣中華傳統文化的保持

殖民統治激起民眾強烈反彈，這一期間同時成為民族精神高揚的時期。日本殖民統治者推行同化政策，在標榜「內臺合一」的幌子下，實行歧視政策，「二等公民」的感受反而激發了臺灣同胞的民族感情，激發了臺灣同胞保存中華傳統文化以對抗日本殖民文化的決心與信心。「臺灣同胞在長達半個世紀的英勇鬥爭中，共有65萬人犧牲罹難，以鮮血和生命證明自己是中國人，是中華民族大家庭中不可分離的成員。臺灣同胞反抗日本殖民統治的歷史，閃耀著中華民族偉大精神的光輝。」〔註7〕這也是光復之初絕大多數臺灣同胞認同回歸祖國、對學習中華傳統文化非常熱衷的原因。

1. 從武裝反抗到政治、文化抗爭

乙未割臺，臺灣與祖國大陸人民共同抗爭，但無力挽回。割臺消息傳開，全島慟哭。時值會試，廣東舉人康有為、梁啟超，會同福建、江蘇等18省舉

〔註6〕 張承鈞編著：《誓不臣倭——臺灣人民抗日史》，第109頁。
〔註7〕 賈慶林：《為推進祖國和平統一進程，實現中華民族的偉大復興而努力奮鬥——在紀念臺灣光復60週年大會上的講話》，《光明日報》，2005年10月26日。

人，在京召開 1200 人大會。接著，又聯合臺灣舉人汪春源、羅秀蓮、黃宗鼎，及各地舉人 604 人，上書痛斥投降派賣臺自保的罪行。在無天可籲、無援可求的情況下，臺灣軍民被迫自立「臺灣民主國」，以示「永不臣倭，願爲島國，永載聖清」。在日本強大的軍事壓力下，不及半月，「臺灣民主國」即告潰散。

但是，臺灣民眾的抗日鬥爭從未停止。從 1895 年到 1915 年，是臺灣民眾以武裝抵抗作爲反對日本殖民統治的重要手段的時期。20 年間，同日軍發生的血戰達百餘次。在武裝抗日的同時，臺灣人民掀起了廣泛深入的文化抗爭運動。日據初期與武裝起義同時掀起的以「讀漢書、寫漢字、做漢詩」爲主要內容的漢學運動，是維繫民族文化傳統以抵制日本同化的具有深遠意義的文化抗爭。1915 年後，殖民當局由「武官」統治轉化爲「文官」統治，從軍事鎮壓爲主轉化爲文化懷柔爲主後，政治抗爭與文化抗爭成爲反對殖民統治、開展民族運動的主要手段，抗爭的目的和內容轉變爲爭取臺灣人民的權利，啓蒙廣大民眾的民族意識，弘揚中華文化，對抗日本書化的同化。

臺灣民族運動的開端，可以追溯到 1914 年成立的臺灣同化會。這是由日本人板垣退助發起成立的，目的是希望通過給予某些權利待遇來同化臺灣人。林獻堂等絕大部分臺灣人參加同化會的目的，在於以此爲途徑爭取臺灣人的權利，提高臺灣人的地位，減輕在專制統治下的痛苦。1915 年，同化會被解散。1920 年 1 月，林獻堂和留日學生蔡惠如在東京領導組建了以留日學生爲主體的「新民會」，致力於政治改革運動，啓發島民，「圖謀聯絡中國人同志」。「新民會」創辦了中日兩種文字的機關刊物《臺灣青年》，後屢遭禁止，並屢次更名，先後以《臺灣》、《臺灣民報》、《臺灣新民報》、《興南新聞》等在臺灣發行，直到 1944 年才被殖民當局取締。除了「新民會」外，居留在東京的臺灣留學生還組織成立了「東京臺灣青年會」，以「涵養愛鄉心，發揮自覺精神，促進開發臺灣文化」爲主旨。1922 年 1 月，32 名臺灣學生聯合僑居北京的其他臺灣人成立了「北京臺灣青年會」。1923 年 10 月，在上海的臺灣學生也成立了「上海臺灣青年會」。在廈門、南京、廣州等地的臺灣學生也建立了各種團體，揭露日本殖民者的獨裁統治，增強民族意識。

議會設置請願活動，是爭取臺灣人政治權利的抵抗運動的重要組成部分。從 1921 年至 1934 年，以林獻堂爲代表的臺灣知識分子總共進行了 15 次的臺灣議會設置請願活動，要求日本政府確認臺灣的特殊性，設立臺灣議會，使臺灣人在殖民體制下有一定的參政權力，這一要求自然不爲日本政府所

容。請願運動儘管沒有結果，但對喚醒臺灣民眾的民族、民主意識起到重要作用。

為提高臺灣同胞的民族、民主意識，1921 年 10 月 17 日，以蔣渭水為代表的臺灣島內知識分子、留日學生及士紳林獻堂等，在臺北大稻埕靜修女校召開「臺灣文化協會」成立大會，其宗旨為「助長臺灣文化之發展」。文化協會成立後，主要從事發行會報、設置讀報社、舉辦講習會、文化演講會等工作，對臺灣民眾進行文化啟蒙和宣傳活動。這一啟蒙運動對於臺灣青年影響很大，赴祖國大陸留學人數劇增，學校內進步學生組織紛紛建立，不滿日本人欺壓的學潮迭起。臺灣人民反日民族情緒的高漲及文化協會影響力的與日俱增，引起了殖民者的恐慌和警惕，他們採取行動加強控制與鎮壓。總督府一方面組織御用人士成立「公益會」和「有力者大會」等團體，與文化協會對抗；另一方面直接動用警察力量進行鎮壓，文化協會的演講會常因違反「治安」遭禁止。同時，極力挑撥文化協會的內部矛盾，進行分化瓦解。1927 年 1 月，臺灣文化協會分裂，後於 1930 年停止活動。

在文化協會的大力宣傳下，臺灣的工農運動也有了長足的發展。日本試圖把臺灣變成農副產品供應基地，由此占人口大多數的臺灣農民成為剝削和壓榨的主要對象，特別是蔗農受欺壓為最甚。從 1923 年開始，以要求提高甘蔗收購價為主的運動在臺灣各地掀起。1925 年 6 月，臺灣第一個農民組織——「二林蔗農組合」成立了，其目標是團結蔗農向製糖會社爭取權益。1926 年 6 月，全島性的農民統一組織——臺灣農民組合成立。1929 年，在日本殖民當局的瘋狂鎮壓下，臺灣農民組合遭到嚴重破壞，處於癱瘓狀態。臺灣的工人運動是 20 世紀 20 年代末期逐步興起的。1927 年 7 月，蔣渭水等在臺中成立了「臺灣民眾黨」，實施以非暴力體制內抗爭的手段，爭取地方自治，並將支持工人運動作為其宗旨之一。蔣渭水等民眾黨的幹部巡迴各地，舉辦演講及座談會，參與勞資糾紛，促進各業工人組織工會，開展工人運動。1928 年 2 月，在蔣渭水等的倡導和努力下，各地工會團體聚集於臺北大稻埕成立「臺灣工友總聯盟」，宗旨是為工人謀取利益，改善生活。臺灣民眾黨於 1931 年被禁後，臺灣工友總聯盟也隨之走向衰退。

臺灣同胞在進行政治、文化抗爭時，為反抗日本殖民統治的強制同化政策及「皇民化」文化，突出強調了民眾意識和本土文化，這是在特定歷史條件下反抗殖民統治鬥爭做出的選擇，既是鬥爭策略的需要，也是可能條件下

的選擇。「從日據時期臺灣人民持續不斷的武裝鬥爭到文化抗爭，都十分明確所有的抗爭都是以對祖國的國家認同、民族認同和文化認同爲前提和歸指的，只不過限於這一時期的政治壓力，不能講民族，只好講鄉土，而這個鄉土是臺灣，其背後的實質是中國」。〔註8〕

2. 日據時期臺灣中華傳統文化之維繫

日據時期，臺灣社會發生了性質變化，淪爲殖民地，被迫中斷了與祖國的聯繫，但並沒有斷絕與祖國的精神聯繫，也沒有改變中華文化作爲臺灣社會構成的主要文化基礎。「臺灣人民的中國意識並沒有被消滅，儘管在日本殖民統治的高壓下，中國意識的表現方式或顯現程度有所區別，中國意識作爲臺灣社會意識的主軸卻從來沒有出現大的偏差」。〔註9〕臺灣同胞在文字、語言、宗教、信仰、風俗、習慣等各方面，仍然保存有相當多的中華文化傳統。當然，臺灣社會的中國意識在不同的階段呈現出不同的特點。在 1915 年前的武力反抗時期，由於距「割臺」不久，民眾仍存有一種通過武裝鬥爭達到回歸祖國的熱盼。這時的中國意識，直接而鮮明。在 1915 年後的政治、文化抗爭時期，臺灣民眾轉向以非暴力政治、文化抗爭來謀求自治，同時等待恢復與祖國關係有利時機的到來。此時的中國意識，體現爲對自身民族性的體認和對中華民族文化的堅持與弘揚。日本發動全面侵華戰爭後，由於法西斯高壓政策和軍部勢力的猖獗，社會運動停頓，民眾只能以抵制「皇民化」、堅守中華傳統文化來與強制同化相對抗。這時的中國意識更多的體現爲對中華文化和祖國的心理認同。因此，在日據時期中華文化一直是臺灣民眾反對日本殖民同化政策的重要武器。

從日本佔領臺灣起，臺灣有識之士就發動了以「讀漢書、寫漢字、作漢詩」爲中心的漢學運動。當漢語被禁止使用時，不少民眾仍在暗中學習漢語。日據末期，尚有不少民眾延聘教師講授中文。衝破重重阻力一直生存下來的漢學書房，至 1943 年才因總督府強行禁止而關閉。對於日本當局廢止漢字、取締中文報刊的高壓政策，不少臺灣知識分子調整了鬥爭策略，退而採取間接文化抵抗。如有的作家堅持在《臺灣文學》雜誌翻譯介紹祖國大陸作品，愛國作家賴和始終堅持穿漢民族服裝，用中文寫作；著名作家楊逵，以非凡

〔註8〕劉登翰：《中國文化與閩臺社會——閩臺文化關係論綱》，第 229 頁。
〔註9〕陳小沖：《日據時期臺灣社會的中國意識與臺灣意識》。見李祖基主編：《臺灣研究 25 週年精粹·歷史篇》，九州出版社 2005 年版，第 264 頁。

的勇氣和膽識發表了一系列的文藝作品，如《模範村》、《送報夫》、《鵝媽媽出嫁》等，大膽揭露殖民者的罪惡統治，鼓勵臺灣同胞不屈抗爭。自 20 世紀 20 年代以來，「臺灣新文學一向以來，就是跟隨著臺灣人民的抗日運動的發展而生長、茁壯起來的，反映了全體臺灣民眾的共同意願——推翻日本的殖民統治，重新獲得民族的解放和自由，再次回到祖國母親的懷抱。〔註10〕」

日本殖民當局推行的日常生活日本化沒有達到預期目的。就推行普及日語而言，「藉『皇民化運動』的名義，禁止使用中文及上演中國戲、關閉寺廟、壓迫信仰、禁止在公學校使用臺語，並命令各地的警察機關關閉教漢文的私塾。雖然如此，連那些在門口掛『國（日）語常用家庭』標誌的臺灣人家庭，大部分的人在家中使用的仍是臺語。『國（日）語常用』是一種偽裝，是為應付公眾的場合及公文的需要使用的名稱。〔註11〕」更換日式姓名運動也受到冷遇，在改名中不少是迫於生計不得已而為之，但不顧「不得使用今姓所源之中國地名為姓」的禁令，所改姓名大多帶有濃厚的民族色彩。如陳姓改為潁川，黃姓改為江夏等，以示對祖國故地的懷念。改中國傳統的寺廟神明奉祀為神社天照大神奉祀，是日本殖民者致力推行並大肆吹噓的同化活動之一。然而，民眾多將神像偷偷藏匿起來或在神案上多擺一幅天照大神牌位做個形式而已。不少人依然堅持過著中國傳統的節日，婚喪嫁娶也沿用舊風，並不因日人取締而廢止。

經過殘酷鎮壓，從 20 世紀 20 年代以來，日本殖民統治者在取得了政治上、軍事上、經濟上的絕對統治地位後，就處心積慮地要在文化上徹底「同化」臺灣，徹底隔斷臺灣與大陸那種天然的、歷史與文化上的血脈聯繫，強迫臺灣人民認同日本的語言文字、文化傳統、風俗習慣，迫使臺灣人民全面接受與確立作為「日本皇民」的觀念，從而取代長期積澱在臺灣人民心中的中華民族傳統文化。但是，在臺灣人民的抗爭下，這種努力並沒有達到預想效果。1939 年 7 月出版的臺灣總督府的《警察沿革志》就認為，「臺灣人的民族意識之根本起源乃繫於他們原是屬於漢民族的系統，本來漢民族經常都在誇耀他們有五千年傳統的民族文化，這種民族意識可以說是牢不可破的。臺

〔註10〕 蕭成：《日據時期臺灣社會圖譜——1929～1945 臺灣小說研究》，九州出版社 2004 年版，第 321 頁。

〔註11〕 尾崎秀樹著、蕭拱譯：《戰時的臺灣文學》。見王曉波編：《臺灣的殖民地傷痕新編》，海峽學術出版社 2002 年版，第 286 頁。

灣人固然是屬於這漢民族的系統，改隸雖然已經過了四十餘年，但是現在還保持著以往的風俗習慣信仰。這種漢民族的意識似乎不易擺脫，蓋其故鄉福建、廣東兩省與臺灣，僅一水之隔，且交通往來也極頻繁，這些華南地方，臺灣人的觀念，平素視之爲父祖墳墓之地，思慕不已，因而視中國爲祖國的感情，不易擺脫，這是難以否認的事實。〔註12〕」

3. 八年抗戰時期臺灣人民的抗日努力

1937 年，日本悍然發動全面侵華戰爭後，一方面殖民當局加緊在臺灣對反日力量進行殘酷鎮壓與嚴密控制，使得島內有組織的反抗力量難以形成；另一方面廣大民眾將反日抗爭與祖國的抗日戰爭緊密聯繫在一起，不少臺胞東渡大陸參加抗戰或以各種形式支持抗戰，因爲唯有祖國抗戰的勝利才有臺灣光復的時刻。八年抗戰期間，廣大臺灣同胞奮勇投身全民族的抗日救亡運動，譜寫了共赴國難、共禦外侮的光輝篇章。

在日本殖民當局加緊控制的黑暗時期，儘管有組織的大規模反日運動難以形成，但是臺胞的抗日活動並未停止。一批在日本殖民教育下成長起來的臺灣青年堅持抗日鬥爭，先後發生了臺北二中的青年思漢案件，謝娥、陳炳基等人的反日行動，臺北帝國大學學生蔡忠恕等密謀響應祖國事件，以及北商學生雷燦南刑死獄中等一系列青年學生的反日活動。〔註13〕

「七七事變」後，許多臺灣同胞紛紛投身大陸的抗日運動，在大陸的臺灣同胞積極參加抗日運動。爲集結力量，他們成立或組織團體，有「臺灣國民黨」、「臺灣青年黨」、「民主總聯盟」、「臺灣獨立革命黨」、「臺灣革命青年大同盟」、「復土血魂團」以及義勇隊、少年團、戰地服務隊等。1938 年 10 月10 日，爲更積極地參加祖國抗戰，在大陸的臺灣同胞組織「臺灣民族革命總同盟」，其目的「在推翻日本帝國主義的統治，建立各民族平等的民主革命政權，臺灣革命乃中國革命的一環。中國抗戰成功之日，即臺灣各民族爭得自由解放之時，故必須發動臺灣各民族參加中國抗戰。〔註14〕」八年抗戰，臺灣同胞所做出的貢獻是不容抹煞的。他們有的參加了國民黨軍隊，在國民政

〔註12〕 臺灣總督府編、正宏譯：《日本人眼中的臺灣抗日運動》。見王曉波編：《臺灣的殖民地傷痕新編》，第 90 頁。

〔註13〕 藍博洲：《尋找祖國三千里——日據末期臺灣青年學生的抗日之路》。見《臺灣殖民地史學術研討會論文集》，第 320～321 頁。

〔註14〕 轉引自曾健民：《日據末期（中國抗戰時期）的「臺灣光復運動」》。見《臺灣殖民地史學術研討會論文集》，第 294 頁。

府中任職，有的參加了八路軍、新四軍，有的組織各種抗日團體，等等。在抗日戰爭後期，尤其是《開羅宣言》發佈後，在大陸的臺灣同胞及組織還就臺灣光復後的接收與重建問題，進行了大量的研究，向國民黨政府提出了許多積極的建議與意見。遺憾的是，國民黨政府對此並不以爲然，沒有積極作出回應，而是在光復準備上堅持採取排斥臺灣同胞的獨裁專制體制。

第二節　教育基礎

　　甲午戰敗後，臺灣落入日本人手中，教育發展進程由此出現了重大轉折，走上了與祖國大陸不同的發展道路。日本殖民統治者重視推進教育的發展，將教育作爲同化臺灣民眾的工具、作爲培養服務日本建立對外侵略擴張基地需要的低級技術人力的工具，將臺灣教育殖民化。光復初期，國民黨政府推動臺灣教育轉型，就是要將已經「日本化」的教育轉變爲符合國民黨統治需要的教育。

一、日本殖民統治教育政策的變化

　　日據時期，日本殖民當局以《教育敕語》〔註15〕爲教育方針，通過將《教育敕語》、「御照」〔註16〕、三大節日儀式〔註17〕、「國歌」、修身課等結合成體系，培養學生對皇室的忠誠，增強「皇民」意識。同時，將《教育敕語》作爲制定教育政策的依據，作爲臺灣各級學校一切工作的「聖訓」，把在臺灣發展教育、控制教育作爲其推行殖民統治的重要手段之一。殖民當局發展臺灣教育的政策不是一成不變的，而是隨著統治策略及政策的變化而不斷變化。依據對於日本籍學生與臺灣籍學生受教育權的區別對待程度而變化，日據時期，日本在臺灣實施的教育政策大體可以分爲三個階段。

〔註15〕1890 年明治天皇頒佈《有關教育的敕語》，這是日本天皇關於教育的聖旨。後來簡稱爲《教育敕語》。

〔註16〕「御照」，指的是天皇、皇后的「御眞影」。當「御照」到來的時候，學校必須舉行非常盛大的「拜戴儀式」。此後，全校師生每天都要向「御照」或存放「御照」的場所行最敬禮。

〔註17〕三大節日儀式：三大節日爲紀元節、明治節、天長節。紀元節，指公元前 660 年神武天皇登基年爲日本紀元，儀式日爲每年的 2 月 11 日。明治節，指每年的 11 月 3 日明治天皇誕辰日。天長節，指現世天皇誕辰日。凡這三大節日（臺灣以後把明治節改爲「始政」紀念日）及其他「國定」紀念日，都要舉行紀念儀式。首先由師生合唱「國歌」，接著對安置在大禮堂正面臺上的「御照」行最敬禮，恭祝兩位陛下萬萬歲，最後齊唱儀式歌。

1. 實行「差別教育」政策階段

從 1895 年至 1921 年，是日本殖民統治者在臺灣倡導「漸進主義」時期，實施明顯的臺灣人與日本人不同的「差別教育」政策。對於臺灣同胞的教育，主要是採取以普及日語爲中心的「同化教育」。

在 1919 年以前，臺灣教育的主要方針政策是依據伊澤修二於 1895 年向樺山總督呈送的《臺灣教育意見書》。其建議臺灣的教育方針大體可分爲兩個部分：第一，「爲目下急要的教育事項」，第二，爲永遠的教育事業。前者包括：開拓臺、日思想交通之途，使臺人習日語，移臺日人亦習臺灣語；使一般人民知悉尊崇文教之主意；注意保護文廟，沿用科舉考試法，以選拔臺籍低級官吏；注重宗教與教育之關係，須注意耶穌教傳教士等之方法，使日本本土派出知各教派布教師於適當範圍內，從事布教；須視察人情及風俗，講求適應之教育法。後者所謂之「永遠之教育事業」包括：於臺灣總督府所在地設師範學校，並附設模範小學校；編輯師範學校用及小學校用教科書；於各縣所在地，漸次設師範分校，並各附設模範小學校；俟上述模範學校整備之後，乃於各漸次設立小學校；師範學校之學科整備時，須設農業、工業等實業科。〔註18〕此後，到 1919 年間雖屢有修改，但總不離上述方針。在學制上，自據臺初期就實行日、漢、「番人」教育的三軌制。日本兒童進六年制的小學校，漢人子弟只能進四或六年制的公學校，而「番人」（臺灣少數民族兒童）進三至四年制的「番人公學校」及「番人教育所」。不同學校間的課程也有較大差別。1915 年以前，專供日本人上學的總督府直屬中學校有兩所，而臺灣人子弟卻入學無門。1915 年，經臺灣人民的請願，才用臺灣人捐的錢設立了一所「公立」臺中中學，臺灣人子弟才開始有中學可上。不過，修業年限僅四年，比日本人的中學少一年至兩年。

1919 年，當局爲了進一步同化臺灣人民，將實行了 24 年的武官總督制改爲文官總督制，採用了日本「內地延長主義」方針。實行這一方針，包括了以下四個方面的含義：第一，臺灣是日本帝國領土的一部分，臺灣已經日本本土化了。所以不像據臺初期只是一個特殊的殖民地，必須特殊立法。現在日本本土的憲法、法律可以延長運用到臺灣，包括臺灣的教育制度也要與日本本土衔接。第二，日本據臺二三十年，臺灣人已經「是日本帝國的忠良臣民」，所以要不分「內地人」或臺灣人。第三，要遵照天皇的旨意，對臺灣民

〔註18〕徐南號主編：《臺灣教育史》（增訂版），臺灣師大書苑 2002 年版，第 22 頁。

眾「一視同仁」，「達到絲毫沒有差別的地步」。所以臺灣必須改變「差別教育」，實現「內臺共學」。第四，臺灣人民既然都是帝國臣民，就要和「內地人」一樣，培養健全的「國民精神」，「對朝廷盡忠，對國家盡義務」。〔註19〕但是，在教育領域這種「內地延長主義」並沒有得到同步實施。1919 年，有關臺灣人教育的學制法令《臺灣教育令》頒佈，雖然確立了對臺灣人教育的統一學制，為臺灣人增設了一些學校，但仍以「公學校」作為臺灣人受教育的機構，仍是實行日臺學校不同修業年限，仍是日臺學生分離，實質仍是「差別教育」。

2. 實施「內臺共學」政策階段

從 1922 年至 1936 年，日本殖民統治當局為達成「同化」臺灣人、培養「順民」的目的，修訂頒佈了新《臺灣教育令》，實施所謂的「內臺共學」政策。

1922 年 2 月 6 日頒佈的新《臺灣教育令》第一條就定：「臺灣之教育均依據本令實施。」即不分日本人或臺灣人，實施同一學制。1919 年頒佈的《臺灣教育令》第一條規定為：「對臺灣『臺人』之教育，依照本令」。這表明，舊的法令只適用於臺灣人，而日本人仍按日本教育制度辦學。新《臺灣教育令》在一些具體規定上也對 1919 年的法令進行了修改，如鑒於日臺兒童在日語程度上的不同，決定「常用日語者」進小學校，「不常用日語者」進公學校。「番人公學校」的名稱予以廢除，統稱公學校。撤銷高等普通學校和女子高等普通學校，改為按日本教育制度辦理的中學校和高等女學校，入學資格統一為六年制的小、公學校畢業。原日本人的臺灣實業學校與臺灣人的臺灣公立實業學校，均改制為臺灣公立實業學校等。「內臺共學」的提出，是「內地延長主義」在教育的體現，其目的是為了進一步同化臺灣同胞。

實行「日臺共學」，貌似平等，實則並沒有消除「差別教育」。在初等教育方面仍然區分小學校及公學校，小學校為所謂「常用日語者」，實質上是為「日本人及少數時已相當『日本化』之本島人」〔註20〕提供的教育機關，並且依據的是日本本國小學校令。公學校，因為是「不常用日語者」的初等教育機構，其教科編製、設備、學費等項由臺灣總督規定。正如日本學者矢內

〔註19〕莊明水：《日本侵華教育全史》（第四卷），人民教育出版社 2005 年版，第 102 〜103 頁。

〔註20〕黃靜嘉：《春帆樓下晚濤急——日本對臺灣的殖民統治及其影響》，商務印書館 2003 年版，第 297 頁。

原忠雄所指出的，「然而一九二二年的新教育令以後，中等程度以上的學校全部統一，實施日本人與臺灣人共學的辦法；一方面使臺灣的學校系統完全日本化，同時，在事實上使這些學校變質爲以日本人爲主體的教育機構。因爲中等學校的入學考試，是對小學校（日本人）與公學校（臺灣人）的畢業生，依據小學校畢業的程度實施完全相同的考試」〔註 21〕公學校不僅是臺灣不常用日語學生的學校，且其建築、設備、師資也與小學校不能比，絕大多數臺灣人子弟在中學入學考試上處於不平等的地位與日本人子弟競爭。矢內原忠雄進一步揭示道：「日本政府使臺灣教育近代化，並在相當程度上予以普及，特別是教育機構的系統的建立，這些都是事實；至其特徵，則爲日本人獨佔高等教育，因而獨佔政治的、經濟的、社會的地位。一九二二年的新教育令，乃使此點尤爲明瞭。」〔註 22〕日本人山川均也認爲：「然而這無非是形式上的差別撤廢了而已，事實上的差別卻依然照原存在。共學制的結果，祗成績優良，而且又是有財產的臺灣人的兒童，才可以依據『許可主義』收錄入小學校。小學校與公學校的區別，在學制上雖說祗在是否常用日語的區別而已，然而實際上，教程有非常的差異。雖說小學與公學同是六年制；但是公學校無論怎樣膨大看，總沒有教過小學校五年以上的課程。」〔註 23〕

3. 大力推行「皇民化教育」階段

從 1937 年至 1945 年，臺灣教育進入「戰時體制」時期，當局大力推行「皇民化教育」，以「煉成皇國民」爲教育的最終目標。

1937 年 7 月，日本發動全面侵華戰爭後，日本內閣發表了「國民精神總動員計劃」。臺灣隨即設立總動員本部和地方動員支部，實施「戰時體制」，實行政治、經濟、文化教育、思想言論的「戰時體制」，發動「皇民奉公運動」，推行法西斯的殖民統治。體現在教育方面，最主要的是根據戰爭形勢變化，數次修訂《臺灣教育令》。1941 年 3 月 26 日發佈修訂的《臺灣教育令》，對各級教育的內容和制度，根據戰時「皇民化」要求，進行修訂和變革。具體而言，採取了壓縮修業年限，減少教學內容，實施住宿制，參加生產勞動和軍

〔註21〕矢內原忠雄著、周憲文譯：《日本帝國主義下之臺灣》，海峽學術出版社 2002
　　　　年版，第 175～176 頁。
〔註22〕同上註，第 183 頁。
〔註23〕山川均著、蕉農譯：《日本帝國主義鐵蹄下的臺灣》。見王曉波編：《臺灣的殖
　　　　民地傷痕新編》，第 173 頁。

事防衛等，使教育切實爲戰爭服務。到了抗日戰爭末期，日本殖民統治者進一步強化了對學生的戰時動員。1945 年 3 月，發佈了《決戰教育措施綱要》，宣佈除「國民學校」初等科外，其他學校一律停課。5 月，又發佈了《戰時教育令施行規則》，把所有學生組織起來，從事軍事服務、空中防衛、軍需品生產勞動等工作，學校教育全部停頓，臺灣教育遭到了徹底的破壞。「在太平洋戰爭爆發後，總督府的文教局，無形中變成動員局或軍事後援會之類的組織。各州廳掌理教育的部門，也都是忙於『銃後』的援助和皇民練成的工作，已經漸漸失棄教育行政機關本來的面目了。」〔註 24〕

爲了配合戰爭需要，進一步同化臺灣同胞，日本殖民統治者強制廢止公學校的漢文選修課和民間的漢文書房、義塾，不准在臺灣報紙上出現漢文；強行推行日語「常用運動」，在全島普及日語，不講日語的學生將受到處罰；強迫臺灣同胞改爲姓日本姓名，強制參拜神社，等等。1941 年 3 月 1 日，日本政府頒佈《國民學校令》，臺灣當局隨後制定頒佈了《臺灣公立國民學校》，提出廢止小學校和公學校的稱謂差別，統一稱爲國民學校。但是，又制定了三種課程表，針對不同學生實行差別教育，仍然區分日本學生與臺灣學生，以日語程度分化臺灣學生。

二、對日本殖民統治教育基礎的正確認識

自清政府統一臺灣後，臺灣教育逐步發展，至甲午戰前，府、縣、廳儒學有很大發展，而書院與鄉學（包括私塾、社學、義學、民學等教育機構）則是遍佈城鄉各地。臺灣的近代化從 1874 年沈葆禎渡臺開始。在沈葆禎、丁日昌、劉傳銘等人的大力推動下，全面展開近代化建設，後來居上，成績相當突出。「當時的臺灣已經是中國的先進省份之一」。〔註 25〕「銘傳乃爲樹人之計，十二年，先設電報學堂於大稻埕，以習其藝。十六年，又設西學堂於城內，聘西人爲教習，擇全臺聰慧之子弟而教之，課以英、法之文，地理、歷史、測繪、算術、理化之學。又以中國教習四名，分課漢文及各課程。學生皆給官費，每年約用一萬餘兩。成效大著。臺灣教育爲之一新。」〔註 26〕儘管劉銘傳之後，新式教育被迫停頓，但是，臺灣在被日本侵佔前，已經有了相當的教育基礎。

〔註 24〕汪知亭：《臺灣教育史料新編》，臺灣商務印書館 1978 年版，第 31 頁。
〔註 25〕陳孔立主編：《臺灣歷史綱要》，第 310 頁。
〔註 26〕連橫：《臺灣通史》，華東師範大學出版社。

　　日據時期，在堅持差別歧視原則的前提下，殖民當局適度發展針對臺灣民眾的教育，強行推行日語，灌輸日本民族的大和精神。通過發展學校教育，最低限度地滿足民眾的受教育需求，適應殖民地經濟發展對勞動力文化水平提高的需要。1941 年推行強迫義務教育後，臺灣的兒童入學率有了較大提高，在學校設施建設上也有一定的進展。當時，臺灣「義務教育已經普及，社會上沒有人不識字。小學的校舍都是鋼筋混凝土的巍峨建築，比內地有些大學還要大、還要好。這些校舍，都是配合動員計劃而建築，在戰時即可改作營房，駐紮軍隊，校舍的配置，完全適應軍隊建制」〔註27〕。「學校裏整齊的房舍、廣大的操場，與內地借用祠堂或其他公共建築設立的國民學校，形象完全不同。」〔註28〕到了 1944 年，臺灣共有初等學校 1099 所，學生 931515 人；中等學校 174 所，學生 67427 人；高等學校 6 所，學生 2346 人。這是日本當局為更好實施殖民統治的客觀產物。

　　但是，在堅持差別教育的思想主導下，入學率高主要是在臺灣的日本人子女的入學率接近百分之百所帶動的，這也體現在部分日語程度較高的臺灣人子女中。由於將日語作為升學的重要依據，日本人子女佔據了當時臺灣高、中等教育的大部分學額。就是在職業教育中，「臺灣人進入實業學校的機會，也還遠不如日本人」；『日本人為著要配合『農業臺灣，工業日本』的國策，因此，臺灣人能夠進入工業學校的更是微乎其微。」〔註29〕更應當注意的是，「這種綁在侵略戰車上的、在別國領土上強制推行的教育，已不是一般正常意義上的正常教育，而是以奴役被佔領國家人民、服務於侵略者利益為目的的教育。這種教育越普及，對被侵略國家的危害就越大。」〔註30〕日本學者西野英禮在反思當年日本殖民統治對臺灣造成的創傷時指出：「借著教育制度的確立或同化教育的美名的所謂『教育』，是使在日本統治時代長成而被剝奪以母國語表現的臺灣人，現在無法用母國語來寫文章，只能寫日本語。臺灣的新文化就在胎兒時的情形被絞殺了。由於日本人的教育，臺灣人民的精神負擔與被破壞的情形很大，是無可比喻的；企圖使臺灣人忘記民族性的白癡

〔註27〕彭孟緝：《臺灣省二二八事件回憶錄》。見魏永竹主編：《二二八事件文獻續錄》（修訂版），臺灣省文獻委員會 1995 年版，第 586 頁。

〔註28〕同上註，第 640 頁。

〔註29〕汪知亭：《臺灣教育史料新編》，第 75 頁。

〔註30〕宋恩榮：《〈日本侵華教育全史〉總序》。見莊明水著：《日本侵華教育全史》（第四卷），第 23 頁。

化教育的弊害，不知自此之後還要使臺灣民眾的痛苦再挨幾十年？我以爲在日本的臺灣殖民地化之中，最受誇耀的教育制度的確立，不就是對於住民最爲野蠻的行爲嗎？我以爲這是比任何血腥的彈壓，還要來得野蠻！」〔註31〕顯然，對日本殖民統治下的臺灣教育發展，不能抽象地看，必須從性質上認清其發展的本質。只有這樣，才能正確認識臺灣光復初期教育轉型的本質。

〔註31〕轉引自王曉波編：《臺灣的殖民地傷痕新編》，第 11 頁。

第三章　臺灣光復初期教育轉型面臨的政治生態

　　任何教育轉型都是在一定的政治生態中進行的。教育的基本屬性決定了一定社會的政治生態對教育轉型的性質和方向具有規製作用，對教育轉型的推進具有約束作用。光復後，臺灣從日本殖民地轉變爲國民黨統治區。在國共內戰期間，從國民黨統治區的一個邊陲省份轉變爲敗逃基地。導致這一變化的，是光復初期臺灣兩次性質不同但對社會都有根本性影響的政治格局變化所催生的。在這種政治格局變化的過程中，國民黨在臺灣實施的是反動專制統治和無情軍事鎮壓。以「二二八事件」爲分界，光復後臺灣的政治生態從前期的尚存抵制力量轉變爲了政治冷漠，尚有不同思想轉變爲了「一個主義」主宰，使得這一時期的政治制度生態和政治文化生態，以及教育內部政治生態處於一種失衡狀態，直接影響和制約著臺灣光復初期的教育轉型。

第一節　政治生態變化的背景

　　臺灣擺脫了日本殖民統治，成爲了國民黨統治區的一部分，由此再次與祖國的政治、軍事、經濟、社會發展緊密聯繫在一起，進入了一個新的歷史發展階段。隨著國民黨軍隊在大陸從占盡優勢到全面敗退，臺灣對於國民黨政府的地位與作用發生了重大變化。由此，國民黨政府對臺灣的統治策略與方式也發生了重大變化，這是內戰時期國民黨統治地位變化對臺灣光復初期政治生態所產生的深刻的、直接的影響。

一、蔣介石及國民黨政府在大陸遭到徹底的失敗

抗日戰爭勝利後，全國人民渴望和平，企盼和平。但是，國民黨政府在美國的支持下，違背絕大多數中國人民的意願，悍然發動內戰，再次把國家推向了戰爭。爲了維護統治、支持戰爭，國民黨政府在國統區全面實行法西斯統治，推行戰時經濟管制，將國民經濟推向了崩潰的邊緣。失道者寡助，國民黨政府最終在政治、軍事、經濟上遭到徹底失敗，只能敗退臺灣。

1. 悍然發動內戰

戰後初期，中國出現了和平的希望與現實的機遇。出於軍事準備不足、美蘇兩強對中國國共和談的支持，以及國內和平的呼聲，促使蔣介石三次致電中共領袖毛澤東，邀請其到重慶談判。爲了最大限度地爭取和平，1945 年 8 月 28 日毛澤東率中共代表團赴渝進行國共和談。1946 年 1 月 10 日國民黨終於與共產黨簽署了《關於停止衝突恢復交通的命令與聲明》。當日，各方關注的政治協商會議在重慶開幕，會議通過了五項議案，即《國民大會案》、《憲法草案案》、《政府組織案》、《軍事問題案》、《和平建國案》。政治協商會議之後，社會各界對於和平充滿了期待。但是，1946 年 3 月 1 日，在重慶召開的國民黨六屆二中全會，對戰後國民黨的施政方針進行了全面檢討，最後背棄了在重慶談判和政治協商會議上所作出的承諾。根深蒂固的唯我獨尊意識和 20 多年執政的既得利益，及在當時所擁有的絕對優勢，使得蔣介石及國民黨內的主戰派迷信軍事實力的決定作用，堅定用武力解決問題的決心。由此，全面內戰爆發，這是戰後中國政治發展的一個大的轉折。

1946 年 7 月 3 日，國民黨貿然決定 11 月 12 日召開國民大會，企圖以「訓政」向「憲政」的過渡而爲自己的統治找尋更能爲社會接受的法理依據，並以此在軍事優勢的配合下完成社會整合。1946 年 11 月 15 日，國民黨一手操縱的國民大會召開。此次會議也被稱爲是「制憲國大」，會上國民大會按其組織法的規定要制定所謂憲法並決定施行日期。1946 年 12 月 25 日，通過了《中華民國憲法》，並決定於 1947 年 12 月 25 日實施。由於中共與民盟對於國大及通過的憲法持反對與不承認的態度，國民黨召開國民大會及頒佈憲法的目的並沒有得到完全實現。這次國民大會的召開，實際上是國共第二次合作破裂的標誌。

2. 實行法西斯統治

1947 年上半年，國民黨政府衰敗的形勢開始顯現。在軍事上，經過一年

的戰爭，國民黨軍隊損兵折將，以絕對優勢的裝備和兵力卻屢戰屢敗，戰略的主動權已經轉移到了解放軍手中。在經濟上，通貨膨脹，財政破產，民生凋敝。在政治上，國民黨和國民政府威信掃地。正如 1947 年 5 月 24 日蔣介石所言，「時局逆轉，人心動盪，軍政經社均瀕危殆」，為此「決定先肅清後方，安定社會，再圖軍事之進展也。〔註1〕」隨後，蔣介石採取了實施總動員與黨政改革兩大措施，企圖挽回危局。

　　1947 年 7 月 4 日，蔣介石以國民政府主席的身份，正式向國民政府委員會第六次國務會議提交議案——《為拯救匪區人民、保障民族生存、鞏固國家統一，提請勵行全國總動員，以戡平共匪叛亂、掃除民主障礙、如期實施憲政、貫徹和平建國方針案》。為貫徹實施總動員，行政院專門制定了《動員戡亂完成憲政實施綱要》，規定對於妨礙人力物力動員的行為以及怠工罷工停業、對於煽動叛亂之集會及其言論行動等，應予以懲處。總動員令頒佈後，各種加強統治和控制的法令法規即陸續出臺。同時，國民黨當局部署國民大會代表的選舉，準備結束「訓政」、實行「憲政」，搞所謂的「還政於民」，希望以此爭取美國的援助，以此作為抵制社會上與中共進行和談要求的一種手段。1947 年 12 月 25 日，國民黨政府宣佈憲法已經生效。1948 年 3 月 29 日，第一屆國民大會召開，4 月 18 日通過了憲法增加《動員戡亂時期臨時條款》，賦予總統以緊急處分的特權。這樣，所謂的「憲法」就被擱置起來了，蔣介石的獨裁統治成為「合法」。

　　實施總動員令後，蔣介石進一步搞了所謂的「總體戰」，強化軍事統制制度。1948 年 3 月 17 日至 21 日，蔣介石在南京召開華中區綏靖會議，要求「達成總體戰及黨政軍一元化」，並為此頒佈了《綏靖區總體戰實施綱要》。所謂的「總體戰」指的是「今後戡亂作戰，必須採取軍事、政治、經濟三位一體之總體戰，以軍事為主體，配合政治經濟同時進剿，務盡諸般手段，充實戰力，以摧匪之戰力，庶可革新當前之局勢，完成戡亂建國之大業。〔註2〕」為強化獨裁統治和軍事統制，國民黨政府在 1947 年 11 月間通令成立由各級民意機關議長主持的省市縣「戡亂建國動員委員會」，調動地方組織，加強對軍事政治的配合。同時，制定了一系列法令，強化戰時體制，鎮壓群眾運動。行

〔註 1〕 轉引自朱宗震、陶文釗：《中華民國史》（第三編第六卷），中華書局 2000 年版，第 3 頁。

〔註 2〕 同上註，第 157 頁。

政院於 1947 年 9 月 5 日頒佈了《後方共產黨員處置辦法》，明令鎮壓共產黨員。11 月 1 日頒佈了《動員戡亂期間勞資糾紛處理辦法》，禁止工人罷工、怠工。12 月 25 日頒佈了《戡亂時期危害國家緊急治罪條例》，設立特種刑事法庭，針對中共地下活動，加重刑事處分。此外，還頒佈了《厲行消費節約辦法綱要》（8 月 9 日）、《糧食流通管理辦法》（11 月 22 日）、《加強金融業務管製辦法》（12 月 23 日）等等，以便集中人力物力用於戰爭。

3. 加緊經濟驚奪

日本的侵華戰爭，使中華民族蒙受了巨大損失。據不完全統計，戰爭期間，中國軍民傷亡 3500 多萬人，按 1937 年比值折算，直接經濟損失 1000 多億美元，間接經濟損失 5000 多億美元。〔註 3〕抗日戰爭勝利後，國民黨政府一度擁有相當可觀的財力：擁有 9 億美元的儲備；擁有黃金 410 萬兩；出售敵僞產業，1945、1946 年兩年約有 1.2 萬億元以上法幣收入；聯總救濟物資，合計有 3.72 億美元；美國對中國的經濟援助，扣除聯總部分，達 17.05 億美元。〔註 4〕當時，中國面臨著繁重的復興重建任務，這些寶貴資產本應是戰後經濟重建的重要基礎。然而，國民黨政府依仗其擁有的軍力和財力的優勢，發動內戰，不僅使國民黨失去了人心，而且嚴重地破壞了經濟重建。受到抗日戰爭摧殘的經濟基礎，再承受內戰，無疑是雪上加霜。戰後的經濟恢復重建，主要集中在 1947 年以前，即便在這一時期，仍然面臨重重困難，主要是政策不當，經費短缺，進口衝擊，通貨膨脹。1947 年中期以後，國民黨政治軍事形勢全面惡化，政府軍費劇增，無心也無力恢復經濟，國庫耗盡，財政金融出現了嚴重危機，經濟建設陷入了非常困難的境地。

隨著軍事上的失敗，面對日益惡化的經濟，蔣介石及國民黨政府採取了變本加厲的經濟掠奪政策。爲支持其內戰，國民黨政府繼續實行田賦徵實徵借政策。由於各方的強烈反對，1947 年春曾一度停止。「戡亂總動員令」頒佈後，又於 1947 年 7 月間決定繼續徵借。到了 1948 年 5 月，進一步擴大了對糧食的掠奪，開設了「戡亂」特捐，以「徵一借一捐一」爲原則。內戰後期，經濟形勢急速惡化，物資匱乏，造成通貨膨脹，法幣制度瀕臨崩潰，加大貨幣發行成了彌補財政赤字的唯一手段。蔣介石及國民黨政府於 1948 年 8 月強

〔註 3〕 胡錦濤：《在紀念中國人民抗日戰爭暨世界反法西斯戰爭勝利 60 週年大會上的講話》，《光明日報》，2005 年 9 月 4 日。
〔註 4〕 朱宗震、陶文釗：《中華民國史》（第三編第六卷），第 351 頁。

制推行幣制改革。國民黨政府企圖以此建立起強有力的支持內戰的社會經濟動員模式，進一步強化國家壟斷與統制。但是，經濟狀況的惡化是由於內戰而起，並非幣制改革所能解決的問題。蔣介石及國民黨政府希望通過加強經濟管制，來控制經濟形勢，然而實際效果是，管制經濟致使流通不暢，生產萎縮。在通貨惡性膨脹的壓力下，限價政策屢屢失敗，物價飛漲，社會經濟生活陷入極度混亂，最後導致了幣制改革失敗後的經濟總崩潰之局面。

內戰使國民經濟陷入崩潰境地，物價暴漲，民不聊生，社會動蕩不安，國民黨在大陸失掉了民心，加速了統治的滅亡。這一時期，國民黨為了發動內戰，還從臺灣搜刮各種資源，影響了臺灣的重建與發展。

二、國民政府與日美關係的變化

蔣介石及國民黨的反共反人民立場，決定了其在力量的組織及資源的調配上不得不依靠美國，「親美」成為國民黨政府的主要外交政策。同時，在戰後對待日本政策上也出現了扭曲，引起國人不滿。這是深刻影響當時全國民眾對統治者態度變化的一個重要因素。

1.「以德報怨」對日政策

1945 年 8 月 15 日，蔣介石在為日本投降發表的廣播演講中提出：「我中國同胞們須知『不念舊惡』及『與人為善』為我民族傳統至高至貴的德性。我們一貫聲言，只認日本黷武的軍閥為敵，不以日本的人民為敵，今天敵軍被我們盟邦共同打倒了，我們當然要嚴密責成他忠實執行所有的投降條款，但是我們並不要企圖報復，更不可對敵國無辜人民加以侮辱，我們只有對他們為他的納粹軍閥所愚弄所驅迫而表示憐憫，使他們能自拔於錯誤與罪惡。要知道如果以暴行答覆敵人從前的暴行，以奴辱來答覆他們從前錯誤的優越感，則冤冤相報，永無終止，決不是我們仁義之師的目的。這是我們每一個軍民同胞今天所應該特別注意的。」[註5] 這就是被稱之為「以德報怨」的戰後中國對日政策。由於有這一政策，1946 年 10 月 25 日，戰犯處理委員會舉行對日戰犯處理政策會議，決定「對日高瞻遠矚，處理戰犯宜從大處著眼，不必計較小節，並迅速結束戰犯處理業務。[註6]」對日本戰犯的檢舉於 1947

〔註 5〕 轉引自汪朝光：《中華民國史》（第三編第五卷），中華書局 2000 年版，第 261 頁。

〔註 6〕 同上註，第 265 頁。

年 10 月 15 日停止，當年底審判基本結束，各地軍事法庭撤銷。1948 年 7 月，戰爭罪犯處理委員會解散。1949 年 4 月國防部軍事法庭結束。在處理日本戰犯中，儘管一批罪大惡極的戰犯被處以了極刑，但對於日本中國派遣軍總司令岡村寧次卻網開一面。蔣介石對於外敵「不念舊惡」、「以人爲善」，而對於本國人民則是殘酷鎮壓、無情打擊。這一政策的實行，引起了全體中國人民的強烈不滿。特別是遭受長時間日本殖民統治的臺灣民眾對此難以理解，這也是光復後臺灣統治當局與民眾隔閡產生的一個原因。

2. 與美國關係的變化

　　中美關係始終是國民黨政府外交的重心所在，戰後尤其如此。戰後中美關係出現了兩個基本特徵：一方面是國民黨政府需要美國的支持與幫助，推行親美政策，中國經濟的恢復有賴於美國的援助，國民黨軍隊更是需要美國武器的支持；另一方面，冷戰局勢初顯，美國爲獲取全球戰略利益，基本政策是扶蔣助蔣建立反共政權。但是，國民黨政府的腐敗卻使美國國內對於中美關係出現了不同意見，產生爭論。美國不願意派兵直接介入中國內戰的基本政策面，使得在國民黨節節敗退之際，出現美國希望從中國內戰中脫身的政策轉變。

　　在戰後的最初兩年，國民政府與美國保持了特殊的關係，雙方簽訂了一系列的條約、協定。馬歇爾軍事調停失敗，表明美國既支持蔣介石又企圖避免國共兩黨之間大規模內戰、避免美國捲入中國內戰的政策的失敗。1947 年 1 月，馬歇爾回國就任國務卿，5 月下令取消自 1946 年 8 月起實行的對中國禁運武器彈藥的命令，美國對華政策轉向了公開支持國民黨政權進行反共戰爭。美國政府在 1948 年 4 月還通過了《援華法》，明確對國民黨政府的經濟援助爲 3.38 億美元，特別贈款（即軍援）爲 1.25 億美元。不過，後來眾議院撥款委員會把經援減爲 2.75 億美元，使援助總額減爲 4 億美元。〔註7〕

　　1948 年冬，中國的軍事、政治、經濟形勢的發展使美國決策者相信，國民黨的失敗是不可避免的了。爲此，對華政策又進行了調整，採取了軟硬兼施的兩手：軟的一手是從中國戰中脫身，盡可能離間中蘇關係；硬的一手是繼續與中共爲敵，盡可能給中國新政權製造困難。〔註8〕爲了從中國內戰中脫身，美國召回了駐華軍事顧問團，拒絕向國民黨提供新的援助，編製《美中

〔註 7〕 朱宗震、陶文釗：《中華民國史》（第三編第六卷），第 619 頁。
〔註 8〕 同上註，第 638 頁。

關係白皮書》。1949 年底，美國政府已經徹底對國民黨政權失去了信心，對臺政策調整爲「美國對福摩薩和其他任何中國領土沒有掠奪性意向。美國目前無意在福摩薩獲取特別權利和特權，或建立軍事基地。美國亦無意使用武力干預現在局勢。美國政府將不遵循足以使之捲入中國內爭的方針」，「同樣，美國政府將不向福摩薩的中國軍隊提供軍事援助或建議。在美國政府看來，福摩薩的資源足以使他們得到他們認爲保衛該島所必需的物資。美國政府建議依據現有的法律授權繼續實施經濟合作署的經濟援助計劃。〔註9〕」美國政府態度的變化，致使蔣介石及國民黨政府敗退臺灣之初，處於前景茫然、惶惶不可終日的狀態。

第二節　政治制度生態的變化

　　光復後，蔣介石及國民黨在臺灣建立起了專制統治制度，對於臺灣人民的抗爭採取了殘酷鎮壓等法西斯手段，尤其是明確將臺灣作爲敗退逃亡基地後，更是加強了對臺灣的全面控制與封鎖，在光復初期短短的 4 年多時間裏，造成了臺灣政治局勢從激烈動盪到高壓下的「寂靜」，臺灣民眾的政治態度從熱情到趨於冷漠。

一、臺灣專制統治制度的建立

　　回歸祖國，政權更替，臺灣民眾爆發出了強烈的民族情感，企盼翻身後能做恢復重建臺灣的主人。然而，國民黨當局在臺灣建立的帶有歧視性的專制統治體制，與臺灣人民的願望背道而馳，官民矛盾尖銳，社會動盪不安，經濟凋弊，沒有給臺灣民眾帶去回歸祖國後的政治與經濟利益，造成了臺灣民眾對國民黨統治的失望以致發展到抵制。

1. 臺灣民眾熱情盼望回歸祖國

　　抗戰勝利後，臺灣人民翹首以待，盼望祖國的政府接收。從 1945 年 8 月 15 日日本投降直到 10 月 25 日國民政府正式接收，兩個多月的時間裏，臺灣同胞一直沉浸於盼望接收、歡迎回歸的喜慶之中，自覺地開展了一系列迎接政府接收的準備工作。進入 9 月後，一系列重大事件使得臺灣民眾對於回歸

〔註 9〕陶文釗主編：《美國對華政策文件集（1949～1972）》（第二卷上），世界知識出版社 2004 年版，第 27 頁。

祖國的心情益加迫切。1日國民政府在重慶成立了臺灣行政長官公署，2日在東京灣舉行了盟軍受降儀式，9日在南京舉行了中國戰區受降典禮。在臺灣，全島都成立了「歡迎國民政府籌備會」，到處懸掛國旗，搭建慶祝牌樓，長期被日本殖民統治者禁止的歌仔戲、布袋戲、舞龍舞獅等傳統風俗習慣，隨著民眾對祖國熱情的日益高漲而不斷湧現與恢復。1945年10月10日，是臺灣回歸後的第一個中華民國國慶日，當時尚未正式接收，臺灣精英人士自發地召開規模宏大的慶國慶大會，體現了回歸祖國後臺灣民眾歡欣鼓舞的熱情及喜悅。臺灣同胞還掀起了學習國語國文高潮。當時，在臺灣各地會講國語的人不多，但是他們非常熱心，甚至義務出來教授或輔導民眾，無報酬地開設講習會，一時間臺灣島上漢文、漢語講習會如雨後春筍般出現。人無分男女老幼，地無分城市鄉村，主動自發地學習國語、國文蔚然成風。在兩個多月的權力與管理真空階段，在政治、文化上出現了一些自動自發組織起來的團體，如三民主義青年團、臺灣學生聯盟、臺灣人民協會等。他們一方面致力於中華文化的恢復，另一方面組織起來維持治安秩序，迎接國民政府的接收。1945年10月25日，上午臺灣戰區受降典禮舉行，下午慶祝臺灣光復大會召開；第二天，上午有萬餘名學生舉行慶祝遊行，下午有一般市民團體的繞巡全市遊行，臺灣人民的民族情感達到了高潮。顯然，光復之初臺灣本有一個很好的民意基礎。

2. 專制統治體制的建立

國民政府對臺灣的接收實行的是特殊政策，而不是與東北地區一樣實行省的建制。根據1945年9月發佈的《臺灣行政長官公署組織大綱》，國民黨政府為臺灣制定了一個有別於大陸各省的特殊制度，行政長官可以集行政、立法、司法三權於一身，可以對在臺灣的中央各機關有指揮監督權。作為行政長官的陳儀，還兼任臺灣警備總司令，其強大的權限勝過了日本殖民統治時期的總督。光復之初時任臺灣高等法院院長的楊鵬在回憶時就說：「他（指陳儀）向我概括地說了接收臺灣的步驟，臺灣地方政治組織概況，從而我意識到在臺灣光復之初，國民黨政府即以特殊的眼光和措施來接收臺灣，所以成立異於各省的行政長官公署；行政長官為特任職，把臺灣省的政治全歸行政長官一人掌握，這不僅是封建王朝的封疆大吏不能比擬，就是日本竊據時代的臺灣總督也望塵莫及。由於這特殊的體制，形成了臺灣無處不特殊的局

面。〔註 10〕」由於臺灣行政長官公署在財產接收、人事安排、處置通貨膨脹與失業等的問題上逐漸顯露出專制統治本質與腐敗，保護和縱容國民黨接收官員的腐敗行為，從 1946 年初起臺灣民眾對當局的批評開始出現，失望情緒開始蔓延、加劇。

　　這一專制統治制度對臺灣民眾造成的傷害，表現為回歸後臺灣民眾的政治權利受到漠視，在新政權下得不到尊重與保護。最直接、最突出的表現是用人上的歧視。陳儀到臺接收初期，行政長官公署一級單位十八位正副首長中僅有教育處副處長宋斐如為臺籍人士，長官公署各機關十六位主管中僅王耀東、陳尚文兩位屬臺籍，十七名縣市長中僅有臺北市長黃朝琴、新竹縣長劉啓光、高雄縣長謝東閔三位屬臺籍；而這六位臺籍人士中除了王耀東是本土醫生外，其他都是從重慶返臺的「半山」人士。日據時期，日本殖民統治者對於臺籍人士實行的是歧視政策，引起臺灣同胞的極大不滿。國民黨政府接管後，認為臺灣同胞中知識分子缺乏行政經驗且會說國語者不多，而來自大陸的接收人員又不足分配。因此，採取暫時遷就事實，將原有日籍工作人員留用。結果，留用日籍人員反倒比啓用臺籍人士更多。「僅就民政處接管範圍內言：省級機關留用人員 238 人，省籍人員 68 人，日籍反占 170 之多；而各醫藥機構尚未列入。地方機關留用人員 13069 人，省籍人員 5552 人，日籍反占 7517 之多，而臺中廳留用日籍人員，尚未列入。」〔註11〕這無疑給熱盼回歸的臺灣同胞潑下了一盆冷水。1946 年，臺灣舉行了光復後第一次各級民意機關的選舉，而且是完全的直接選舉。首屆當選的 30 名省參議員都是臺灣人，主要有兩類人員，一類是在日據時期就參與政治活動的臺灣知名人士，另一類是在大陸參加國民黨，光復時回到故土的臺灣人士。需要指出的是，當時的省參議會僅是一個咨詢機關，聽聽政府施政報告，發表參考意見和建議而已，並沒有形成對專制統治制度抗衡與制約的力量。

　　臺灣光復之初的政治專制體制得到了相應的經濟統制體制的配合。在經濟發展上，陳儀極力主張發展公營事業，製造國家資本。面對在實際推行上受到的阻礙，陳儀的觀點是：「這不是一件很容易事情，因為在思想上有問題。

〔註10〕 楊鵬：《臺灣受降與「二二八事件」》。見李敖：《二二八研究三集》，李敖出版社 2000 年版，第 129 頁。

〔註11〕 臺灣省文獻委員會編：《臺灣史》，眾文圖書股份有限公司 2004 年版，第 728 頁。

一般人受了舊思想的束縛，以為發財乃是個人的事情，國家是不能發財的，國家發財就是『與民爭利』。這種錯誤的思想，實在因為他們把從前的皇帝和現在的國家混為一談了。從前皇帝發財，供他個人享受，這是『與民爭利』。現在國家發財，將收入平均分配給全體人民，這是『為民造利』，怎能說是『與民爭利』呢？我們要以公營事業來製造國家資本，以發展生產，必須先把這種思想上錯誤來糾正。〔註12〕」治臺期間，陳儀努力實踐其發展公營事業的思想。他提出，「本省的公營事業，不但要力矯中國過去的積弊，而且務使消耗比私營少，收益比私營的多，人員比私營的少，效率比私營的強，成本比私營的輕，品質比私營的好。要達到這些目的，除注意人選外，必須使公營事業的組織、人事、會計、製造、購料、運銷等等，都有法規可循，本省現已組織公營事業委員會，關於公營事業組織、人事、會計、文書、生產、運銷以及與金融、貿易等關係，將定一統一辦法，務使其制度化，科學化，俾能增強效率」〔註13〕。由於堅持這一觀念，行政長官公署對經濟採取比日本殖民統治時期有過之而無不及的專賣制度，擴大了統制範圍，並且在管制手段上更加嚴格。臺灣行政長官公署專門設立了貿易局，統制臺灣進出口貿易。將土地納入統制範圍，從日本人手裏接收敵產土地，包括農場、糖廠擁有的農田等等，佔了全臺耕地的2／3以上。這樣，行政長官公署掌控了70%以上的土地。臺灣民眾對於日本殖民統治實行的專賣制度極為痛恨，光復後國民黨政府非但未作改變，反而變本加厲，手段更惡劣，範圍更擴大。臺灣民眾沒有因為光復獲得經濟上的利益，也沒有獲得提高生活水平所需的資源。

因此，要求廢除行政長官制度的呼聲很快就成為臺灣民眾的政治訴求之一。閩臺建設協進會向1946年3月召開的國民黨六屆二中全會的呈交了一份建議書，對陳儀到臺後執政施政的問題進行了揭露，提出了臺灣省治應興應革的六大事項：第一，速廢行政長官特殊制度；第二，即日建省，屬行軍民分治；第三，應修改處理臺人產業辦法；第四，流通券應由國家銀行發行；第五，變相之貿易局應令裁撤；第六，遣歸日人並速解散日警。建議書認為，「陳長官治臺，舉凡民、教、財、建以及軍事，司法皆統一於長官之一尊，中央各部會派員赴臺則拒絕之，出入境人等非經長官准許不得自由。至於各

〔註12〕陳鳴鐘、陳興唐主編：《臺灣光復和光復後五年省情》（上），南京出版社1989年版，第319頁。
〔註13〕同上註，第326頁。

機關之名稱及組織亦皆表現出特殊以別各省，是當時日本臺灣總督尚無如此
權感。故行政長官之制度不廢，則臺民實未解殖民地之倒懸，幾疑中央不予
平等待遇也」，陳長官赴臺所帶接收人員不及一二千人，而對中央各院部派遣
赴臺人員及交通部所屬之郵、航、路、電高級職員，財政部所屬之銀行、稅
收高級職員，大部分拒絕入境，即公務員訓練班出身之人等亦皆摒棄不用，
乃反留用日籍官吏 4 萬名，日警 1 萬餘名。此輩往日欺壓臺民，慘無人道，
眾皆銜恨，懾不敢言。今者身為降虜，我當局猶保其權威，臺民最痛心之事
無逾於此。故日軍不解散，勢必大失人心，官司不免，職恐亦有傷國格」〔註
14〕。臺灣民眾的政治訴求並沒有得到陳儀的理解與支持。由於政治立場和思
想觀念上的原因，陳儀對於出現的批評意見與善意建議並沒有接受，也沒有
從中反思統治體制及方式上存在的問題，而是固執己見，甚至責怪臺灣同胞。
1946 年 12 月 10 日，他在「人民團體工作檢討會」上的訓詞中認為，「在從前，
臺胞固然有好的地方，但也有相當缺點。例如氣量與眼光，我感覺臺胞中有
些人欠大、欠遠」，「我們絕不能用日本帝國主義或資本主義以及日本統治時
代的情形來批評臺灣現在的設施。日本統治臺灣的主義和我們現在的主義，
完全相反，不能並論，現在有些批評，常常說日本時代如何，現在如何，他
們潛意識地以日本的資本主義，獨裁主義來作批評的尺度，那是不正確的」，
「臺灣光復後，最大的收穫，是六百三十萬臺胞得到重於生命的真正的政治
自由。現在有些臺胞，看到有些事情，好像不如日本佔領時代，便不滿意。
其實臺胞試平心靜氣想一想，現在的政治自由比以前何如」〔註 15〕。由此，
不難看出臺灣光復後很快就進入了國民黨統治與民眾激烈的矛盾衝突期。

二、「二二八事件」引發的政治動盪

　　國民黨接收臺灣後短短的一年多時間裏，以陳儀為首行政長官公署實施
專制統治，加之施政上的錯誤與腐敗，失業人數不斷增加，物價不斷上漲，
民眾生活困難程度不斷加重。他們不僅在政治上沒有享受到光復帶來的希
望，在經濟上也沒有享受到光復後帶來的益處，對國民黨的統治從歡迎到失
望到抗爭，終於釀成了「二二八事件」這一影響臺灣長遠發展的重大事件。「二

〔註 14〕福建省檔案館、廈門市檔案館編：《閩臺關係檔案史料》，鷺江出版社 1993 年
　　　　版，第 384～386 頁。
〔註 15〕陳鳴鐘、陳興唐主編：《臺灣光復和光復後五年省情》（上），第 312～313 頁。

二八事件」的實質是，在臺國民黨專制統治的實力遠大於民眾的民主力量。事件後，臺灣社會進入一個更適合於國民黨實行專制統治的階段。

第一，臺灣地方政治精英受到摧殘。國民黨開始軍事鎮壓後，大肆抓捕各級「二二八事件處理委員會」成員，在臺北除蔣渭川逃走外，出頭露面的各界領袖幾乎被一網打盡，其中許多人是當場被槍殺的。由於臺灣本土的知識精英多與事件有牽涉，因而受到重創。1947 年 3 月 17 日，受南京國民黨政府指派，時任國防部部長的白崇禧到臺灣進行「宣慰視察」，表示將「秉持和平寬大的原則」處理事件。但是，在殘酷的軍事鎮壓之後，國民黨在臺灣又開始了收繳散失的槍支彈藥和肅清事件參與分子的「清鄉」工作。「清鄉」從 21 日開始，具體內容爲「清查戶口，檢舉歹徒，收繳民槍，獎懲等方法，全面同時進行」。在「清鄉」過程中實行封建的「連坐處分」法，即在戶口清查之後，辦理「連保切結書」，讓民眾互相保結，由鄉、里、戶長 3 人爲保結人，如被保人經檢舉有「不法行爲」，保結人應受連坐處分。29 日，臺灣省警備司令部又公佈了《准許參加暴動分子非主謀者自新公告》，規定：持武器呈交軍事機關或縣市政府、區鎮公所，填寫「自新書」，由身家清白的親族 5 戶連保。整個清鄉、自新一直持續到當年年底，並且範圍一再擴大。

第二，加強社會控制。進行軍事鎮壓後，臺灣警備司令部立即電令撤銷各地的「二二八事件處理委員會」，3 月 14 日又以「曾公開徵集退伍軍人、暴徒，背叛國家」等爲由通令各地解散「臺灣省政治建設協會」。在事件發生前後各地民眾自發組織的各種組織、團體一律被撤銷或解散。3 月 13 日，警備司令部以「思想反動、言論荒謬、詆毀政府、煽動暴亂之主要力量」爲由，查封了《人民導報》、《民報》、《大明報》；以「未核准登記」爲由，查封了《中外日報》；以「擅發號外」爲由，查封了《重建日報》。15 日，以「言論荒謬，詆毀政府，煽動民心」爲由，查封《青年自由報》；以「持論荒謬」爲由，關閉《大公報》臺北辦事處。

17 日，未說明理由，直接查封了《工商日報》、《自強日報》。23 日，以「言論反動，並潛入共黨分子」爲由，查封《和平日報》。此外，查扣和燒毀各書店「反動」刊物，如《中國近代史話》、《中日政局演變》、《新世界展望》、《日本革命運動史話》等。在這一過程中，不少外省籍記者因報導事件真相被殺。同時，一些機構被裁撤，如私立延平學院於 3 月 20 日被警備司令部以「辦理不善，且未奉准立案，二二八事變期間並有一部分學生參加叛亂，殊屬不法」的理由封閉。臺灣省立編譯館也於 5 月 16 日被裁撤。

第三，臺灣省政府成立。爲了安撫臺灣民眾，4 月 24 日，國民黨政府下令撤銷臺灣行政長官公署，改設爲臺灣省政府。5 月 15 日，魏道明飛往臺北。5 月 16 日，臺灣省政府正式建立，魏道明宣誓就職任省主席，並宣佈解除全省戒嚴令，結束全省各地還在進行中之「清鄉」工作，廢除新聞、圖書及郵電檢查，撤銷交通及通訊機構之軍事管制。同時，還宣佈臺幣與「法幣」的比率，自 16 日起由 1 比 40 改爲 1 比 14。〔註16〕當日，魏道明將所採取的措施電告蔣介石。「今晨到差視事，此間人民期望恢復正常生活之心至切，各屬綏靖工作，已大致完成，頃已囑彭司令自今晨起解除戒嚴，結束清鄉，停止新聞圖書郵電檢查，及撤銷交通通訊之軍事管制。」〔註17〕魏道明就職後，開始著手化解因「二二八事件」造成的不幸局面。臺灣省政府改組中注意起用臺籍人士，在新組建的臺灣省政府中，「省府委員十五人中，臺籍占七人，廳長四人中，臺籍一人，副廳長四人中，臺籍三人，處長三人中，臺籍一人」〔註18〕。23 日，臺灣省專賣局改制爲公賣局，除煙、酒專賣政策不變外，樟腦、火柴等允許民營。這些措施並沒有改變國民黨政府在臺灣的反動統治本質，只是因爲遭到抵抗力量遭到毀滅性的破壞而不能組織起來。魏道明主政臺灣後，實行了「安定求繁榮」的政策，努力推進臺灣經濟建設。與此同時，蔣介石及國民黨軍隊在大陸內戰中的衰敗形勢開始明朗起來，爲挽回局面，於 1947 年 7 月實施「總動員令」，進一步強化法西斯式的恐怖統治，更加殘酷地掠奪社會財富以供戰爭的需要，加劇人民的痛苦。在這一背景下，魏道明自然難以有所作爲。

三、「反共復興基地」建設

在與中共進行最後決戰前夕，蔣介石及國民黨當局預感在大陸的失敗爲時不遠了，如何選擇一個既避免被徹底消滅，又能維持殘餘統治的合適的逃亡之地，成爲最爲迫切的問題。以幕僚張其昀爲首的一批人進行充分論證後，認爲將臺灣作爲「反共救國的復興基地」有著大陸任何地區都無法相比的優越之處。蔣介石同意這一東撤方案後，從 1948 年底起開始經營臺灣的工作，加強了對臺灣的控制，採取了一系列措施。

〔註16〕中國第二歷史檔案館整編：《中華民國史料長編》（第 70 冊），南京大學出版社 1993 年版，第 107 頁。
〔註17〕魏永竹主編：《二二八事件文獻續錄》（修訂版），第 14 頁。
〔註18〕中國第二歷史檔案館整編：《中華民國史料長編》（第 70 冊），第 94 頁。

　　第一，挑選強人主管臺灣。1948 年 12 月 29 日，國民黨中央常務委員會通過了蔣經國為臺灣省黨部主任委員的任命，行政院任命陳誠接替魏道明為臺灣省政府主席。陳誠是蔣介石的重要嫡系將領，一直受到特別的信任。蔣介石在宣告自己下野前夕，任命正在臺灣休養的陳誠為臺灣省政府主席，足見對陳誠的信任殊異於一般的將領。蔣介石非常重視此時對臺灣的治理，在陳誠就職後一周，即於 1 月 1 日致電告以今後治臺方針：「（一）多方引用臺籍學識較優、資望素孚人士參加政府；（二）特別培植臺灣有為之青年與組訓；（三）收攬人心，安定地方；（四）處事穩重，對下和藹，切不可躁急，亦不可操切，毋求速功速效，亦不必多訂計劃，總以腳踏實地，實心實力實地做事，而不多發議論；（五）每日特別注意各種制度之建立，注意治事方法與檢點用人標準，不可專憑熱情與個人主觀；（六）勤求己過，用人自輔，此為補救吾人過去躁急驕詡，以致今日失敗之大過，望共勉之」〔註 19〕。1949 年 1 月 18 日，原臺灣警備司令部擴大為警備總司令部，陳誠以省政府主席身份兼任替備總司令，原警備司令彭孟緝任副總司令。

　　第二，搶運各種戰略物資。蔣介石比任何人都清楚去臺初期面臨的物質緊缺的處境，為便於生存和恢復，盡可能多地往臺灣搶運各類軍事裝備、生產資料、生活用品。此次搶運，到底從大陸搬走多少物資，目前難於統計。包括民間一些對中共不瞭解、不信任的工商界人士和富豪把多少財富帶到臺灣，也難以統計。其中，僅在蔣經國過問下，搶運走的中央銀行金庫的庫存就有黃金 90 噸左右、銀洋 1500 萬元、美鈔 1.5 億元。從 1949 年 10 月美國國家安全委員會的一份文件中，我們也可以判斷出國民黨當局從大陸運往臺灣的資金不在少數。這份文件提到，「已掌握的情報清楚地表明，目前該島嶼的弱點並不是缺乏經濟資源或軍事物資。中國政權所持有的部分金銀和外幣儲蓄，估計超過 1 億美元，存放在福摩薩，可供那裡的中國政府使用。我們認為，用 1.25 億美元援助購買的軍事物資〔註 20〕大部分可能也貯存在福摩薩。據可靠報導，（蔣）總司令在最近訪問菲律賓時，曾私下表示，即使沒有外部幫助，他也有足夠的資源堅守福摩薩至少兩年」〔註 21〕。

〔註 19〕　《中華民國實錄》編委會：《中華民國實錄》（第四卷下），吉林人民出版社 1997
　　　　　年版，第 4010～4011 頁。
〔註 20〕　指 1948 年《援華法》規定的 1.25 億美元的軍事援助。
〔註 21〕　陶文釗主編：《美國對華政策文件集（1949～1972）》（第二卷上），第 10 頁。

　　第三，充實臺灣防衛力量。在決定把臺灣作爲逃亡基地時，由蔣介石、陳誠親自安排臺灣兵力的調整，先後把蔣緯國主管的裝甲兵部、周至柔主管的空軍、桂永清主管的海軍、各特種兵部調往臺灣。在戰敗過程中，又將劉安祺的青島守軍、劉玉章的 52 軍、劉汝明的第 8 兵團、李良榮的第 21 兵團、陳濟棠和薛岳的海南守軍殘部，以及後來逃往越南的黃傑的第一兵團全部運到臺灣，加強臺灣的防衛。由此，臺灣成爲國民黨兵力最密集的地區之一。

　　第四，嚴格控制去臺人員。三大戰役結束後，蔣介石第三次下野。此時，陳誠和蔣經國開始實施對臺灣的出入境管理。1949 年 3 月 1 日，臺灣省政府公佈了《臺灣省入境軍公教人員及旅客暫行辦法》，開始實施辦理「入境證」措施。5 月 19 日，陳誠以臺灣省主席、警備總司令名義，發佈「戒嚴令」，宣佈自次日零時起實行全省「戒嚴，」，除基隆、高雄、馬公三港在警備總司令部的監護下繼續對大陸來臺人員開放外，其餘各港口一律關閉，禁止出入。臺灣警備總司令部與臺灣省政府特制訂了《臺灣省准許入境軍公人員及旅客暫行辦法》，爲達到確保臺灣治安及「絕對禁止無正當職業者入境」目的，明確規定了准許入臺的 7 類人員以及極爲嚴格的入臺許可有關手續辦理。1949年 6 月 11 日，行政院專門就此頒發了《關於抄發臺灣省准許入境軍公人員及旅客暫行辦法的訓令》。7 月 1 日，臺灣省又就入境管理辦法執行中發現的辦理不實證明問題電致有關省份，要求「此後對於來臺公教人員及其眷屬申請入境務希慎重辦理」〔註 22〕。控制去臺人員的工作主要有兩個方面。一是不利於國民黨在臺灣統治和社會穩定的人員不能去，這樣一大批被國民黨認爲政治上不能保持一致的人員被排除在島外。二是不願意去臺灣但又關係到國民黨政權形象和生存的人員必須去，其中一類是同情民主和愛國、不願意離開祖國大陸的元老重臣和「中央民意代表」，另一類是科技界精英、各類專門人才、工商實業界人士。在這兩類去臺灣的人員中間，前者到臺後不久即被當局所冷落，後者則成爲臺灣經濟起飛的重要人力和科技資源。

　　陳誠主政臺灣後，按照蔣介石的要求，採取了強有力的措施，著手改變政府無能和公務員貪污的現狀，控制臺灣的混亂局面。陳誠在 3 月 1 日至 7日舉行的 1949 年度臺灣省行政會議上宣佈：在政治方面，要推行地方自治，健全組織，提高行政效率，確立人事制度，推動「土地改革」政策；在經濟方面，要增加生產，穩定物價，實行三七五減租；在文化方面要奠定實施計

[註22] 福建省檔案館、廈門市檔案館編：《閩臺關係檔案史料》，第 419～420 頁。

劃教育的基礎，建設三民主義的新文化。到 1949 年 12 月 21 日將省政府主席交給吳國禎，在近一年的時間裏，陳誠在特定的歷史條件下取得了一定成績，臺灣經濟實力和物資供應有了一定的好轉，爲國民黨政權敗退臺灣奠定了基礎。

　　縱觀臺灣光復初期的數年裏，國民黨在臺灣實行的專制統治處在不斷強化的過程中。特別是經過「二二八事件」，民主力量、進步力量遭到毀滅性打擊後，臺灣完全變成了一個獨裁專制盛行的社會。

第三節　政治文化生態的變化

　　「政治文化是人們對於政治生活的政治價值『取向』模式，政治理想、信念、理論、評價準則等是政治思想層次；政治認知、情感、態度等是政治心理層次；政治價值觀是其核心」。〔註 23〕國民黨當局接收臺灣後，不僅在政治制度建立上與臺灣民眾的情感相背離，而且在政治文化的建設上也與臺灣民眾的情感相背離。光復後，國民黨當局將臺灣同胞被迫接受日本殖民統治者實施的奴化教育等同於被「奴化」，以此制定了一系列歧視政策，極大地傷害了臺灣人民。「二二八事件」後，這一錯誤觀點得到了進一步強化。這是臺灣光復初期政治文化生態變化的一個重要方面，是對臺灣光復初期教育轉型有直接影響的一個重要因素，是光復初期臺灣當局制定教育政策的基本出發點。

一、國民黨當局的臺胞「奴化」觀及其表現

　　日本殖民統治者佔據臺灣期間，對民眾實行了奴化教育，力圖培養日本天皇的「順民」。但是，民眾在這一過程中，從武力抗爭到政治抗爭、文化抗爭，對日本殖民統治的奴化教育進行了各種形式的抵制。光復時，民眾心中壓抑多年的愛國熱情空前爆發，充分說明了奴化教育政策的失敗。然而，國民黨執政當局，特別是陳儀主持的行政長官公署及不少的接收官員對此卻沒有正確認識，以不信任臺灣同胞的心態進行著臺灣的接收與重建工作。

　　1944 年 5 月 10 日，還在準備接收時，陳儀在致時任國民政府教育部長陳立夫的函中就認爲，「臺灣收復以後，應做工作自然很多，但弟以爲最重要的

〔註 23〕陳振明主編：《政治學》，中國社會科學出版社 1999 年版，第 518 頁。

一種卻是教育。臺灣與各省不同，他被敵人佔據已四十九年，在這四十九年
中，敵人用種種心計，不斷地施行奴化教育。不僅奴化思想而已，並禁用國
文、國語，普遍地強迫以實施日語、日文教育，開日語講習所達七千餘所之
多，受日語教育者幾占臺人之半數。所以，臺灣五十歲以下的對中國文化及
三民主義差不多沒有瞭解的機會，自然是茫然。這眞是十二分的危險。收復
以後，頂要緊的是根絕奴化的舊心理，建設革命的心理，那就爲主的要靠教
育人」〔註24〕。正是這種心態作祟，陳儀等國民黨接收要員並沒有將臺灣人
民視爲國家主人來看待，而是認爲需要經過改造後才能回到祖國的政治、經
濟、社會體系中來。1945 年 10 月 25 日，剛抵達臺灣的陳儀在光復慶祝大會
上就說：「臺灣得以光復不是臺灣人的力量做出來的，是全國同胞做出來的，
希望今後努力合作方向上，得加一層進步發達」〔註25〕。

　　臺灣執政者持有臺胞被「奴化」的觀點，這種觀點滲透到了行政長官公
署的各項政策制定及具體施政中，歧視臺胞的政策及言論、行爲不時出現，
引起了臺灣民眾的強烈抗議。1946 年起，臺灣也因此出現了關於臺灣同胞是
否被「奴化」的論戰。值得注意的是，指稱臺灣同胞被「奴化」，常常是以光
復後臺灣同胞不會講國語、不會寫國文、不熟悉祖國大陸文化歷史地理等情
況爲表徵，並藉此不公正對待臺灣同胞，阻止參與政治，剝奪相應的文化教
育權利。1946 年 12 月 25 日制憲國民大會完成憲法制定，1947 年元月公佈，
並明確規定行憲程序，至 1947 年底完成。臺灣行政長官公署卻在憲法公佈的
1947 年 1 月，隨即公佈了「臺灣省地方自治三年計劃」，規定臺灣在 1949 年
方可實施縣市長民選。此舉引起了臺灣省政治建設協會等團體的強烈反對，
認爲與憲政實施程序牴觸，並舉辦座談會等活動，大加批評。對於這一問題，
實際上陳儀已形成牢固之觀念。據 1946 年 11 月 25 日上海《大公報》載：有
記者問：「本省何時可能實行縣長市長民選？」陳儀答：「臺胞有良好技術及
苦幹精神，但許多人尚用日語、日文。爲建設中國的臺灣，首先要使臺胞學
習國語、國文。目前實行縣長、市長民選，種種俱感困難。」〔註26〕陳儀在
《三十五年除夕廣播辭》中就行憲問題指出：「今年可說是制憲年，明年可說

〔註24〕陳鳴鐘、陳興唐主編：《臺灣光復和光復後五年省情》（上），第58頁。
〔註25〕轉引自陳翠蓮：《去殖民與再殖民的抵抗：以一九四六年「臺人奴化」論戰爲
　　　　焦點》，《臺灣史研究》，第九卷第二期，2002 年。
〔註26〕陳鳴鐘、陳興唐主編：《臺灣光復和光復後五年省情》（下），第572頁。

是行憲年。所以明年政治建設的工作，莫需要於作種種行憲的準備。實行憲法，不外治權、政權兩方面。執行治權的是公務員，其不可或缺的條件，是以國語國文爲瞭解實施法令的工具。而運用政權的是公民，其不可或缺的條件是瞭解憲法的意義。對於前者，擬先就臺籍公務員二萬人舉辦每日二小時，爲期一年的語文教育。並逐漸增進其行政的知識與技能。對於後者，擬對二百餘萬的公民，宣傳將頒佈的中華民國憲法的知識。」〔註27〕1947 年 1 月 18 日，關於行憲問題陳儀答《和平日報》記者問中認爲，「實行憲法，應有準備工作，各省的環境不同，準備的工作亦異。就本省準備行憲的工作要點而言，第一，向本省人民宣傳憲法的內容與精義，養成人民知法守法的普遍習慣。第二，充實地方自治，培養人民積極性的自治能力，使能達到縣爲自治單位的目的。第三，訓練公務人員熟習國語國文，提高行政效率，使政府有能，配合有權的人民的指導，執行公務。第四，加強縣市地方的經濟職能，增加生產，使物豐民富，厚植地方自治的基礎，提高人民對政治的興趣。至於準備行憲期間所將遭遇的困難，雖難逆料，諒不可免」〔註28〕從陳儀對於在臺灣實施國民政府憲法的態度可以看出，臺灣同胞被「奴化」的觀點是多麼根深蒂固。

　　「二二八事件」發生後，國民黨當局反思檢討事件的起因時，認識不到事件發生的本質，反而將臺灣同胞被「奴化」作爲一條重要原因，進一步強化這一錯誤觀點。1947 年 3 月 24 日，陳儀在報告「二二八事件」情形時，認爲「二二八事件」發生，「其遠因，實由臺人受日本奴化太深，思想中毒，平時御用紳士未受懲治，報紙惡性詆毀未予嚴格取締。弟失之甚寬，致啓狡謀」〔註29〕。1947 年 3 月 30 日，《臺灣省行政長官公署關於臺灣「二二八」暴動事件報告》，將事件發生的原因，分遠因爲：「潛伏奸黨之死灰復燃」，「『御用紳士』及歸臺浪人之煽動」，「日本奴化教育之遺毒」；近因爲：「經濟風潮之刺激波動」，「特殊階級之陰懷怨恨」，「不法分子之勾結蠢動」。對於「日本奴化教育之遺毒」，報告認爲：「日本統治時代因施行奴化教育，對於我國極盡蔑視破壞之宣傳，臺胞之年事較輕者（中等學校學生及小學教員爲多）對於祖國歷史、地理及一般情形，既茫然不知，而於日人長時期先入爲主之惡意

〔註27〕陳鳴鐘、陳興唐主編：《臺灣光復和光復後五年省情》（上），第 325 頁。
〔註28〕同上註，第 328 頁。
〔註29〕陳鳴鐘、陳興唐主編：《臺灣光復和光復後五年省情》（下），第 596 頁。

宣傳，則中毒甚深，彼等大都懷有成見，認爲中國一切文物制度，人才學術，均無足取，平時所言皆日本語言（一般青年說日語比臺語爲熟練），日常生活亦模擬日本方式，幾已死心塌地希望永遠爲日本臣民。影響所及，遂使一般青年，殆不知有祖國文化與中華民族傳統精神之偉大，更不知此一時代係何潮流。光復後，政府施政方針與日本時代自迥然相異，彼等對於祖國法令制度，既毫無認識，且事事存有『日本第一』之頑固淺狹觀念，遂不免發生錯覺及不正確之批評。對於生活工作，亦難免不甚習慣，而發生種種厭惡，於是奸黨份子，利用彼等腦筋簡單，乘隙滲入，推波助瀾，鼓動風潮，企圖使臺灣自外於中國，而引起國際上之糾紛」〔註30〕。楊亮功、何漢文關於臺灣「二二八事件」調查報告及善後辦法建議案中，對於事件原因，第一條就歸因於「臺灣淪陷日人之手逾五十年，臺省同胞年在五十以上者，固不乏國家觀念濃厚之人士，然中年以下之同胞，在此五十年中，一切文化教育均受日人之奴化麻醉，多數臺胞不惟對祖國之政治經濟之情況無從瞭解，即對世界情勢與中國之歷史、地理、文化等情形，亦受日人曲解宣傳之影響」〔註31〕。並且，認爲「因受日人皇民化運動之薰陶，對於日人崇拜、服從，存有日本第一頑固淺狹觀念」，「大多數民眾反習於殖民地政治經濟之絕對統治生活而養成政治眼光之蔑視及日人小惠之難忘。」，「日人強迫教育，不惟語言文字已使全臺人民完全日本化，且其生活習慣、精神意識亦已深受其影響」〔註32〕。

「二二八事件」後，白崇禧到臺灣「宣慰視察」時發表的一系列講話中，無不透露出對於臺灣同胞的不信任。3 月 20 日下午，白崇禧在對臺灣青年學生發表廣播講話時說：「臺灣是中國的一個省份，和其他各省沒有兩樣，你們不要懷有偏狹的地域觀念。要知道你們現在所受的是祖國整個的教育，已經與從前日本時代截然不同。你們所以有偏狹地域觀念的原因，也許因爲過去所受日本教育陶化的關係。要知道我們中華民族的寬大仁愛，在歷史上已放出特殊光彩，絕對沒有優越感，偏狹性，我再舉一個例，我昨天參觀臺灣大學，知道從前臺省人所受的高等教育，僅限在醫學及技術方面，與日本學生比較不過百分之十；而現在臺大中的臺省學生已占百分之十以上，學習的部門很多，且獎勵學習社會科學，養成臺灣統治人才，亦不如過去的刻板限定。

〔註30〕陳鳴鐘、陳興唐主編：《臺灣光復和光復後五年省情》（下），第 601 頁。
〔註31〕同上註，第 637 頁。
〔註32〕同上註，第 638 頁。

切望你們放大眼光，不要歧視外省人，破除地域觀念，要知我們臺灣人才將來也需到中央，到外省去的。」〔註33〕3月22日，白崇禧在臺中向臺灣全省同胞廣播中提出：「至於治本的辦法，應從教育著手來糾正臺胞青年狹隘偏激的錯誤。過去臺灣青年在日本統治下受了五十餘年狹隘偏激的教育，積重難返，尚待積極力謀矯正。最主要的是要增強臺灣青年對國家觀念、民族意識，革除輕視祖國的錯誤思想，激發寬大仁愛的精神，然後中華民族四萬萬五千萬同胞才能親愛精誠團結一致。」〔註34〕3月27日，白崇禧在對全國廣播時認為，「此次事變是由臺灣同胞受了日本五十一年的統治，日人對臺胞偏狹的惡性教育，一方面是把統治殖民地為基本的來馴服和分化他們。另一方面是歪曲宣傳中國政府、人民、軍隊的不良，使臺胞輕視祖國和祖國人民軍隊，發生深刻惡感，所以臺灣同胞先入為主，深深種下了不良的印象，這是暴動的遠因。」〔註35〕白崇禧在《對臺北中等以上學校學生訓詞》中說，「臺灣因日人佔領五十一年，一切法令制度風俗習慣均早變為日本化，致光復後不能馬上全都交給本省同胞自己治理，但亦未似日人時代連一小學校長都是日本人，各軍政要職中本省人並不在少數，今後更將逐漸由本省同胞全部辦理自己的事情，此點全體臺胞應該明瞭。目前實因人才缺乏，即如『二二八』處委會中均繫無政治眼光無智無能力的一群，其中實無一人可以辦領導政治工作的，即中央要派來臺之公務人員，全部離開，以短期間之處委會一切表現及行為，實不能成功。」〔註36〕白崇禧這一系列的所謂「宣慰視察」話語，公開表明了對於臺灣同胞被「奴化」觀點的頑固堅持，以及對於臺灣民眾的偏見與歧視。

「二二八事件」之後，國民黨當局做出了錯誤的局勢判斷，在臺灣採取了更加嚴厲的高壓措施，實行一黨專制，控制社會言論。臺灣民眾無力也無渠道表達自己的思想，更談不上反抗國民黨的思想控制了，國民黨的思想成為了整個光復初期臺灣社會政治文化建設的唯一思想。因此，被不斷強化的臺胞「奴化」觀，極大地影響著臺灣文化教育的發展。

〔註33〕王曉波編：《國民黨與二二八事件》，海峽學術出版社2001年版，第184～185頁。
〔註34〕同上註，第13頁。
〔註35〕同上註，第18頁。
〔註36〕同上註，第17頁。

二、臺胞被「奴化」觀引發的政治文化論爭

　　日據時期，殖民統治者強力推行奴化教育，激起了臺灣人民的反抗，激發臺灣人民的民族感情，臺灣人民對於日本殖民統治及殖民教育採取了各種形式的抵制。「日本 51 年對臺灣之殖民統治係以對殖民地人民欺凌、壓制、掠奪、榨取，及殖民地人民固守父祖之邦之文化傳統，及堅持民族的抗爭，為該時期之特徵。」〔註37〕中華民族具有強大的凝聚力，臺灣人民深深眷戀自己的祖國，用各種方式頑強地保留本民族的文化傳統和生活習俗。多數臺灣人無論在表面的生活方式上，還是在內在的文化思想上都沒有變成日本殖民統治者所希望的「皇民」。

　　在「皇民化」運動甚囂塵上的時候，臺灣許多民眾的祖國意識、反日意識與國家認同愈益強烈。正如有臺灣人士所指出的，「九一八事變，日本軍國主義侵略祖國，遂有八年抗戰。這段時間國人在存亡的關頭、生死的邊緣掙扎，其險阻艱難自可想見。臺灣的同胞，因為與祖國是屬於同一民族的關係，雖處境不同，而所受的災殃亦夠慘痛。國人對於日人，壁壘分明，同仇敵汽，精神上並無苦悶。但臺胞則身心相剋，情理矛盾。含垢忍辱、草間偷活的心情，和裝聾作啞、委曲求全的苦衷，若非身歷其境的人，不容易體會得到」〔註38〕。

　　從準備收復臺灣直到「二二八事件」發生前，所謂臺胞被「奴化」的觀點就一直受到質疑與批駁。在臺灣收復前，臺籍人士薛人仰在《臺灣教育之重建》一文中指出：「所謂皇民化者，即將我在臺之神明華胄，化為彼倭皇室之順民也。而實行皇民化之手段，自以為教育最為有效力，故倭在臺所設教育愈普及，我鄉同胞之受毒愈深。所幸我臺胞父老數十年來含恨茹苦，而愛國之心未曾稍減，初則設書房傳授詩書，繼而書房被禁，而斯文之家，私聘教師從習漢文者比比皆是，祖國在臺文化賴以不墜，而臺胞民族意識始終旺盛」。〔註39〕

　　光復後，所謂臺胞被「奴化」的觀點更是引起了臺灣同胞的不滿。從1946年初開始直到「二二八事件」發生前，代表當局的《臺灣新生報》與民間人士所辦的《民報》就「奴化」觀點展開了激烈論戰，《人民導報》、《政經報》等報刊相繼加入討論。面對當局盛行的臺胞被「奴化」的觀點，臺灣文化人

〔註37〕黃靜嘉：《春帆樓下晚濤急──日本對臺灣的殖民統治及其影響》，第449頁。
〔註38〕葉榮鐘：《臺灣人物群像》，第377頁。
〔註39〕陳鳴鐘、陳興唐主編：《臺灣光復和光復後五年省情》（上），第95頁。

士利用報刊進行了批駁。1946年1月25日《政經報》有文章指出：「臺灣光復後不上五個月，就惹出本省人和外省人的種種糾紛，使本省人和外省人無意中發生感情上的隔膜，這個問題雖小，但在建設新臺灣的觀點上，是不可輕視的。從來，本省人最痛恨的，是日人的優越感；日人侮辱本省人的時候，他們都慣用『清國奴』這個名詞。現在，本省人最感不快的，亦是某種外省人的優越感，這些外省人時常說本省人是『奴化』，把『奴化』這個名詞當做『臺灣人』的代名詞。」〔註40〕1946年1月8日的《臺灣新生報》發表王白淵《所謂「奴化」問題》一文，作者寫道：「日本統治下有『皇民化』三字，使臺胞非常頭痛，光復後有『奴化』兩字，不斷地壓迫著我們。臺省現在的指導者諸公，開口就說臺胞『奴化』，據說政治奴化、經濟奴化、文化奴化、語言文字奴化、連姓名亦奴化，好像不說臺胞奴化，就不成臺灣的指導者，而似有損及為政者的資格一樣」，「臺胞有許多的地方日本化，這當然毫無異議，但是這種現象雖不可輕視，究屬枝節問題。因為『奴化』、『不奴化』是嚴肅的本質問題，若是臺胞反對光復，這就可說奴化，因為這是屬於本質問題，一點不能放鬆。但是臺胞沒有過一個人反對光復，都是個個慶祝光復，何以以『奴化』相欺，而損害臺胞的自尊心。」〔註41〕1946年8月30日，林獻堂率臺灣光復致敬團抵達南京發表談話時，就說：「近聞有人竊議臺胞對於祖國發生離心，實為無稽之談，應知臺胞在過去五十年中不斷向日本帝國主義鬥爭，壯烈犧牲，前仆後繼，所為何來？簡言之，為民族主義也，明乎此一切可不辯自明矣。」〔註42〕在1946年出版的《臺灣紀行》一書中，李純青寫道：「臺灣割讓那麼久了，五十歲以下的人應該都不知道中國了，為什麼還能保有民族感情？這根本原因是我民族文化的根深蒂固，另一方面，是因為日本在臺灣所施的民族差別待遇，勝利前的臺灣，日本人萬事優越，官吏是日本人，經濟大權握在日本人手裏，臺灣人連辦學校都極難極難。日本要臺灣人同化，實際天天在刺激他們，事事都欺侮他們，臺灣人不能不意識到自己是被壓迫的民族——漢族。」〔註43〕「血比水濃，毫無疑問，他們是真愛

〔註40〕 蘇新：《永遠的望鄉——蘇新文集補遺》，時報文化出版公司1994年版，第305頁。

〔註41〕 轉引自陳翠蓮：《去殖民與再殖民的抵抗：以一九四六年「臺人奴化」論戰為焦點》。

〔註42〕 葉榮鍾：《臺灣人物群像》，第160頁。

〔註43〕 王曉波編：《臺盟與二二八事件》，海峽學術出版社2004年版，第94頁。

國的。在某幾方面，人也許要再教育，但他們的心不必再教育。」〔註44〕隨著對專制統治和腐敗行為的不斷揭露，臺灣人士對「奴化」觀點的批評趨於激烈。同時，臺灣民眾由於對國民黨當局的不滿而產生了對日本殖民統治時期某些生活特徵（如守秩序等）的回憶，相應地又刺激了國民黨當局有關臺胞被「奴化」觀的進一步強化。

「二二八事件」之後，臺灣民眾被「奴化」的觀點，在 1947 年至 1949 年間發生的臺灣文學問題論爭中被提出，繼續有所討論。〔註45〕這是對當局不斷強化的錯誤觀念的一種抗議，然而隨著其主要園地——《臺灣新生報〕「橋」副刊（1947 年 8 月 1 日～1949 年 3 月 29 日）被突然停刊而中止，這種抗議同樣受到了壓制。臺灣民眾被「奴化」的觀點，已經成為當局蔑視、排擠臺灣人民的工具，固化為國民黨控制臺灣教育文化的一個基本政策出發點。

日本殖民統治時期，大力推行奴化教育，企圖使臺灣同胞徹底「皇民化」，這是無可辯駁的事實。日本殖民統治者在依靠獨裁統治與武力高壓下，從政治、經濟、文化等全方位推行其奴化教育，對臺灣社會及其民眾產生了深刻的影響，這也是不爭的事實。經過近兩代人的時間，確有少數臺灣人被奴化了。但是，民眾採取各種方式對日本殖民統治者奴化教育進行抵制、抗爭的歷史事實不可磨滅，絕大多數臺灣同胞心中的民族感情依然存在。他們或毅然赴祖國大陸參加抗日，或在本島進行各種抵制活動而作出了犧牲，可歌可泣。半個世紀的奴化教育，並不等同於絕大多數臺灣同胞被「奴化」。即使部分臺灣同胞認同或實行了一些日本的生活方式、習俗，這也不是必然的過錯，更不是臺灣同胞的「原罪」。光復初期，國民黨當局對臺灣民眾經歷半個世紀的殖民統治教育與文化的影響缺乏理解和寬容，對在特殊歷史境遇中形成的本土文化缺乏認同和尊重。這主要不是由所謂的文化隔絕造成的，而是國民黨實行反人民的專制統治本質決定的，是國民黨帶給臺灣民眾的必然不幸。

第四節　學生運動的興起

教育是社會的一個子系統，在整個社會政治生態的影響下，教育子系統

〔註44〕王曉波編：《臺盟與二二八事件》，海峽學術出版社 2004 年版，第 91 頁。
〔註45〕朱雙一、張羽：《海峽兩岸新文學思潮的淵源和比較》，廈門大學出版社 2006 年版，第 338～340 頁。

內的政治生態也必然會出現變化，而最能反映教育政治生態變化的是學生對政治態度的變化。光復後，臺灣學生同絕大多數民眾一樣歡欣鼓舞，熱切期盼回歸祖國。但是，國民黨接收後，臺灣學生與大多數民眾一樣很快由期望變為失望，數次舉行抗議活動，與國民黨政府展開了堅決的鬥爭。光復初期，臺灣青年學生從歡迎國民政府接收到反抗國民黨專制統治的政治態度大轉變，是光復初期政治制度與政治文化對教育轉型影響的一個重要體現。

一、光復之初臺灣學生喜迎回歸活動

1945 年 8 月 15 日，日本政府宣佈無條件投降，青年學生無比興奮，立即投入到了歡慶臺灣回歸的熱潮中。學生積極行動起來，相互聯絡，於 9 月 30 日正式組織起了包括省內大、中學生代表在內的「學生聯盟」，並確立了行動綱領。第一，訓練自治精神：1.輔導「國軍」進駐臺灣，2.協助維持本島治安，3.宣揚三民主義；第二，發揚中華文化：1.普及國語運動，2.建設三民主義之新臺灣，3.推進新生活運動，4.促進中日合作。〔註46〕臺灣學生聯盟成立後，即開展了以「脫離日治、迎接祖國」為主題的宣傳、演講及教育等活動；並與光復之初組織起來的其他社團組織一起，積極參與了歡迎陳儀臨臺，慶祝臺灣光復，參加「中國戰區臺灣區受降典禮」和「慶祝臺灣光復大會」等一系列活動。10 月 26 日上午，臺灣學生聯盟和三青團為了慶祝光復，舉行了全市中等以上學生的大遊行，共有 28 所學校的萬餘學生參加。學生們以「黨旗」、「國旗」為前導，手拿著「清除奴化教育」、「民族自立自強」、「打倒劣紳奸商」、「建設科學臺灣」等各式各樣的標語。12 月 3 日，臺灣學生聯盟在臺北舉辦了學生大會，討論如何解決奴化教育的影響，協助政府建設新臺灣問題。1945 年 11 月 17 日，臺灣行政長官公署公佈了《人民團體組織臨時辦法》，命令所有的人民團體自即日起停止活動。由此，臺灣學生聯盟自行解散。

光復之初，尤其是在國民政府尚未正式接收前，學生能自動組織起來，與廣大臺灣民眾一起，通過多種形式表達熱愛祖國的熱情，提高對祖國的認識，充分說明了廣大學生對日本殖民統治者的憎恨，對祖國懷有強烈的民族意識。

〔註46〕 曾健民：《1945 破曉時刻的臺灣》，聯經出版事業股份有限公司 2005 年版，第110～111 頁。

二、「二二八事件」前的臺灣學生抗議運動

　　光復後，國民黨在臺灣實行專制統治，腐敗盛行，學生不斷以各種形式表達了國民黨統治的不滿。1946 年 4 月，蘇聯軍隊駐紮東北，國民黨強迫全國學生發起「反蘇運動」。在臺灣，當局也強令每個學校開會決議通電蔣介石向蘇軍要求撤出東北。進步學生看出了國民黨的用意，提出質問：為什麼大家只要求蘇軍撤退，而不要求美軍撤退呢？我們同樣是一個戰勝國，為什麼還要別國的軍隊屯駐呢？〔註47〕1946 年 5 月 4 日，基隆爆發了戰後臺灣第一次的學生運動。為了紀念「五四」運動，基隆中學學生上街遊行，卻受到當地警察、特務的毆打、逮捕。「這場規模不大的事件，基本上可說是正式拉開了戰後臺灣學生運動的歷史序幕。」〔註48〕1946 年 11 月，高雄市內三所中學的學生，因同學在火車內被鐵路警察毆打，於是包圍了高雄火車站，抗議鐵警的暴行。學生佔領車站達六小時，導致一時交通斷絕，聞訊趕到的武裝憲兵亦無計可施，學生直到滿足要求後才解散。

1.「澀谷事件」引起的臺灣學生運動

　　抗日戰爭勝利後，居留在日本東京澀谷區的臺灣同胞，租用日本某大企業的空地擺攤維持生活，與當地利益集團產生了衝突，日方不時唆使幫會流氓尋釁。1946 年 7 月 19 日，一部分臺胞為此事赴中國代表團住地請願。在返回途中，遭 300 多名日本人和日本警察包圍射殺，有 4 人死亡，20 多人受傷，日本警察還將其餘的臺胞拘捕送美軍第八憲兵司令部。消息傳到臺灣，全島激憤萬分，全國輿論齊聲譴責。臺灣《大公報》發表了題為《抗議日警槍殺我臺胞》的社論，嚴正指出，這一慘案絕對不是一時的衝動，更不是有所誤會。屠殺是完全有計劃的，是未死的日本法西斯向中國人民開槍，呼籲「中華民國應為新回來的兄弟，挺身負起保護的責任！應向日本這種新野蠻行為提出嚴重抗議」〔註49〕。臺灣的大學生們積極行動起來，舉行抗議活動。據一位臺籍人士回憶：「二十一日，臺灣的報紙刊出這則新聞，當看到有關『澀

〔註47〕　曾健民研編：《新二二八史相——最新出土事件小說、詩、報導、評論》，臺灣社會科學出版社 2003 年版，第 256 頁。
〔註48〕　藍博洲：《尋訪被湮沒的臺灣史與臺灣人》，時報文化出版企業有限公司 1994 年版，第 119 頁。
〔註49〕　曾健民研編：《新二二八史相——最新出土事件小說、詩、報導、評論》，第 165 頁。

谷事件』的新聞報導後，我立即以法商學院學生自治會主席的身份，在校園內張貼『抗議美國迫害華僑』、『抗議美國扶植日本右派勢力』及『反對國民黨不保護華僑權益』等字眼的大字報；並且以『法商學院學生自治委員會』的名義，對全省各大中專院校散發一份告全省同胞書的抗議傳單。還與幾名學生代表前去新生報社送交抗議書要求刊登，這項行動立即在社會上與校園裏引起回響。」〔註50〕然而，由佔領日本的美軍所主導的所謂「國際法庭」，卻於 12 月 10 日做出偏袒日方的判決，宣判逞兇的日警無罪，而受拘押的 36 位臺胞，除 2 人獲釋外，1 人被判處苦役 3 年，其餘 33 人被判處 2 年苦役，刑滿驅逐出境。這一判決，引起了大陸人民的憤慨，更使臺灣民眾怒火衝天。1946 年 12 月 16 日，《文匯報》發表社論指出：「澀谷事件的發生，那是一個信號，表示戰後日本軍國主義分子對華敵視觀念的復活，表示日本舊統治者駕凌中國的優越感之死灰復燃，而不是一次偶然的事故。至於這次美國法官的判決，更顯然地，可見輕視中國，侮辱中國的不但是日本人，而且連少數中國人至今尚捧為天尊的美國人也在內，在處理中日間的糾紛時，美國政府為了袒護日本，取悅日本人，並不惜忽視中國的正當權益，對中國在日本的應有地位加以抹殺，侮辱中國。」〔註51〕12 月 20 日，大學生們與「政治重建協會」等單位發動 5000 餘人參加演講集會，並到美國領事館和行政長官公署遞交抗議書，這是臺灣光復後第一次大規模的街頭遊行。

2.「沈崇事件」引起的臺灣學生運動

1946 年 12 月 24 日晚，北平發生美國海軍陸戰隊士兵強姦北京大學先修班女生沈崇的事件。30 日，以北大、清華、燕京為主導的北平各主要高校學生萬餘人上街遊行，並到北平行轅請願。其後，運動迅速蔓延到全國各大中城市，引發了全國性的反美學潮。美軍暴行及內地學生界的抗暴運動消息傳到臺灣後，以臺灣大學為中心，臺灣學生迅速地組織了「臺灣省學生界抗議美軍暴行委員會」，開展抗議活動，以響應祖國大陸學生的反美抗暴運動。1947 年 1 月 9 日早上，臺灣大學、延平大學、臺灣師範學院、法商學院、建國中學、第二女中、臺北女師等各校學生，以及一部分公務員、店員、工人等約

〔註50〕《陳炳基先生口述記錄》，見魏永竹、李宣峰主編：《二二八事件補錄》，臺灣省文獻委員會 1992 年版，第 68 頁。
〔註51〕曾健民研編：《新二二八史相——最新出土事件小說、詩、報導、評論》，第 140 頁。

萬人，在臺北市新公園集合，頂住當局壓力，舉行遊行。學生們舉著橫幅，揮著自製的小旗，情緒高昂。經過美國新聞處和美國領事館時，學生們高呼「美軍滾回去」等口號。這是一場臺灣學生運動史上空前的大規模集會和遊行。

三、「二二八事件」中的臺灣學生運動

「二二八事件」的發生不因學生而起，但在整個事件的發展進程中，臺灣青年學生廣泛介入參與，成為民眾反抗國民黨專制統治的主體力量之一。事件發生後，臺灣大中專學生很快地加入了群眾抗議運動之中。一位臺籍人士回憶說：「翌日（28日）清早，延平路上人山人海；群眾激昂地控訴煙警的暴行，我先趕去臺大原法商學院，向同學們通報血案經過，鼓勵大家投入抗議行列。隨後，和一批同學到專賣局臺北分局參加抗議活動」，中午「我即趕回臺大法商學院召開學生大會，報告慘案經過，抨擊暴政，籲請大家踴躍參加抗議活動，同時，要求政府道歉、賠償等」，「當天下午三、四點鐘，有人來通知，各校代表群集於延平學院，要我立刻動身前往赴會，……開會結論是『不能中緩兵之計的當，絕不妥協必須鬥爭到底』。」〔註52〕

隨著事態的擴大，為了穩定秩序及促進臺灣政治改革，3月1日，臺北市「二二八事件處理委員會」成立，決定採納「臺灣省政治建設協會」的意見，由商會、工會、學生、民眾、「臺灣省政治建設協會」五方面選出代表，組成「處委會」，擔負整合民意與進行政治交涉的重任，並將大部分學生隊伍編入了「處委會」屬下從事維護治安和宣傳活動。3月2日，臺灣大學、延平學院等數千名學生聚集中山堂開會，做出了積極投入斗爭的決定。3月5日，全省性的「二二八事件」處理委員會大會召開，並通過了《二二八事件處理委員會組織大綱（草案）》，明確「處委會」「以團結全省人民，改革政治及處理二二八事件為宗旨」〔註53〕。同時，規定「處委會」組成人員為：1.本省國大代表、參政員、省參議員及臺北參議員；2.其他各縣市參議員各選出三名；3.省級人民團體各選出三名，縣市級人民團體各選出二名，但略備規模而尚未正式者亦準用之；4.中等學校以上各校職員學生各選出一名，但大學學院系以一

〔註52〕《陳炳基先生口述記錄》，見魏永竹、李宣峰主編：《二二八事件補錄》，第63～64頁。

〔註53〕王曉波編：《臺盟與二二八事件》，第1頁。

單位，職員學生各選出二名，等等。由此可見，臺灣大中學生在當時各級「處委會」的組織中佔有一定的份量。臺灣「行政院」的《「二二八事件」研究報告》，將「二二八事件處理委員會」作為這場政治紛爭主角的同時，認為其他社會階層，尤其是青年學生，也在抗爭行動中扮演重要的角色。〔註54〕1947年4月16日，楊亮功、何漢文就臺灣「二二八事件」致于右任的報告中提到：當事變發生之初，各地學生均紛紛參加，學校無形停課。〔註55〕可見，臺灣學生在「二二八事件」中發揮的作用不可忽視。

維護社會秩序是學生在事件發展中承擔的重要職責。鑒於事態擴大、治安惡化，3月3日上午，擴充改組後的臺北「處委會」開會討論有關問題，議案之一就是「組織自衛隊，由學生負責」。隨後，「處委會」代表及各方代表二十餘人赴長官公署，要求撤退市上巡邏之軍隊、哨兵。經商討後決定：軍隊於本日（3日）下午六時撤回軍營集合，地方治安由憲兵、警察及學生青年組織治安服務隊維持等。〔註56〕各地「處委會」基本上依此例都有學生代表參加，並且將學生組織起來作為「治安隊」的重要力量，維持治安。3月2日，「二二八事件處理委員會新竹分會」開會，決定由學生、教員組織治安隊以維持秩序，並要求市政府發給武器供執勤之用。〔註57〕3月6日，臺中市中等學校以上學生鑒於事件後之治安不靖，乃於本日下午由各校學生、教員代表，集合於臺中圖書館會商，決定組織「臺中學生維持治安服務隊」。〔註58〕3月3日，臺南市臺籍警察走避一空，議長黃百祿乃以臨時治安委員會具名，商請委員李國澤到臺南工學院，要求校方停課二日，讓學生協助維持秩序。〔註59〕

在「二二八事件」中，部分學生走向了武裝抗爭。2月28日，臺北學生獲知事件發生消息後，立即罷課響應。次日，各校學生代表集中於廣播電臺開會，大多數學生主張發動武裝鬥爭。3月2日，臺灣大學、延平學院、臺灣師範學院等校學生數千人擁擠在中山堂召開大會，明確要求起來組織武裝抗爭。臺北的青年學生還分赴各地進行宣傳鼓動。在事件發展至武裝抗爭後，

〔註54〕「行政院」研究二二八事件小組：《「二二八事件」研究報告》，時報文化出版企業有限公司1994年版，第57頁。

〔註55〕陳鳴鐘、陳興唐主編：《臺灣光復和光復後五年省情》（下），第644頁。

〔註56〕「行政院」研究二二八事件小組：《「二二八事件」研究報告》，第62頁。

〔註57〕同上註，第79頁。

〔註58〕同上註，第92頁。

〔註59〕同上註，第110頁。

青年學生構成了主力軍。謝雪紅組織的「二七部隊」就有四百餘名青年學生加入。其中，有「以呂煥章（中共黨員）為首的中師隊」，「以李炳良為首的建國工藝學校學生隊」〔註60〕。不少學生跟隨謝雪紅奮戰至最後。「相較於前幾次的學生示威運動，在二二八事件中，學生的運動性質已經拉高到武裝自己的層面了。而且，由於學生團體的知識、道德與組織上的一致性，學生武裝隊伍實際上也是整個事件中人民武力的決定性力量。」〔註61〕

　　值得注意的是，在「二二八事件」中，學生並非都是盲從的，不少學生表現出了獨立的訴求和舉動。如提出懲治教育腐敗。3月2日，臺中市參加群眾為表示擁護起見，決定遊行示威。當時，臺中市「各中等以上學校學生亦群起響應，要求改革腐敗教育」〔註62〕。不少青年學生還組織起來保護外省同胞，特別是外省籍教師。

　　正是由於學生在「二二八事件」中的參與程度及所起的作用，國民黨當局對於事件後的學生處理極為關注。1947年3月12日，臺灣警務處處長王民寧在臺北廣播講話中專門提到：「最要緊的是青年學生的父兄，應勸誡你們的子弟，立刻回校讀書，不要在外受姦人的利用，作無謂的犧牲，青年學生是民族的精華，我們作父兄的應該好好的加以管教，使他們成為一個完人。」受蔣介石委派到臺灣「宣慰視察」的白崇禧，在臺灣期間對學生問題予以極大關注，不僅專程到臺灣大學等學校視察，還數次專門對臺灣學生進行訓話。3月27日，在對臺北中等以上學校學生的訓詞中，白崇禧說：「至此次盲目或被脅迫參加之青年學生，政府亦不究既往，惟各家長今後應嚴加管束，各青年學生希望迅速復課讀書，各憲兵不再逮捕學生。」〔註63〕

　　在「二二八事件」發生過程中，一些外省籍的教師和學生受到衝擊，一些學校遭到破壞；事件發生後，一些參與抗爭的教師與學生遭到殺害。此後，國民黨加強了對學校的各方面控制。

四、「二二八事件」後的臺灣學生抗議運動

　　「二二八事件」受到殘酷鎮壓後，國民黨隨即開展了收繳槍支和「肅清參與分子」的「清鄉」行動，許多臺灣知名人士和大批民眾被殺，臺灣學生

〔註60〕　「行政院」研究二二八事件小組：《「二二八事件」研究報告》，第91頁。
〔註61〕　藍博洲：《尋訪被湮滅的臺灣史與臺灣人》，第144頁。
〔註62〕　「行政院」研究二二八事件小組：《「二二八事件」研究報告》，第85頁。
〔註63〕　王曉波：《國民黨與二二八事件》，第17頁。

運動轉入低潮。隨著國民黨政府在大陸的節節敗退，蔣介石經過再三權衡，挑中臺灣作爲「反共復興基地」，並由此不斷強化在臺灣的專制統治。普遍存在著對國民黨腐敗專制統治極爲不滿的臺灣學生，在經過短暫的沉寂後，在祖國大陸風起雲湧的學潮的感染下，又逐步開始了一些活動。1948 年春，臺灣師範學院掀起了一場要求提高公費待遇的「反飢餓」鬥爭，通過罷課請願，同當局談判，迫使省教育廳提高了公費待遇。同時，學生社團也慢慢地恢復與活躍起來，最具影響力的是成立於 1948 年的臺灣大學學生文藝社團——臺灣大學麥浪歌詠隊，有 80 多名學生參加。該隊在 1949 年 1 月到 2 月間，利用寒假作環島旅行演出，演出內容包括大陸和臺灣的民歌、民謠等，在介紹祖國狀況、消除族群隔閡方面起了很好的作用。

　　「四六事件」是「二二八事件」後爆發的規模最大的一次學生運動。1949 年 3 月 20 日，臺灣大學和臺灣師範學院的 2 名學生在校園內同乘一輛自行車，警察認爲涉嫌違法，雙方在交涉過程中發生衝突，警察便以妨礙公務的罪名將學生帶回大安分局處理。消息傳回學校後，臺大和師院的學生即展開抗議行動，要求警方立即放人並向學生道歉。21 日，兩校上千名學生走上街頭，沿途高喊「警察無權打人」、「反對法西斯迫害」、「反對內戰、要和平」等口號，並包圍了臺北市警察局。同時，散發《告全國同胞書》，提出嚴懲肇事人、賠償醫藥費、市警察局長登報導歉、以後不再發生同樣事件等多項要求。警方雖滿足了學生的部分要求，但是仍擋不住學潮熱度的持續升溫。29 日，兩校學生聯合成功大學及部分中學，成立「北部學生聯盟」，並在臺大法學院操場舉行「月光晚會」，首次明確提出了「結束內戰、和平救國」、「爭取生存權」及「反飢餓、反迫害」等口號。4 月 5 日，當局下令清查學生主謀，警方要求臺大、師院兩校拘捕「不法學生」，並提供了第一批逮捕的 28 人名單（其中臺大 21 人、師院 7 人）。當晚，警方開始拘捕行動，在遭到學生的頑強抵抗後，於 6 日黎明時分強行進入學生宿舍，將 200 餘名學生全部帶到警備司令部營房，一一審訊。當天臺北戒嚴，被拘捕學生獲得的罪名爲「張貼標語，散發傳單，煽惑人心，擾亂秩序，妨礙治安，甚至搗毀公署，私擅拘禁執行公務人員，居心叵測，實甚明顯，而該生等昨日又復糾眾聚議，希圖擴大擾亂」〔註64〕。被捕的 300 多名學生中，有 100 多名在偵訊後獲釋，19 名移送

〔註64〕　包天笑：《釧影樓回憶錄續編》，山西古籍出版社、山西教育出版社 1999 年版，第 833 頁。

法院審判，數名被認為首謀者被執行槍決。〔註65〕當局電令師院立即停課，聽候整頓，所有學生一律重新登記。到月底，臺灣師院才重新復課，至此「四六事件」算告一段落。

　　為了配合國民黨的東撤，陳誠採取嚴厲的法西斯專政手段，加強對臺灣島內的控制，加強對學生的思想控制。在5月20日起實行的「戒嚴」中，嚴禁聚眾集會、罷工罷課、遊行請願，規定居民無論家居外出皆須隨身攜帶身份證，以備檢查，否則一律拘捕，並宣佈將「造謠惑眾者」、「罷工、罷課擾亂秩序者」、「鼓動學潮」等10種行為列為處死的範圍。

　　光復初期，臺灣學生運動將反對國民黨統治與反對帝國主義緊密結合起來，並且與大陸學生運動有著密切的聯繫，體現了廣大青年學生具有強烈的愛國熱情和民族感情。臺灣學生運動作為國民黨統治區學生運動的一個組成部分，對於祖國大陸反對國民黨專制統治的鬥爭起到很大的支持作用，與大陸學生運動一同構築起了反對國民黨統治的「第二條戰線」。光復初期的學生運動此起彼伏，持續不斷，又具有很強的針對性和特殊性，反映了這一時期臺灣教育的政治生態嚴重失衡，這也從一個角度透視出臺灣社會的政治生態嚴重失衡。

〔註65〕藍博洲：《尋訪被湮滅的臺灣史與臺灣人》，第162頁。

第四章 臺灣光復初期教育方針的確立與教育轉型

　　教育方針，不僅規定了「爲誰培養人」、「培養什麼樣的人」，還規定著「辦什麼樣的教育」、「怎樣辦教育」。教育方針的變化直接體現著統治階級對於教育轉型的質的規定。日本殖民統治時期，對臺灣同胞的教育主要是培養服從日本天皇的順民，爲殖民統治服務的中低層次人才。光復後不久，臺灣行政長官公署確立了實施以「三民主義教育」爲核心的教育方針，對臺灣教育的性質及接收、改造和發展做出了規定。臺灣省政府成立後沒有提出新的教育方針，而是圍繞全面服務於維繫敗亡的國民黨政權立足臺灣這一目的，在具體政策層面上，根據形勢變化做出了一定的調整，進一步強化了國民黨教育主張的貫徹與推行。

第一節 國民政府教育政策之演變

　　抗日戰爭勝利後，國民政府在接收日本佔領區教育，以及戰後教育恢復與發展方面，制定了大量的教育法律法規與政策，採取了一系列措施。內戰爆發後，國統區的教育還沒有走上恢復發展的正常軌道，就又被拖入戰爭狀態，遭到了嚴重破壞，正常的發展被中斷，大陸的教育呈現出典型的戰時教育特徵。這一時期，國民政府制定的大量教育法律法規，由於戰爭破壞得不到有效的貫徹實施，由於師生抵制也不可能得到真正的貫徹落實。回歸後，作爲國統區的一部分，臺灣教育方針的制訂與貫徹不僅必須以國民政府的教

育法律法規與政策作為導向性目標和合法性依據，還必須隨著政策的變化而變化。由於臺灣不是直接的戰爭區域且地位發生變化，國民政府的教育法律法規與政策在臺灣的貫徹執行，是當時國統區所有省份較徹底、較有力的區域。研究臺灣光復初期的教育轉型，不能離開這一時期國民政府的教育政策背景。

一、抗日戰爭勝利後的教育復員與發展

日本宣佈投降後的第二天，國民政府教育部長朱家驊即通過廣播發出通告，要求收復區各教育機關「暫維現狀，聽候接收」。隨即，教育部頒佈了《戰區各省市教育復員緊急辦理事項》，不久又頒發了《教育復員及接收敵偽教育文化機關等緊急處理辦法要項》。

1945 年 9 月 20 日至 26 日，教育部在重慶專門召開了全國教育善後復員工作會議。蔣介石在會上闡述了其對抗戰後中國教育發展的觀點。蔣介石提出，「今後建國時期，教育問題便是全國的基本問題。倘仍如過去一樣，教育建設不好，那就絕不能負起建國的責任。抗戰時期，軍事第一，建國時期，教育第一，要為國家民族造就新青年，才能建設一個現代國家」〔註1〕。同時，對戰後各級各類教育的發展，蔣介石談了自己的想法，如要注意發展國民教育與師範教育，要切合社會需要發展中學教育，注意本部地區的教育文化建設，等等。根據蔣介石的旨意，這次會議對於戰後復員五個方面的工作作了進一步明確的政策規定，包括內遷教育機關的復員問題，收復區教育的復員與整理問題，臺灣區教育的整理問題，華僑教育的復員問題，其他教育復員問題。整個教育接收復員工作，從抗戰勝利後開始，到 1946 年 9 月基本結束。

在做好教育的接收與復員工作的基礎上，國民政府也制定了一些發展的政策措施，特別是在內戰前期出臺了一些有利於教育事業發展的政策措施。因此，各類教育有了一定的發展，但這個發展是短暫的，隨著國民黨軍隊在內戰中的失敗，一系列的教育法律法規和促進教育發展的規定基本上停留在了紙面上，學校教育又在師生遷移、逃亡與應變中處於混亂局面。

中華民國憲法對教育的規定。1946 年底召開的國民大會通過了中華民國憲法，憲法中對教育的規定主要有，第 12 條：人民有受國民教育之權利與義

〔註 1〕 轉引自熊明安：《中華民國教育史》，第 315 頁。

務。第 158 條：教育文化，應發展國民之民族精神、自治精神、國民道德、健全體格、科學及生活智慧。第 159 條：國民受教育機會一律平等。第 160 條：6 歲至 12 歲之學齡兒童，一律受基本教育，免納學費。其貧苦者，由政府供給書籍。已逾學齡未受基本教育之國民，一律受補習教育，免納學費，其書籍亦由政府供給。第 162 條：全國公私立之教育文化機關，依法律受國家之監督。第 164 條：教育科學文化之經費，在中央不得少於其預算總額百分之十五，在省不得少於其預算總額的百分之二十五，在縣市不得少於預算總額的百分之三十五。其依法設置之教育文化基金及產業，應予以保障。這部憲法制定的背景及實施時所處的環境，就表明其實施的困難。

頒佈《全國實施國民教育第二次五年計劃》。根據國民黨十二中全會關於限期掃除文盲的決議和早日普及國民教育的政策，教育部決定從 1946 年 1 月起，於五年內使全國學齡兒童和成人失學民眾都能受到相當時期的義務與補習教育，要求各省市根據此計劃並參照實際情形，分別擬訂實施計劃。已實行第一次國民教育五年計劃的 19 個省市，一律從 1946 年 1 月起，結束以前制訂的實施國民教育計劃，另訂第二次實施國民教育計劃。尚未實施國民教育計劃的 23 個省市，一律從 1946 年 1 月起擬訂第一次實施國民教育計劃。臺灣省也從 1946 年 1 月起，參照過去辦理義務教育及失學民眾補習教育實際情形，擬訂第一次實施國民教育計劃。同年 5 月，教育部通令各省市教育廳局，在所轄各縣市指定中心國民學校和國民學校 5 所至 10 所，作為示範性質的國民學校，以供各校觀摩。要求各縣恢復設立教育局，小學一律以六年制為原則，4 年制例外。1946 年 9 月 19 日，經行政院批准，教育部頒佈了《國民學校及中心國民學校規則》22 條，對辦好國民學校作了詳細的規定。1948 年 1 月公佈了《小學課程二次修訂標準》。

促進中等教育發展。第一，中學教育。主要是變更體制，抗戰中設立的國立中學都交由各省教育廳辦理。第二，中等師範教育。為適應國民教育發展的需要，1946 年 6 月教育部制定了《戰後各省市五年師範教育實施方案》，1947 年 4 月又頒佈了《第二次修正師範學校規程》。第三，中等職業教育。為擴大小學畢業生升學比例及減少社會失學兒童，國民政府教育部專門制定了《推進中等職業學校計劃》，要求每年小學畢業生達 200 人以上的各縣，應單獨或聯合鄰縣籌設初級實用職業學校；同時，各省市中等學校，除普通中學，應依事實需要，隨時酌情擴增外，應盡先大量增設職業學校及師範學校。1947 年 4 月，又頒佈了《第二次修正職業學校規程》。

推動高等教育發展。國民政府對於高等教育，除了推動復校外，最突出的是制定了有關的法律，如《大學法》、《專科學校法》、《改進師範學院法》。為加強對學生的管理與控制，教育部對於高等學校的訓育工作特別重視，1947年專門制定了《專科以上學校訓育委員會組織規程》，有 6 個方面的內容：部頒訓育法令實施辦法的訂定，學校訓導計劃的決定，學生操行成績的評定，學生團體活動的指導，學生風紀的整飭，訓導工作的協助與指導。

二、敗退時期的教育應急措施

隨著國民黨軍隊在內戰中的節節敗退，國統區的教育也陷入混亂，國民黨政府為了控制學校教育及學生，在敗退過程中採取了一些相應的措施。

一是制定了臨時教育政策措施。南京解放後，國民政府為了繼續維持其控制地區的學校教育領導權，於 1949 年 9 月 3 日至 5 日在廣州召開了教育行政檢討會，目的在於維持其暫時控制地區內的學校現狀，整飭學校風氣以適應軍政需要。這次會議通過的議案主要內容包括了兩個方面：第一是戰時高等教育改進措施。除了對高等經費的增加與核減、提高教育質量作出規定外，在關於整肅學校風氣方面主要的規定有：加強學生的生活指導，教員應參加訓導工作，以收教訓合一的效果；厲行點名，禁止曠課；從嚴取締罷課罷教，如有這類事情發生，經勸導無效者，即行解散；每學程每星期上課時間，少於規定時間三分之二者，不論什麼原因，其學業成績不予承認；嚴厲禁止學生假借任何名義干涉學校行政；嚴厲取締為共產黨作宣傳的壁報、漫畫及歌曲如扭秧歌等；切實肅清學校內的共產黨分子。在關於加強學校行政管理及適應戰時需要方面主要的規定有：停辦專科以上學校教員資格審查；學生學籍審查，力求簡化，除造冊呈報外，由學校嚴格審查其證件；酌量增加臨時課程，如法商課的國際共產主義之分析、戰時經濟，理科的國防地理，工科的軍事工程、軍事通訊，農科的戰時增產問題；各校為適應戰時需要，可接受有關機關的委託，代辦各種訓練班，軍政機關為了配合戰時需要而的訓練機構，接受訓練學生的學歷，教育部酌情予以承認。第二是戰時地方教育改進措施。關於改進中等教育，主要規定：（1）整肅校風，厲行導師制，加強訓導制度，實行師生共同生活，注意青年思想行為的指導；編擬三民主義的理論與民主自由的講授綱目，對學生進行教育，以堅定信念；積極提倡有教育價值的課外活動；絕對禁止罷教罷課。（2）提高教育質量。（3）注重職業

教育。（4）各省市的優良學校，在臨近戰區時，應遷至安全地帶繼續辦學。對優良校長、教員，應幫助他們疏散遷移。關於改進國民教育，主要規定：整理及增籌地方國民教育經費；按照小學課程標準，編訂教科書；實行嚴格管教，培養兒童國家民族意識；按原訂計劃推行國民教育。

　　二是組織了少數學校、教師與學生的撤退。隨著戰爭逐步失敗，教育行政當局曾組織動員部分院校及師生遷移，有少數對共產黨政策不瞭解或不理解及受矇騙的師生隨之遷移。在敗退時期，組織遷移、安置逃亡學生是教育行政當局的一項主要任務。（1）院校的遷移。由於戰爭形勢發展很快，國民黨統治不得人心，跟隨國民黨遷移的不多；由於國民黨軍隊敗退速度太快，少數跟隨遷移的院校也難以跟進。如南京解放時，政治大學一部分由南京遷至廣州，同年10月又由廣州遷至重慶復校，最後由重慶遷成都而無法再遷。（2）教職員的撤離和安置。在國民黨軍隊的節節敗退中，教育部曾動員各大學校長及重要教職員跟隨撤離。由於跟從者不多，國民黨當局先後召集南京、上海、廣州、重慶、成都等高等學校校長、教職員談話，要求跟隨應變。同時，先後在南京、廣州、重慶設立接待委員會，負責接待跟隨撤離的教育界人士，直到1949年11月結束。據統計，總計接待公、私立專科以上學校教職員396人，所屬學校63所。〔註2〕其中，一些教職員去了臺灣。（3）逃亡學生的安置。為了籠絡青年學生，國民黨當局對於逃亡學生進行了救濟與安置，具體由青年復學就業輔導委員會負責，根據戰爭變化，不斷調整輔導委員會的設置和改進對流亡學生的輔導辦法。教育部要求：青年輔導委員會得委託各教育廳局代辦流亡學生登記及臨時救濟，經費由青年輔導委員會補助。登記合格的流亡學生，生活困難者得供給膳宿，設臨時接待站集中管訓。有志入學深造的青年，經甄試合格後，設法輔導就學，其經濟來源斷絕者，由教育部核撥救濟金。學期中途登記的學生，得設進修班，給予學業上的補習。青年輔導委員會，得舉辦或商請有關機關舉辦，或聯合舉辦各種訓練班，結業後，由有關機關設法介紹或分派工作。鼓勵失學青年從軍，或組織青年服務隊，進行各項服務活動。據統計，各地逃亡學生經由輔導機關登記發給救濟金，臨時予以救濟的共有27200多人，〔註3〕極少數學生最後跟隨到了臺灣。

〔註2〕　熊明安：《中華民國教育史》，第369頁。
〔註3〕　同上註，第370頁。

三、鎮壓大陸學生運動

從 1946 年 12 月起，隨著人民解放戰爭的發展，以及國民黨「假和平、真內戰」面目的暴露、專制統治與腐敗政治的推行，國民黨統治區廣大群眾和學生愛國運動，不斷髮展。以上海攤販鬥爭〔註4〕和北平抗暴運動而引起的全國規模的反美反蔣鬥爭，標誌著國統區人民運動的新高漲，標誌著在國統區形成了反對蔣介石反動統治鬥爭的第二條戰線。毛澤東 1947 年 5 月 30 日為新華社所寫的社論《蔣介石政府已處在全民的包圍中》指出：「中國境內已有了兩條戰線。蔣介石進犯軍和人民解放軍的戰爭，這是第一條戰線。現在又出現了第二條戰線，這就是偉大的正義的學生運動和蔣介石反動政府之間的尖銳鬥爭。」〔註5〕

1946 年 12 月底到 1947 年 1 月初，北平、天津、上海、南京等幾十個大中城市，50 多萬學生相繼舉行罷課和遊行示威，抗議美國士兵強姦北京大學一名女生的暴行，要求美軍撤出中國。這一鬥爭，迅速獲得了工人、教員和其他人民群眾的支持。1947 年 5 月 4 日，上海各學校學生舉行遊行示威，反對內戰。同時，發生了上海 8000 工人、學生包圍警察局的事件。這一愛國運動，立即擴大到南京、北平、杭州、瀋陽、青島、開封等許多城市。國民黨政府對學生的愛國民主運動採取了極端野蠻的鎮壓辦法。5 月 18 日，國民政府頒佈了所謂的《維持社會秩序臨時辦法》，規定：「凡人民團體或學校學生」，「不得越級請願」，「不得聚眾脅迫」；嚴禁人民十人以上的請願和一切罷工、罷課、遊行示威，並授權各地方政府，對於人民的愛國民主運動，採取「緊急措施」，進行鎮壓。蔣介石發表《告學生談話》，污蔑學生「形同暴徒」，要求「要採取斷然處置」。為此，教育部密電各地，嚴禁學生赴京請願。但是，廣大學生並沒有被嚇倒。次日，上海 7000 餘名學生舉行了反飢餓、反內戰、反迫害的示威遊行，提出了「向炮口要飯吃」的口號。5 月 20 日，北平、上海、蘇州、杭州的 16 所高校的 6000 人在南京舉行「挽救教育危機聯合大遊

〔註4〕1946 年 8 月起，上海國民黨當局禁止黃浦、老閘兩區的攤販營業，到 11 月下旬，共拘捕和拘押繼續營業的攤販近千人。11 月 30 日，攤販 3000 餘人舉行了請願遊行，並包圍黃浦區警察局。國民黨當局下令開槍鎮壓，攤販死 7 人，受傷被捕者甚多。12 月 1 日，攤販請願遊行隊伍增至 5000 餘人，繼續進行鬥爭，當日又被殺 10 人，受傷百餘人。上海全市商店曾經停業表示同情，由此形成了全市性的反蔣群眾運動。

〔註5〕毛澤東：《毛澤東選集》（第四卷），人民出版社 1991 年版，第 1224～1225 頁。

行」，提出增加伙食費和全國教育經費等五項要求。遊行請願的學生遭到國民黨軍警、特務的圍攻、毆打，重傷 19 人，被捕 28 人，慘遭毒打者達 500 人之多，這就是有名的「五二○○血案」〔註6〕。同時，北平、天津學生也舉行反飢餓、反內戰遊行，亦遭迫害。然而，學生的愛國運動在廣大人民支持之下，並沒有被鎮壓下去。以「反飢餓、反內戰、反迫害」為口號的學生罷課示威運動，以及工人罷工、教員罷教等各界人民的反美反蔣鬥爭，遍及六十多個大中城市。

　　1947 年 10 月 25 日，當局以共產黨分子罪名秘密逮捕浙江大學學生自治會主席於子三等 4 人。29 日晚，警察當局突然宣佈，於子三於下午 6 時「畏罪以玻璃片割喉自殺殞命」。當晚，浙江大學校長、著名科學家竺可楨挺身而出，前往浙江省保安司令部責問於子三慘死經過，並拒絕簽署於子三「自殺」證明。隨後，他趕到南京向教育部說明事件真相，向記者發表談話，揭露當局的陰謀。30 日，浙江大學校園裏，千餘名學生緊急集合在廣場上，竺可楨校長悲憤地宣佈於子三慘死的消息，引起了師生的極大憤慨。浙江大學學生自治會決定罷課 3 天。31 日，浙江大學教授為支持學生的正義鬥爭，亦罷教 1 天。從 10 月底至 11 月上旬，學潮迅速擴展，杭州、北平、天津、南京、上海、昆明、西安、福州、廈門、長沙、武漢等城市，大中學生 10 萬人舉行罷課和示威，鬥爭持續了 4 個半月之久，成為繼「五二○血案」以後又一次大規模的政治鬥爭。

　　為了控制學生運動，國民政府教育部於 1947 年 12 月 6 日發佈訓令，公佈《學生自治會規則》，規定了一系列扼殺學生運動的條件。如「學生自治會為學生在校內之課外活動組織，不得參加校外各種團體活動，或有校與校間聯繫組織」；「學生自治會應由學校校長及主管訓導處或教導處指定每年級或每院系學生二人至三人先成立籌備會，於二星期內登記會員，召開大會，訂定辦事細則，推選職員，正式成立」；「當選之理事，其操行學業成績及領導能力經學校審核不合者，應以得票次多數之適合標準者依次遞補」；「學生自治會之決議，以在規定之任務範圍以內為限，不得干涉學校行政，有違反上項情形者，學校得撤銷之。學生自治會如違背校規，情節重大時，學校得解散之」。〔註7〕據國民黨中央社報導，從 1946 年 12 月到 1948 年 6 月，共發生

〔註 6〕張同新、何仲山主編：《從南京到臺北》，武漢出版社 2003 年版，第 158 頁。
〔註 7〕朱宗震、陶文釗：《中華民國史》（第三編第六卷），第 160 頁。

學潮 109 次，持續時間達 506 天；並承認學潮「此起彼伏，層出不窮」，「公然在政府後方開闢所謂第二戰場」，「反飢餓運動」已「變質爲反徵兵、反徵糧、反內戰的叛亂運動」，「嚴重性已達到危害整個國家社會的安全，非徹底肅清不可」〔註8〕儘管當局作出了嚴格的規定，並採取了殘酷的暴力鎮壓，但是直到全國勝利爲止，學生的愛國鬥爭從未停止過，給了國民黨統治以沉重的打擊。這一時期大陸學生愛國運動極大地影響了臺灣青年學生，國民黨政府對大陸學生運動的控制與鎮壓也同樣延用在臺灣青年學生身上。

第二節　教育接管方針與計劃的制定

　　1943 年 11 月，中、美、英三國簽署《開羅宣言》，明確規定：「三國之宗旨在剝奪日本自 1914 年第一次世界大戰開始以後在太平洋所奪得或佔領之一切島嶼，在使日本所竊取於中國之領土，例如滿州、臺灣、澎湖列島等，歸還中國」。《開羅宣言》簽署後，國民政府正式開始了全面接收臺灣的準備，並且將對教育接收置於重要地位。

一、教育接管方針與計劃的制定

　　1944 年初，蔣介石指示行政院秘書長張厲生等研究起草收復臺灣的具體方案。3 月 15 日，張厲生向蔣介石呈報了草擬的收復臺灣政治準備工作及組織人事等具體辦法，提出「臺灣收復後，我國接收統治需要相當精密之準備，此項準備工作，自應由委員會爲之」，建議成立「臺灣設省籌備委員會」直隸於行政院；並提出了應著手開展的五個重要事項，其中有「訓練儲備辦理臺灣之各項人才，尤以警察及小學教員爲重要，以在閩南訓練爲適宜，俾語言可通」，「行政及技術人才亦宜及早準備，俾能剋日接收日寇在臺之各項建設事業，不致中斷。」〔註9〕然而，蔣介石在沒有看到呈報件前就已下令在國民黨「中央設計局」設置「臺灣調查委員會」，規劃收復臺灣工作；同時委派陳儀爲主任委員，沈仲九、王芃生、錢宗起、周一顎、夏濤聲爲委員。6 月 2 日，蔣介石覆電張厲生，明確「在中央設計局業已設置臺灣調查委員會，如稍加充實，多多羅致臺灣有關人士，並派有關黨政機關負責人員參加，即足以擔

〔註 8〕　張同新、何仲山主編：《從南京到臺北》，第 158 頁。
〔註 9〕　陳鳴鐘、陳興唐主編：《臺灣光復和光復後五年省情》（上），第 2 頁。

負調查與籌備之責，暫時不必另設機構」〔註10〕。根據蔣介石的指令，6 月
16 日臺灣調查委員會聘請了臺籍人士李友邦、李萬居、謝南光爲專門委員；9
月改組將委員會委員擴大至 11 人，增聘臺籍人士黃朝琴、游彌堅、丘念臺、
謝南光、李友邦等 5 人。該委員會成立後，開展了對日本殖民統治者在臺頒
佈的律令和臺灣經濟社會文化基本情況的研究，收集了大量的臺灣各方面情
況，並進行了彙編，爲培訓接收臺灣的幹部提供學習材料，爲起草和制定接
收臺澎地區的具體計劃打下基礎。

　　臺灣調查委員會成立後，對臺灣殖民統治的教育現狀進行了一定的研
究，於 1944 年 8 月編成《日本統治下的臺灣教育》一書。在臺灣接收的準備
工作中，教育之所以被置於重要位置上，主要原因在於臺灣在被日本統治期
間，教育成爲爲殖民統治服務的重要工具，已經完全「日本化」了，要使之
從日本教育體制中根本轉變過來面臨著許多的困難。1944 年 5 月 10 日，陳儀
在致教育部長陳立夫的信函中明確提出「教育是臺灣復員與建設中的重要工
作」，「臺灣人口只六百餘萬，而有這樣多的學校，是他省所不及的。我們收
復以後，對於必需的事業必須維持，使不停頓，使臺人瞭解革命的功效，並
不致貽敵人口實。教育方面，如何維持這樣多的學校呢？第一是師資問題，
專校以上學校教員多半是日人。據最近統計，高等學校人數共九五七人，中
等學校（中學、師範職校）人數一七〇九人，小學校九九〇八人，其他學校
一四二人，以上共計教員二〇六〇人。如何淘汰舊的、補充新的須早爲準
備，否則，有學校而無教員，教育勢必致於停頓，那是很不好的」〔註11〕。
正是基於以上的認識，臺灣教育的接收準備工作得到了高度重視和積極開展。

　　臺灣調查委員會成立後，著手制定《臺灣接管計劃綱要草案》及各項具
體接收計劃。經過近半年的努力，於 1944 年 10 月 27 日擬編了《臺灣接管計
劃綱要草案》十六項八十二條。在第一章通則中，明確規定了接管臺灣的方
針。其中，接管教育的方針規定爲「接管後之文化設施，應增強民族意識，
廓清奴化思想，普及教育機會，提高文化水準」。其確定的具體教育接管計劃
是：1.接收後改組的學校，必須在短期內開課。私立學校及私營文化事業如在
接管期間能遵守法令，准其繼續辦理。否則，對其實行接收、改組或停辦。
2.學校接收後，應立即實行：課程及學校行政依照國民政府法令規定；教科書

〔註10〕陳鳴鐘、陳興唐主編：《臺灣光復和光復後五年省情》（上），第 3 頁。
〔註11〕同上註，第 58～59 頁。

使用國定本或審定本。3.師範學生（校）接收改組後，應當特別注意素質及教務訓育的改進。4.國民教育及補習教育應依照法令積極推行。5.接管後應確定國語普及計劃，限期逐步實施。中小學校以國語爲必修科，公教人員應首先遵用國語。各地方原設置的日語講習所應立即改爲國語講習所，並先訓練國語師資。6.各校教員、社教機關人員及其他從事文化事業之人員，除日籍教師（但在專科以上之學校必要時得予留用）及有違法行爲者外，均予留用。但教員須舉行甄審，合格者給予證書。7.各級學校、博物館、圖書館、廣播電臺、電影製片廠、放映場等之設置及經費，接管後以不變動爲原則，但須按照分區設校及普及教育原則妥爲規劃。8.日本佔領時強迫服兵役的臺籍學生，應依其志願與程度提供復學或轉學的便利。其以公費資送國外的臺籍學生，得酌斟情形，使其繼續留學。9.日本在各地設立的練成所，應一律解散。10.派遣教育人員赴各省參觀，選派中等學校畢業生入各省專科以上之學校肄業，並多聘學者到臺講學。11.設置省訓練團、縣訓練所，分別訓練公教人員、技術人員及管理人員，並在各級學校開辦成人班、婦女班，普及國民訓練，「以灌輸民族意識及本黨主義」。12.「日本佔領時印行之書刊、電影片等，其有詆毀本國、本黨或曲解歷史者，概予銷毀。一面專設編譯機關，編輯教科參考及必要之書籍圖表」。〔註12〕

《臺灣接管計劃綱要》獲蔣介石批准，於 1945 年 3 月 23 日修正公佈後，臺灣調查委員會又著手制定了各項具體的接管計劃，如《臺灣地政接管計劃草案》、《臺灣金融接管計劃草案》、《臺灣警政接管計劃草案》等。1945 年 8 月，臺灣調查委員會討論修正通過《臺灣接管教育計劃草案》，進一步明確了臺灣教育行政機關和學校等接管的具體計劃。其要點有：1.在教育行政機構方面，原有總督府文教局改爲省政府教育廳，在各縣縣政府設教育科，在臺北市設教育局，在臺南、高雄二市設教育科。各鄉鎮公所設文化股。2.原有小學一律改爲六年制國民學校。原有日語講習所改爲國民學校成人部或民眾學校，以教授國語國文爲主旨。3.原有尋常中學、高等女校改爲縣或市立初級中學、女子初中。每縣市以設立初級中學一所爲原則，但該縣市原無中學者暫緩設置。臺北帝國大學的預科及高等學校改爲高級中學或完全中學兩所中學，高中及職業學校由省主辦，單獨設置的職業、補習學校由縣辦理。原有的職業學校視其設備及學生程度，分別改爲高級或初級職校。師範學校六所，改爲省立，暫不增設。

<hr>

〔註12〕陳鳴鐘、陳興唐主編：《臺灣光復和光復後五年省情》（上），第53～54頁。

4.原有帝國臺北大學改爲國立臺灣大學，其醫學專門部改爲省立臺灣醫學專科學校，農林專科部門改爲省立臺北農林專科學校。原有臺南高等工業學校、高等商業學校改爲省立工業商業專科學校。臺中高等農林專科學校改爲省立臺中農林專科學校。5.原有熱帶病研究所、天然瓦斯研究所、工業研究所，均由中央接辦。農業、林業、糖業、水產、衛生各試驗所，由省府接辦。6.原有總督府圖書館改爲省立圖書館，其餘州立、市立及街立圖書館一律改爲縣立或市立圖書館。文教局附設之博物館，改爲省立博物館，其他改爲縣立或市立博物館。直屬總督府之商品陳列館，改爲省立陳列館，其餘改縣立或市立陳列館。青年團、少年團及青年訓練所一律裁撤。〔註13〕

二、國民政府接收臺灣教育的規定

　　1945 年 8 月 14 日，國民政府教育部頒佈了《戰區各省市教育復員緊急辦理事項》14 條，接著又頒佈了《教育復員及接收敵僞教育文化機關等緊急處理辦法要項》13 條。1945 年 9 月 20 日至 26 日，教育部在重慶青木關召開全國教育善後復員會議，對各級各類教育的復員作了明確的政策規定。鑒於臺灣被日本帝國主義統治 50 年，奴化教育的影響很深，在原有研究制定接管計劃的基礎上，對接管臺灣教育作了特別的規定。其要點主要有：1.教育行政機關接管後，即按省教育行政機關的組織進行改組。2.國民教育。原有的六年制國民學校規模較大的改爲中心國民學校，其餘的仍爲國民學校。公私立幼稚園予以合併或續辦。3.中等教育。原有各類中學，應維持原狀，如果是由州廳設立而規模較大，則改爲省立。師範學校還應當增設。實業學校改爲職業學校，並劃歸省辦理。4.高等教育。原有帝國臺北大學改組爲國立臺灣大學。農、工、商三所高等學校，分別改爲省立，研究院接收後續辦。5.師資補充。原有的教師經甄審後錄用，並在內地舉辦志願赴臺灣任教的登記。6.教材供應。迅速印刷國定本教材運至臺灣，供各級使用。這些規定，爲正式接管臺灣教育提供了依據。

　　日本投降後不到半個月，1945 年 8 月 29 日，國民政府下令設立了「臺灣行政長官公署」，任命陳儀爲臺灣省首任行政長官。1946 年 9 月 1 日，「臺灣行政長官公署」正式辦公。9 月 4 日，舉行第一次政務會議，決定到臺接收後，

〔註13〕陳鳴鐘、陳興唐主編：《臺灣光復和光復後五年省情》（上），第 132～133 頁。

要盡量堅持「行政不中斷」、「學校不停課」、「工廠不停工」的原則。9 月 20 日，國民政府公佈了《臺灣省行政長官公署組織條例》，在行政長官公署之下設教育處，掌理全省教育行政及學術文化事宜。處內設秘書、督學、編審、會計、統計五室及第一、第二、第三、第四 4 科；以第一科掌管高等教育及師範教育，第二科掌管中學教育及職業教育，第三科掌管國民教育、地方教育行政，第四科掌管社會教育。設中等、國民學校教員甄選委員會、中等、國民學校教材編輯委員會、國語推行委員會，分別辦理教育的有關事務。

收復臺灣的教育準備，是臺灣光復後教育轉型的重要前期工作。接管臺灣教育計劃的制定，是在進行了一定的研究的基礎上進行的。既從制度上、體制上根據中華民國的教育法律法規，確定了接收方針，對臺灣教育的制度及體制進行了重構；又針對日本殖民統治下臺灣教育的特殊性，對擬接管的臺灣學校的教育內容、課程設置、教學制度、教師組織、國語推廣等，進行了特別的規定。整個教育接管計劃全面、詳盡，為臺灣教育的接收與改造奠定了一定的基礎。但是，對臺灣與祖國分離時間較長的歷史現實考慮不足，對日本殖民統治對臺灣人民的影響至深估計不足，因而在許多方面未有充分之考慮。

第三節　教育方針的確立與貫徹

教育方針規定著受教育的對象及培養規格標準、基本素質要求，對於各項教育活動的要求具有很強的原則性，是認識和把握一個社會一定階段教育特徵的根本所在。臺灣行政長官公署正式接收臺灣各級各類學校後，很快就確立了明確的教育方針。隨著政治局勢的動蕩，臺灣省政府成立後，沒有提出新的全面表述的教育方針，但以清除日本殖民統治、培養服從國民黨專制統治所需的各類人才的目的沒有改變。

一、臺灣行政長官公署時期教育方針的確立

1945 年 9 月 26 日，陳儀在重慶舉行外國記者招待會，發表了其治臺施政方針，提出：收復臺灣後，第一要考慮的是教育問題，恢復國語和歷史教育，促進臺灣人自由發展自己的能力；預備在各縣市實施地方自治，維持原有日本的生產企業，使其利潤為臺灣民眾所享，提高福利。〔註14〕到臺灣赴任後，

〔註14〕曾健民：《1945 破曉時刻的臺灣》，第 90 頁。

他對於教育機關及學校的接收工作相當重視。1945 年 11 月 7 日，臺灣行政長官公署頒佈了《臺灣省各級學校及教育機關接收處理辦法》，對各教育機關與各級各類學校的接收工作做出規定，訂定了保證學校不停課的過渡措施。如對公立國民學校，明確規定校長一律由國人接替充任；同時規定，在沒有派人當任時，暫就原校教職員中遴選學識能力較優或當地具有教員資格的臺胞，委派代理校務。對中等學校則規定，暫就原校或鄰校教職員中遴選學識能力較優的臺胞，委派代理校務，並負責保管所有設備及財產，聽候派員接辦。「接管的學校及教育機關，除國語、國文、公民、史地教育，應由國人充任外，得酌量暫時留用日籍教職員，以免業務停頓。」〔註15〕至 1946 年 3 月底，接收工作基本完成。

　　光復後，臺灣行政長官公署注意清除殖民教育體系中歧視臺灣同胞的規定，保證教育對臺灣同胞全面開放，並將臺灣學制與國民政府規定的學制銜接。日據時期，臺灣採用日本學制，即一學年三學期制，光復後改變爲國民政府教育部規定的一學年兩學期制。1945 年 12 月，臺灣行政長官公署教育處頒佈《臺灣省各級學校學年學期假期劃一辦法》，明確規定，臺灣各級學校以每年 8 月 1 日至翌年 1 月 31 日，爲第一學期；以 2 月 1 日至 7 月 31 日，爲第二學期。學制及學期調整到與國民政府規定相一致，並使之安善過渡，成爲光復後的一項急迫任務。

　　第一，對於光復前學生學籍的認定，行政長官公署教育處規定，凡持有前日人時代公立或已立案學校畢業證書者，予以承認；接收時各校移交的各年級學生名冊，經該校承認其學籍者，予以承認；凡已綴學的學生，而持有原學校的肄業證明書或分數單者，予以承認；日本人設立的工業學校或農業學校畢業者，應認爲高中程度。

　　第二，在學校不停課的原則下，做好 1946 年上半年的招生與學校秩序穩定工作，又能保證與 1946 年新學年度相銜接。臺灣行政長官公署在 1946 年 1 月先後制定頒佈了《臺灣省立各中學及職業學校三十四學年度第二學期招生辦法》和《臺灣省立各專科學校及師範學校三十四學年度第二學期招生辦法》，規定了與舊學制相銜接的招生辦法。就臺灣省立各中學及職業學校招生入學考試資格的具體規定爲，第一，省立高級中學：舊制中學修滿三年者得

〔註15〕薛月順編：《臺灣省政府檔案史料彙編——臺灣省行政長官公署時期》（三），「國史館」1999 年版，第 399〜400 頁。

應考一年級；曾在舊制中學四年畢業，或五年制修滿四年者，得應考二年級；具有同等學力者，亦得應考，但其錄取名額，不得超過全額的 15%。第二，省立各男女中學：國民學校畢業者，得應考初中一年級；應考高中一年級者，其資格與應考省立高級中學者同；具有同等學力，亦得應考，但其錄取名額，初中不得超過全額20%，高中不得超過全額15%。第三，省立各職業學校：國民學校畢業者，均得應考各校一年級；具有同等學力者，亦得應考，但其錄取名額，不得超過全額 20%。同時，明確規定日籍學生不招。省立各中學及職業學校修業期限規定為：省立高級中學修業期限，規定三年；省立各男女中學修業期限，規定高初中各三年；省立各職業學校修業期限，暫規定三年。將國文列入了高中及初中入學考試科目。就各專科學校及師範學校招生入學考試資格的具體規定分為，第一，省立農、工、商各科學校及其附屬專修科：舊制中學四年或五年畢業者，得應考專科學校各科；舊制師範或專門學校畢業者，得應考附設各專修科；具有同等學力者，亦得應考，但其錄取名額，不得超過全額15%。第二，省立各師範學校：舊制中學肄業滿三年者，得應考普通科；舊制中學四年或五年畢業者，得應考師資訓練班；國民學校高等科畢業者，得應考簡易師範班。省立農、工、商各專科學校及附設各專修科的修業年限為：專科學校各科修業期限，規定四年；附設各中等學校，師資專修科修業期限，規定二年。省立師範學校修業年限為：普通科修業期限，規定三年；師資訓練班修業期限，規定一年；簡易師範班修業期限，規定二年。此外，在考試科目中都將國文、國語、公民列入。兩個辦法都明確規定「本屆新生第一學期，補習：國語、國文等科。教學科目及時數表，另定之，不在規定修業期限之內」，從而使得新舊學期制順利銜接。〔註16〕1946年 8 月，臺灣新的教育制度於新學年開學起全面實施。這是臺灣教育「從日本人時代之所謂皇民化而轉變到祖國化之起點」〔註17〕，也是臺灣現代教育體制建立的起點。

在對日本殖民統治時期留下的教育機構及各級各類學校接收的過程中，行政長官公署提出了具體的教育方針。1945 年 11 月 7 日，第一任教育處處長趙乃傳在廣播講話中，提出了光復後臺灣教育的六大方針，包括：1.闡揚「三

〔註16〕 薛月順編：《臺灣省政府檔案史料彙編——臺灣省行政長官公署時期》（三），第 367～373 頁。

〔註17〕 陳鳴鐘、陳興唐主編：《臺灣光復和光復後五年省情》（上），第 390 頁。

民主義」；2.培養民族文化；3.適合國家和本省的需要；4.獎勵學術研究；5.增加教育機會；6.推行教育法令。而在 1946 年 6 月 25 日召開的全省教育行政會議的開會致詞中，第二任教育處處長范壽康，提出了三大教育方針，主要有：1.今後臺灣本省的教育，是獨立的中華民國的教育，自然要一反過去日本在臺灣所施的教育；因此，爲推動中華民國的教育方針，應該普及國語、培養民族精神、發揚「三民主義」思想、擴大教育機會平等、培養臺灣青年從事臺灣教育工作。2.要使臺灣教育現代化，要加強科學和工業教育。3.使教育跟經濟與政治建設取得密切的配合，培植經濟建設和政治建設人才。〔註18〕不久，范壽康又提出，「我們本省教育之實施，有三個字也就足以包括，就是『祖國化』，祖國化就是一切都要和祖國一樣。凡是中國內地遵行的事情，本省都要遵行」〔註19〕。其具體內容包含有，要遵照祖國的法令規章，思想主義祖國化，生活習慣祖國化，語言文字祖國化。因此，在光復初期也有用「祖國化」來表述教育方針的。

　　最爲完整表述這一時期教育方針的是，臺灣行政長官公署教育處在 1947 年 3 月提出的《臺灣省教育復員工作報告》中對於教育方針作的具體明確的說明。「光復後臺灣省教育方針，即經本處一矯過去日本人統治時代所施行之殖民地教育政策，實施中華民國的教育」。並將具體內容概括爲：1.闡發「三民主義」。「我國以三民主義建國，我國教育亦以三民主義爲最高指導原則。十八年國民政府公佈之中華民國教育宗旨及其實施方針，已有詳細之規定。就教育職能言，發揚民族精神，培養國民道德，訓練自治能力，增進生活智慧，均爲實施三民主義的必要條件。臺灣受日本人統治，毒化甚深，光復後對三民主義的闡揚，至屬教育上刻不容緩之應有舉措」。2.培養民族文化。「培養民族文化，原爲推行三民主義的教育方針之一。因臺省被日本統治達五十一年，情形比較特殊，特將此項工作單列爲重要方針。俾引起注意。就文化本身來說，其內容大體可分爲十類，即文史、政治、經濟、科學、哲學、倫理、宗教、工藝、美術、人物。本省今日在這十類的文化之中，固屬於國家性或民族性的均非常淺稚，培養工作，實爲當前之急務」。3.適合國家和本省

〔註18〕曾健民：《光復初期臺灣的教育》。見黃俊傑編：《光復初期的臺灣：思想與文化的轉型》，第 13 頁。
〔註19〕轉引自何義麟：《光復初期臺灣知識分子的日本觀（1945～1949）》。見黃俊傑編：《光復初期的臺灣：思想與文化的轉型》，第 183 頁。

建設的需要。收復後，「各項人材的培養，尤須針對建設上的需要，統籌兼顧國家與本省兩方面的需要，使學生畢業後就業不成問題」。4.獎勵學術研究。光復後臺灣的研究機構「大都屬於農工礦等部門，對於文史等部門，尚付闕如，獎勵學術研究工作，自屬必要，且此種工作的完成，於民族文化的培養，關係甚大」。5.實施教育機會均等。「日本人治臺既採取阻礙上進的手段，所以本省同胞享受中等以上學校教育的機會，與在臺灣的日人相較，直覺瞠乎其後。臺灣同胞重歸祖國懷抱，教育機會自應均等，以滿足本省學子求智之願望」。〔註20〕

行政長官公署對教育方針的規定，是以實現「三民主義」爲教育發展的最高原則，並明確是以 1929 年國民政府公佈的教育宗旨及實施方針爲依據。實際上，1929 年的教育宗旨公佈以後在國民政府的施政中逐步地發生了很大的變化。1928 年 5 月，第一次全國教育會議，決議採用「三民主義」教育宗旨替代此前所用的「黨化教育」，並通過了中華民國教育宗旨說明書，提出此後中華民國的教育宗旨，就是「三民主義」的教育，各種教育機關的設備和各種教學科目就是以實現「三民主義」爲目的的教育。1929 年 3 月，國民黨召開第三次全國代表大會，把教育作爲一個重要議題進行了討論，重新通過了一個簡要的教育宗旨：「中華民國之教育，根據三民主義，以充實人民生活，扶植社會生存，發展國民生計，延續民族生命爲目的，務期民族獨立，民權普遍，民生發展，以促進世界大同。」4 月 26 日，國民政府頒佈《中華民國教育宗旨及其實施方針》，強調「本黨今後必須確定整個教育方針與政策，其根本原則必須以造成三民主義的文化爲中心」。同時，附有該宗旨的實施方針 8 條。1931 年 9 月，國民政府通過了《三民主義教育實施原則》，更爲詳細地規定了「實施方針」。此後，「三民主義」教育始終是國民政府利用的口號。隨著形勢的發展，尤其是抗日戰爭期間及內戰期間，「三民主義」教育的內涵發生了重要變化。「以蔣介石爲總代表所掀起的三民主義教育思潮是一場利用儒學、『託古改制』的文化復古思潮，與孫中山倡行的三民主義教育雖有部分聯繫，但更多的是有明顯的質的蛻變。」〔註21〕「三民主義」教育的使用頻率明顯減少，如 1946 年 12 月 25 日通過的《中華民國憲法》，規定教育文化

〔註20〕陳鳴鐘、陳興唐主編：《臺灣光復和光復後五年省情》（上），第 391～392 頁。
〔註21〕王炳照、閻國華主編：《中國教育思想通史》（第七卷），湖南教育出版社 1994 年版，第 8 頁。

基本原則是「應發展國民之民族精神、自治精神、國民道德、健全體格、科學及生活智慧」，儘管仍然解釋爲以「三民主義」爲基本指導思想，但已經沒有再使用「三民主義」這一詞了。

因此，行政長官公署所確立的臺灣光復初期的教育方針，標榜以「三民主義」教育方針爲指導，實質上是在「祖國化」或者是「實施中華民國的教育」的語境下，根據當時蔣介石及國民黨的教育主張與臺灣光復後的「具體情況」結合提出的光復初期臺灣教育改造思想，有著明顯的過渡性質。或者說，在精神實質上按照國民黨意志重建臺灣教育，而在具體形式上兼顧了臺灣光復後從日本殖民地回歸祖國的特殊情況。

二、臺灣省政府成立後教育方針貫徹措施的變化

「二二八事件」發生，對光復初期教育發展的衝擊，促使臺灣當局對光復後的教育方針及教育政策進行反思。新成立的魏道明主政的臺灣省政府急於爭取臺灣民心及恢復經濟等，沒有提出新的教育方針，而是對教育發展政策進行了調整。接任的陳誠主政時，爲了保證把臺灣建設成爲國民黨敗退基地，重點放在了大力強化對臺灣教育的控制。

1.「二二八事件」後有關「改進」臺灣教育的建議

在事件發生後，不少國民黨官員就對當時的臺灣教育政策提出了調整的建議。這些建議或想法，從一個側面反映了國民黨人士對臺灣教育改進的認識。

楊亮功等在對「二二八事件」調查後提出的教育方面改進的建議案。該建議主要內容有：（1）爲適應本省特殊環境起見，在最近三年內，臺灣中小課程標準宜斟酌實際需要，另行規定，切實推行國語、國文並加重本國歷史、地理及公民教學。（2）爲適應本省特殊環境起見，在最近三年內，各科教材課本由本省自行編印或選定，經教育部審定採用。（3）日籍教師應予遣送回國，師範學校教師暫以聘用內地人爲原則，中學及中等職業學校校長、教務主任、訓育主任及公民、國語、國文、歷史、地理教師暫以聘用內地人爲原則。國民學校每校至少須聘用通曉國語、國文、思想純正之內地教師二人。（4）爲鼓勵內地優良教師來臺服務，應提高待遇，給予旅費，規定任期，實行年功加俸，並使其有休假進修之機會。（5）實行內地與臺灣學生大量交流，爲繼續選送本省學生至內地各專科以上學校肄業，分別由公家予以公費或補

助，並開始招收內地學生來臺入本省專科以上學校，予以交通及宿舍之便利（現臺灣大學一千三百餘人，內地學生僅占十分之一，應多招收內地學生）。（6）加強電化教育，灌輸祖國文化。（7）中央及地方應於臺北、臺南等地設立大規模報館並取消目前新聞檢查辦法。（8）充實各校中文圖書、設備，並由中央大量供給文化刊物。（9）加強高山族國語、國文教育。（10）設立公教人員子弟學校。（11）舉行各種講習會，聘用內地學者來臺講學，組織內地考察團，設立國文、國語函授學校。〔註22〕

　　白崇禧「宣慰」期間對改進臺灣教育提出的對策。1947 年 3 月 22 日，受蔣介石委派到臺灣「宣慰」的白崇禧在臺中發表向全省同胞的廣播詞，提出「至於治本的辦法，應從教育著手來糾正臺胞青年狹隘偏激的錯誤。過去臺灣青年在日本統治下受了五十餘年狹隘偏激的教育，積重難返，尚待積極力謀矯正。最主要的是要增強臺灣青年對國家觀念、民族意識，革除輕視祖國的錯誤思想，激發寬大仁愛的精神，然後中華民族四萬萬五千萬同胞才能親愛精誠團結一致。」〔註23〕3 月 27 日，白崇禧在對全國的廣播詞中，提到「至於中央政府今後治臺方針，正在擬定合於臺灣民眾的要求的妥善方案」，「在教育方面，當加強國語、國文，積極傳播祖國傳統的道德和文化，一面更徹底剷除日本教育之餘毒，務使臺灣與祖國密切連結，增進臺胞與全國同胞的情感。」〔註24〕3 月 28 日，白崇禧在對臺灣省參議員訓詞中，對今後如何治理臺灣提出，「臺胞過去受日本五十多年狹隘偏激教育，積重難返，現在要改組為祖國的教育，必須積極推行國民教育，發展中等與高等教育，至少必須五年始得可轉變。當向中央建議，多選派內地師資來臺擔任教育，同時選送臺胞學生赴國內求學，促進文化交流」。〔註25〕白崇禧對於「二二八事件」後臺灣教育改進提出的對策，最集中地體現在於 1947 年 4 月 14 日呈蔣介石的簽呈。他建議：（1）臺灣人民受日本五十一年來偏狹教育，養成對祖國文化隔絕及輕視心理，為增強其對國家觀念，民族意識，應請教育主管機關制定中心，以便養成忠孝仁愛信義和平之精神，積極推進「臺胞祖國化」之教育。（2）臺省教育師資缺乏，應實行由教育部擬定培養臺灣師資之計劃，養成多

〔註22〕陳鳴鐘、陳興唐主編：《臺灣光復和光復後五年省情》（下），第 652～653 頁。
〔註23〕王曉波編：《國民黨與二二八事件》，第 13 頁。
〔註24〕同上註，第 19 頁。
〔註25〕同上註，第 23 頁。

數師資，並獎勵內地師資赴臺任教。（3）大量選派臺灣高中畢業生入國立各專科及大學，以吸收祖國文化。（4）國內各國立大學可多招收臺灣學生，以培養行政人才。（5）注意社會教育，普及國語運動，對高山族之教育尤須注意，並改善其生活方式，以期早日歸化。（6）臺灣大學設備完善，並有試驗原子能儀器，惟教職員待遇太低，應與國立大學平等，庶可維持，並應改歸教育部直轄，以便整頓。〔註26〕

　　上述兩名國民黨高級官員在「二二八事件」後提出的對策，明顯站在國民黨的立場上，旨在加強對臺灣教育的管理與控制，進一步促進臺灣教育轉向符合國民黨統治的教育要求。

2. 魏道明任省政府主席期間的臺灣教育政策調整

　　魏道明任臺灣省政府主席後，在教育政策上做出了調整。從以接收改造為主，轉為在「安定求繁榮」的施政方針下，以加強和改進為主題，積極推行義務教育，擴充中等以上學校，充實各校圖書設備，提高師資，加強視導工作，推廣社會教育，編印補充教材及考選臺灣學生赴中國大陸升學等。

第一，加快教育發展

　　臺灣省政府成立後，以國民教育發達，升學者眾多，為增加國民學校畢業生升學機會，特別要求各中學和職業學校，自 1947 學年度第二學期起增設春季班，並規定：（1）各中學於本年秋季所招各班新生，均得各增十人，即每班以招足六十人為度，但各校亦得視各班教室之容量，自行酌定可增加之人數；（2）各中學增容之人數，即以備取生遞補，如補不足額時，應就未錄取考生中，查明成績高下，依次遞補，以招足六十人或可能增加之人數為度。之後，省教育廳又依據 1947 學年度國民學校畢業生 1／3 升學比例，初中或初級職業學校畢業生 1／2 升學比例，決議各中學於 1948 學年度第一學期，須增設初中或初職 352 個班，高中或高職 36 班。由於人力、財力不足，省立職校實增 80 班，縣市立職校實增 142 個班，未能達成預期目標。

　　為推進國民教育發展，臺灣省政府大幅度增加教育經費。光復前一年的 1944 年，臺灣的教育經費支出占總財政支出的比例為 6.41％。光復後的第一年，即 1946 年臺灣的教育經費支出占總支出的 8.41％。從 1947 年至 1949 年，又大幅度提高，分別為 20.78％、25.79％、27.64％。根據臺灣光復初期的教

〔註26〕　魏永竹主編：《二二八事件文獻續錄》（修訂版），第 97～98 頁。

育體制，國民教育的經費支出主要由縣市財政承擔（省的教育經費大部分用於大專學校及省立中等學校）。為了推進國民教育，臺灣縣市教育經費支出占財政支出的比例在 1948 年後有較大幅度的提高，超過了光復前的水平。從 1946年至 1949 年，臺灣縣市教育經費支出占財政支出的比例分別為 4.04％、6.29％、31.49％、32.98％。在縣市教育經費安排上，用於國民教育支出的比例都保持在較高水平，分別達到了 68.79％、81.30％、79.69％、82.14％。從 1947學度年第一學期起，省政府開始免費供應全省各國民學校所需的教科書。對於山地兒童，除免費供應課本外，還配發相當的文具簿冊。

　　為幫助因經濟困難而失學的學生，當局實施了公費制度。這一制度原係抗戰時期國民政府為救濟由前方退至後方之青年完成學業而設立。抗戰勝利後，公費制度本可廢止，然教育部仍以「時局尚未寧靖，國民經濟尚未好轉，因規定凡已享受公費待遇之學生，仍維持至畢業為止」。規定自 1947 年起，各校所招新生中的師範生、保育生、青年軍復員學生、邊疆學生、革命及抗戰功勳子女、就學榮譽軍人等，一律享受全公費待遇，不受名額限制。國共內戰全面爆發後，教育部又規定，國立及省立專科以上學校學生籍貫隸屬於中共控制區，經核准救濟者，免其學宿之費，並比照公費生膳食標準，供其膳食。隨著臺灣光復與大陸來臺學生的增多，此制度亦隨之引進臺灣，對於師範學校學生與專科以上學校學生給予公費待遇。為提倡山地職業教育，對於中等以上學校之原住民學生亦給予與師範生同等之公費待遇，並輔導山地國民學校畢業生優先升入農、工、商、水產職業學校及師範學校，以習得一技之長。

　　在加快教育發展的同時，臺灣當局加強了對教育的改進與控制。「二二八事件」後，教育行政當局致力於全面恢復各級各類學校的教育教學秩序，並在教育內容上進行了徹底改進。認為臺胞過去受日本殖民教育的毒害甚深，因此在教育內容上做了強化統一，全部使用教育部頒佈的課程標準與教材。對於師範生還提出了特別的要求：「除本國語文應加速學習外，特重本國歷史、地理、公民、倫理等功課，且要充分灌輸祖國立國思想即三民主義，使受師範教育的本省青年認識祖國之偉大，認識自身之責任，認識人生之真諦；如此畢業後，才能教育下一代臺灣同胞，成為真正認識祖國愛護祖國的新國民。」〔註 27〕臺灣當局還加強了對學校特別是中等以上學校的管理與控制。

〔註27〕 葉龍彥：《臺灣光復初期的師範教育（一九四五～一九四九)》，《臺灣文獻》，
　　　　　第四十四卷第一期，1993 年。

1947 年 3 月間先後三次召開中等以上學校校長座談會，對「二二八」事件後教育上如何改進等事項進行了詳盡的商議，最後制訂了省立中等以上學校復課應行注意事項，及省立中等以上學校「二二八事件」後訓導實施上應行注意事項，要求各校遵守執行。〔註 28〕此外，還加強了對各中等以上學校學生自治會的整頓。

第二，調整省級教育行政機構的設置

光復後，臺灣行政長官公署教育處作為教育主管機關，其基本設置有科室和委員會。科室設有秘書室，內分文書股、人事股、庶務股、出納股；第一科，內分高等教育股、師範教育股、考試訓練股；第二科，內分中等教育股、職業教育股；第三科，內分國民教育股、地方教育行政股；第四科，內分民眾教育股、補習教育股、藝術電教股；督導室；編審室；會計室；統計室。委員會組織設有中等、國民學校教員甄選委員會，中等、國民學校教材編輯委員會，國語推行委員會，中小學專科視導委員會。

臺灣省政府成立後，教育處改為教育廳，但其內設機構沒有變化。1948 年 4 月 1 日，根據臺灣社會情況變化，臺灣省教育廳的機構進行了相應調整。科室調整為：秘書室，內設機要股、編輯股；第一科，內設文書股、出納股、事務股、保管股；第二科，內設高等教育股、師範教育股、考試訓練股；第三科，內設中等教育股、職業教育股；第四科，內設地方教育行政股、國民教育股、山地教育股；第五科，內設民眾教育股、補習教育股、藝術教育股；督學室，內分督學、視導二股；主計室，內設歲計、會計、審計、統計四股；人事室，內設考勤、任免、登記三股。委員會組織調整為：國民學校教員檢定委員會、中等學校教員檢定委員會、建教合作委員會、教育研究委員會、衛生教育委員會、學術評議委員會、革命功勳子女就學免費補助審查委員會、編審委員會。

臺灣省級教育行政機構的設置調整，主要是為了系統全面地解決臺灣各級各類的教育問題，如山地教育問題、建教合作問題、教育研究問題、高等教育發展問題等。其中，學術評議委員會的建立就是一個重大變化，即對高等教育發展進行規範。組織學術委員會，其設立的主旨為「審議學術文化事業及促進高等教育設施」，直接目的是為甄選大專學校的優秀教員，提高師資

〔註28〕陳鳴鐘、陳興唐主編：《臺灣光復和光復後五年省情》（上），第 383 頁。

素質。其主要職責是負責省立專科以上學校教員資格的初審，以及關於臺灣學術研究的審議獎勵事項。由此，可以明顯地看出經過近兩年摸索，國民黨當局更加關注在臺灣建立起完整教育體系。

3. 陳誠的「計劃教育」思想及實施

「計劃教育」發端於抗戰時陳誠任湖北省政府主席時期。1940 年 9 月，陳誠重新主政湖北以後，提出在全省實行「計劃教育」，並曾撰寫過《實施計劃教育之商榷》小冊子。所謂「計劃教育」，就是以「三民主義」為指導思想，由國民黨政府完全掌握教育的主導權，根據社會的需要來規劃和實施教育。按陳誠所說，計劃教育「是遵照總理及總裁對於教育的訓示，根據我國教育宗旨和國家社會的需要，參照教育原理與世界趨勢，而確定的一種教育政策」〔註29〕。具體地說，「所謂計劃教育，就是要我們政府對於每個國民切實負起培育的責任，換句話說，我們對於每個國民，當其到了入學年齡起，對於他今後的入學、升學與就業，均須作有計劃的打算，使各人均能夠發揮各人的才能，以為國家民族而服務」。陳誠為「計劃教育」的實施制訂了原則和實施辦法。原則是：「（1）使全國兒童青年均有按其年齡入學按其聰明升學按其能力就業之機會，以培養三民主義的信徒與革命建國的人才。（2）使一切教育設施均能與經濟政治國防等建設相配合（亦即使教育與國計民生之需要相配合），以求國家事業之均衡的發展。」〔註30〕實施辦法是，第一，實行公費制度；第二，統籌安排學生升學就業。由於處於抗日戰爭時期，且經濟困難，陳誠在湖北推行「計劃教育」多見於言論，無法具體實施。

主政臺灣後，陳誠主要精力放在加強社會控制，推動經濟建設，配合蔣介石退臺戰略的實施上。與此同時，他再次提出並強力推行「計劃教育」政策。主要內容為：「三民主義的教育政策，就是由政府統籌計劃，以實現『幼有所長，壯有所用』的計劃教育政策。這個政策在實施時應有三個階段：1.每個國民不分貧富愚智都有受基本教育的機會。目前臺省係以小學教育為基本教育，但我們並不以此為滿足，希望將來，基本教育的標準，能提高至初中階段。2.優秀青年皆有升學機會，政府因財力有限，欲輔助人人升學，勢不可能，惟過去升學機會皆為有錢人子女包辦，殊不合理，因此對於優秀貧寒

〔註29〕張泰山、徐旭陽：《論抗日戰爭時期湖北的「計劃教育」》，《黃岡師範學院學報》，2003 年第 2 期。

〔註30〕王炳照、閻國華主編：《中國教育思想通史》（第七卷），第 361 頁。

青年，應由政府輔導升學，並藉此培養建國幹部。3.受過相當教育的青年，由政府統籌計劃，給予就業機會，消除『畢業即失業』的現象。」〔註31〕

　　陳誠自 1949 年 1 月 5 日就任臺灣省政府主席至同年 12 月 21 日交於吳國禎手中，歷時近一年。爲推行其「計劃教育」政策，陳誠加大了對教育的投入。這一年，臺灣省教育經費超出總預算的 31%，縣教育預算已超過 39%。值得注意的是，陳誠所以要增加教育投入，與當時的具體情況有著直接的關係。1949 年，國民黨在大陸的形勢迅速惡化，退至臺灣的學生激增，紛紛向教育當局要求進入相應學校學習或寄讀，轉學問題非常突出，這其中又以中學最爲最嚴重，大學次之。臺灣省教育廳爲收容外省失學學生，特擬定了《外省來臺學生入學處理辦法》，以各校師資、校舍、設備的最大可能容量，盡量收容各省來臺的轉學生，以解決日益嚴重的失學問題。這一年，臺灣學齡兒童的入學率達到 80% 以上，增加了 1000 多個班，學生人數增加了 10 多萬人。這是促使陳誠增加教育投入的一個重要原因。

　　最能體現陳誠實施「計劃教育」政策的是在職業教育的發展上，在於其著力開始解決職業學校、師範學校及中等以上學校畢業生的就業問題上。陳誠對職業教育和師範教育的發展相當重視，在教育經費安排上給予傾斜，生均經費預算安排遠遠超過了普通中學的水平。以 1949 年度爲例，該年省立師範學校的生均經費爲 599.04 新臺幣元，省立職業學校的生均經費爲 264.72 新臺幣元，而省立中學的生均經費爲 181.69 新臺幣元。〔註32〕由於政治動盪、社會轉型、經濟蕭條、產業調整等的影響，職業學校學生面臨著嚴重的「畢業即失業」問題，當局一直也在設法予以緩解。如行政長官公署時期，就曾辦理過多次技術人才登記，各地也成立職業介紹所、失業救濟委員會。在魏道明政府時期，曾成立了臺灣省青年就業輔導委員會，辦理青年就業的登記、考詢考驗、訓練、任用計劃等，但收效並不大。陳誠認爲：「過去所以發生畢業即失業之現象，證明政府舉辦教育事業並無整個計劃，今後必須配合整個工作計劃，尤須配合人事制度，根據社會之需要辦學，需要多少職業人才即辦多少職業學校，需要某種技術人員，方辦某種專科學校。今後各學校招生，

〔註31〕轉引自歐素瑛：《光復初期臺灣經建計劃與職業教育之改造（民國三十四年～三十八年）》，《臺北文獻》，2001 年第 137 期。
〔註32〕汪知亭：《臺灣教育史料新編》，第 170～174 頁。

應事先規劃以需要來決定招生名額」。〔註33〕根據臺灣省教育廳的統計，1949年暑期（即 1948 學年度）的職業學校畢業生數量是光復以來最多的一年。其中農職高級班有 394 人、初級班有 1183 人，工職高級班有 485 人、初級 1694人，商職高級班有 289 人、初級 114 人，水產高級班有 124 人、初級 66 人。加上其他師範學校、中學及大專院校畢業生，當年共有畢業生 1 萬多人，失業問題解決不好必將影響社會穩定。對眾多面臨失業學生，陳誠要求由人事處擬定計劃，進行短期訓練後分派工作，解決好學生出路問題。為解決 1948 學年度職業學校畢業生就業問題，臺灣省教育廳特舉辦各機關需用各建設技術人才調查及登記，並於 6 月間制訂了《臺灣省中等以上學校本屆畢業生介紹就業辦法》，規定凡職業學校畢業生均須參加就業訓練班受訓，經受訓合格後，始准分派工作。隨後，省教育廳又頒佈了《臺灣省三十八學年度中等以上學校畢業生就業處理要點》，分別以參加講習活動、通過就業考試及接受政府分發等方式，試圖逐步解決中等以上學校畢業生就業問題。

從整個光復初期看，行政長官公署確定的教育方針總體上是符合國民黨統治意志的，因而沒有發生本質上的變化，一直是以國民黨的「三民主義教育方針」為標榜。但是，隨著光復初期的臺灣特殊歷史進程，具體教育措施上發生了重大的變化，從恢復重建轉變為體系構建、注重教育與具體情況結合，以服從和服務於敗退政權的維繫。特別需要注意的是，「二二八事件」後，行政長官公署所確定的具體的教育方針，實際上被束之高閣，特別是陳誠主政後，對於「三民主義教育」又作了不同的理解，提出了不同的施行的思路與措施。同時，隨著形勢的發展，國民黨統治區域不斷縮小，實施「中華民國的教育」的區域最終只有臺灣地區，臺灣教育方針的貫徹或者是推行教育「祖國化」日益被扭曲。

第四節　學生求學大陸政策的實施

光復初期，教育活動實施主體──教師和教育活動對象主體──學生實現轉換後，如何進一步提高臺灣學生對回歸的認同和對「中華文化」的共識，促進臺灣學生思想轉型，是教育方針貫徹的一個重要體現。光復後，國民黨

〔註33〕 轉引自歐素瑛：《光復初期臺灣職業學校學生之來源與出路（民國三十四年～三十八年）》，《臺灣文獻》，第五十一卷第一期，2000 年。

當局實施了鼓勵臺灣學生赴祖國大陸學習的政策。然而，這一政策不僅在內容與形式上，而且在對象與層次上，都深受國民黨在大陸節節敗退及不斷加強對臺灣控制的影響，在促進臺灣教育深層次轉型中的作用被極大地消解。

一、臺灣學生求學大陸

　　光復不久，有不少有識之士向國民黨當局進言，要求推進兩岸學生易地互學，增進交流。時任閩臺監察使的楊亮功，在 1946 年初抵臺巡視月餘後，就視察結果向國民黨中央及地方政府提出建議案，其中之一就是建議教育部優待臺省中等學校畢業生升入國內大學肄業。建議寫到：「日人統治臺灣，已逾五十年，在此時期中，臺省學子所受者日本教育，所習者日本語文，浸潤既久，已不復能知祖國文化，現抗戰勝利結束，臺灣復入中國版土，為使臺省青年學子瞭解祖國文化既政治實況起見，擬建議教育部優待臺省學生升入國內各大學肄業，惟臺省學生因文字隔膜，恐難參加國內大學入學考試，為補救計，可由臺灣行政長官公署教育處，就臺省中等學校畢業生擇優保送教育部，分別升入國內各大學肄業，並予以資助，此等學子，將來畢業後回省服務，既習知祖國文化，復對國內政治情況不致隔膜，關係將來臺省發展、祖國繁榮」。〔註34〕楊亮功還提出了具體的辦法草案。1946 年 3 月 1 日至 17日間召開的國民黨六屆二中全會上，也有人遞交提案，「請求獎勵臺灣省及各省學子相互易地求學，以其溝通文化，增進民族情感」〔註35〕。

　　不久，臺灣行政長官公署制訂了升學內地專科以上學校的考選公費生及保送自費生兩個辦法。《臺灣省考選公費學生升學內地專科以上學校辦法》規定：考選公費學生升學內地專科以上學校的名額每年暫定為 100 名，由公署教育處組織考選委員會辦理；參加報名資格，不限男女，只要是高中畢業者，或是在臺灣舊制或日本中學畢業以後繼續在較高級學校讀滿一年（五年制中學畢業者）或二年（四年制中學畢業者）而確有證據者；考選公費學生學習科系人數分配比例為，文法科 65%，理工農醫科 35%；公費生錄取後由臺灣省訓練團施以 3 個月的訓練，訓練後由行政長官公署將錄取考生名冊連同其畢業證書、成績單、保證書、志願書等交由教育部免試分發各國立大學或私

〔註34〕蔣永敬等編：《楊亮功先生年譜》，聯經出版事業公司 1988 年版，第 327～329頁。

〔註35〕福建省檔案館、廈門市檔案館編：《閩臺關係檔案史料》，第 743 頁。

立大學學習；公費學生旅費及在校膳宿、制服、書籍、零用等費用，概由臺灣行政長官公署供給，由教育處於每學期開學前分寄各學校轉發；各學校每學期結束後一個月內應將公費學生成績通知臺灣行政長官公署，以確定獎懲；如有中途退學或不法情事經學校開除者，其所領取的一切費用應由其保證人負責賠償；公費學生在專科以上學校畢業後，行政長官公署應視臺灣人才需要情形令其回省服務。《臺灣省自費學生升學內地專科以上學校保送辦法》規定：自費生名額暫定每年 300 名，其中文法科占 65％，理工農醫科占 35％；自費生資格、訓練及送請教育部免試分發內地各學校學習等與公費生相同；保送生在校一切費用概由學生自行負擔，但是家境貧寒或成績優良的，如所學學校設有免費或公費待遇的，可以優先核給。〔註36〕

　　1946 年 6 月，臺灣省行政長官公署教育處組織了考選委員會。6 月 25 日發佈公告，公費生考選名額 100 名，其中文科 30 名、法科及商科 35 名、理科 7 名、工科 10 名、數科 8 名、醫科 10 名。7 月 9 日至 12 日舉行考試，文法商科考試科目有國語文、公民、歷史、地理、英文、數學、博物；理工科考試科目有國語文、公民、史地、外國文、數學、物理、化學；醫農科考試科目有國語文、公民、史地、外國文、數學、生物、理化。除筆試外，所有考生都應參加口試和體檢。考選進行得很順利，學生報名踴躍，各項相關工作有序進行，滿額錄取了 100 名，並於 8 月 19 日集中到臺灣省訓練團進行為期 3 個月的訓練。訓練結束後，有 98 名學生（2 人以大陸局勢不穩為由沒有成行）被分配到大陸的 9 所國立大學學習，如北京大學、復旦大學、暨南大學、同濟大學、上海醫學院、武漢大學、浙江大學、中央大學、廈門大學，其中有 1／3 的學生選擇了語言習俗相近的廈門大學。

　　由於歷史的原因，臺灣學生到大陸求學普遍存在著國語、國文程度較差且不平衡現象。對此，國民政府教育部於 1946 年 12 月 18 日提出：「原辦法鼓勵臺省大中學生赴國內各校求學，並由教育部酌訂優待辦法，對於語言文字方面之缺憾尤應訂定補救辦法，以適應臺籍學生一節，嗣後遇有臺籍學生前往該省肄習時應寬予錄取，其在師範學校肄業者，畢業後應准其返臺服務，其入中學肄業者，應比照邊疆學生予以優待從寬取錄」。〔註37〕1947 年 2 月

〔註36〕黃玉齊主編：《臺灣年鑑》（4），海峽學術出版社 2001 年版，第 1038～1040 頁。

〔註37〕福建省檔案館、廈門市檔案館編：《閩臺關係檔案史料》，第 743 頁。

27 日，福建省政府教育廳將教育部電文轉發至公私立中等學校，要求遵照辦理。大陸不少高校對此專門採取了措施，予以補救。廈門大學專門設立了臺灣籍學生國語、國文補習班，並於 1946 年 12 月 23 日在校圖書館召集臺灣籍學生 30 多人舉行國語、國文補習座談會，說明學校開設補習班的用意，瞭解臺灣籍學生的要求與願望。廈門大學設立的補習班開設的內容主要有：國語發音；中國文字之組織；國語會話；白話文選讀；淺近文言文選讀；文法要略。補習班的上課時間，定為每周一、三、五下午 5 時至 6 時。〔註38〕

「二二八事件」的發生，極大地影響了臺灣學生到祖國大陸求學的數量，表面上看，1947 年臺灣學生到大陸求學的數量銳減。從深層次看，事件的發生卻進一步促進了國民黨政府及臺灣當局更加重視推動臺灣學生赴內地求學工作。楊亮功在奉命調查「二二八事件」後所做的《臺灣善後辦法建議案》中提出：「實行內地與臺灣學生大量交流，如繼續選本省學生至內地各專科以上學校肄業，分別由公家予以公費或補助；並招收內地學生來臺，入本省專科以上學校，予以交通及寄宿之便利。（現臺灣大學一千三百餘人，內地學生僅占十分之一，應多招內地學生。）」〔註39〕3 月 28 日，白崇禧在對臺灣省參議員訓詞中，對今後治理臺灣措施提出：「臺胞過去受日本五十多年狹隘偏激教育，積重難返，現在要改組為祖國的教育，必須積極推行國民教育，發展中等與高等教育，至少必須五年始得可轉變。當向中央建議，多選派內地師資來臺擔任教育，同時選送臺胞學生赴國內求學，促進文化交流。」〔註40〕擴大選送臺灣學生到大陸國統區學校求學，順理成章地成為了魏道明政府教育工作的一項重要內容。1948 年，自然又成為了臺灣學生到大陸求學的一個高峰年。在當局的進一步推動下，臺灣學生赴大陸求學還出現了一些新的現象。

一是鼓勵臺灣學生赴祖國大陸求學與求職相結合。「二二八事件」後，為了進一步增進臺灣民眾尤其是青年學生對祖國大陸的瞭解，有人向國民黨中央提出建議：「為加強臺胞對祖國之熱愛與兩者之間血肉相連、利害相關之關係，今後根本之計，莫如在經濟上、政治上尋求互相滋濡交流融會之途徑，而其最有效直接之方法，莫如先從鼓勵臺胞內地投資與培植臺胞青年從

〔註38〕福建省檔案館、廈門市檔案館編：《閩臺關係檔案史料》，第 742 頁。
〔註39〕蔣永敬等編：《楊亮功先生年譜》，第 411 頁。
〔註40〕王曉波編：《國民黨與二二八事件》，第 23 頁。

政內地兩點做起，蓋臺胞離開祖國爲時過久，感情既不免疏離，利害又缺少關係，稍有不合，便感陌路，苟能及時就國內物產豐饒、人力充沛各點向臺胞盡量從事宣揚，使擁有資本之企業家轉移其事業於內地，同時復就臺胞優秀有爲之青年選拔培育，給予充分就業，以從政內地之機會，內地青年亦復鼓勵其前往臺灣，加入各部門工作，俾從經濟、政治、人事利害、交流互識漸生聯繫，久則感情融洽，精神默契，乃至整個政治關係這密結無間，自有不期然而然者，似應急起圖之。」此建議引起了蔣介石的重視。1947 年 6 月 11 日，他發出指令：「據人建議鼓勵臺胞內地投資與培植臺胞青年從政內地，俾增強臺胞愛護祖國之忱。等情。查建議一節不無見地，茲將原意見隨文抄發，希予以核辦爲盼。」根據蔣介石的指令，教育部答覆：「查本部歷經督飭臺灣教育行政機關對於臺胞所受日寇毒化思想，應以教育方法予以徹底根除，增強其愛國熱忱，青年臺胞願入內地就學者，本部已訂有優待辦法，從寬錄取，並獎勵內地青年赴臺研習，介紹內地優良師資赴臺任教，冀收文化交流之效。」內政部答覆：「培植臺胞青年從政內地辦法，似應由行政院令飭中央各部會及各省市政府查報需要人數與類別，再令臺灣省政府代爲招考，送交中央訓練團訓練後，按其需要分發任用。」行政院綜合了教育部、內政部等有關部門意見，於 1947 年 10 月 25 日專門發出行政院訓令〔（三十六）經 43634 號〕，明確要求：「關於培植臺胞青年從政內地一節，應遵照內政部核覆意見辦理。除分行外，合行抄發各機關需要臺灣籍工作人員調查表及原意見，令仰遵照辦理具報爲要。」福建省政府於 1948 年 2 月 20 日向行政院呈報：「計有本省研究院等 7 單位需要臺灣籍各類技術工作人員共 29 人，內除省立福州醫院所需 4 人業經該院由臺灣省聘請工作應請免再招訓分發外，本省實際需要人數計爲 25 人，唯尚有一部分機關未據填報，如有需要當再續報。」〔註41〕並隨附了福建省各機關需要臺灣籍工作人員調查表一份（4－1）。

〔註41〕福建省檔案館、廈門市檔案館編：《閩臺關係檔案史料》，第 416～419 頁。

（4－1）福建省各機關需要臺灣籍工作人員調查表〔註42〕

Inventory of Burean Staff from Taiwan in Fujian Province.（1948）

機關名稱	需要人數	業務性質	備　考
省研究院	1 人	水產品（魚貝）之製造專科醫師	須受過高中水產教育，對於水產製造富有經驗
省立福州醫院	4 人	專業醫師	業經該院前往臺灣聘請均已業省到差，請免在招訓分發。
省立晉江醫院漁業管理局	4 人 3 人 2 人 2 人 2 人 2 人 2 人	手操網漁輪技術人員 水產養殖技術人員 水產教育人員 水產實驗人員 釣魚業技術人員 水產製造技術人員 衛生醫療人員	
長泰縣政府 金門縣政府	1 人 2 人 2 人	治礦專業 漁產加工漁撈專業 醫藥及工程專門人員	
上杭縣政府	2 人		

注：以上計 29 人（內除 4 人已先到差外，實際需要 25 人），1948 年 1 月 23 日填報。

　　二是採取靈活措施為臺灣籍學生赴大陸求學提供便利。1947 年 5 月 20 日，臺灣省立臺北高級中學畢業生升學指導委員會致函廈門大學，「惟以遠隔大海，交通不便，前往應考所費至昂，咸望貴校能在臺省招生或委託本省教育廳代招，即本省其他中學無不囑望」。廈門大學對此進行了積極的回應，在 6 月 2 日的函覆中，對於「囑在臺省招生歉難照辦」的情況下，「唯本校為貴省高中畢業生升學便利起見，特別依照教育部頒三十六學年度公私立專科以上學校招生辦法第五條規定，除招生考試外，兼采成績審查方式，請代為轉達貴校評列優良畢業生歷年成績及志願院系向臺省教育廳申請保送，如經本校審查錄取者，得於規定期內來校受國文、英文、數學三科甄別考試，合格者准為正式生，如不合格者或未參加甄試者暫為試讀生，下年度補受入學試

〔註42〕福建省檔案館、廈門市檔案館編：《閩臺關係檔案史料》，第 418～419 頁。

驗，合格者得爲正式生，不合格者則不能在校繼續肄業。」〔註43〕由此，廈門大學招收臺灣籍學生的渠道主要有兩條，一是由教育部分發免試入學，二是由臺灣省教育廳直接保送，以優待臺灣學生。1948 年，廈門大學計劃招錄臺灣學生 55 名，其中由教育部分發的有 35 名，由臺灣教育廳保送的有 20 名。〔註44〕到了 1949 年 8 月 16 日，廈門大學校長汪德耀還飛往臺灣，與臺灣教育廳商談保送學生就讀廈門大學問題，與臺灣大學會商兩校交換教授及合作事宜等。〔註45〕

三是大陸學校在臺灣設立考區方便學生參加考試。1947 年暑期，私立福建協和大學決定增添臺灣考區，招收臺籍學生，報名日期定爲 7 月 7 日至 14 日，考試時間定爲 7 月 18、19 兩日。〔註46〕這是大陸高校在臺灣設置考區的首創。

光復初期，臺灣學生求學大陸爲當局所推動，又有經費資助，且可以選擇的學校又是當時大陸著名高校，因此，熱情很高。值得注意的是，大多數臺灣學生求學大陸的主要目的還是希望瞭解和體驗祖國大陸的文化。有當年求學大陸的人士回憶到：「光復後，我個人之所以參加公費生考選而到大陸升學，是因爲臺灣脫離祖國已經有半個世紀了，絕大部分的人都非常不瞭解大陸的情況，本省人和外省人互相之間在感情上有一點距離，所以就想到親自到大陸看一看，學習學習，並在學成之後把大陸的情況帶回到臺灣，向我們的鄉親作介紹；扮演一座臺灣和大陸溝通的橋梁。」〔註47〕另一人士回憶到：「我在報上看到長官公署刊登了一則『考選升學內地專科以上學校公費生』的招生啓事，因爲資格符合，而且可以每月領取二千元的公費到祖國的大學讀書，從小就具有強烈的中國民族意識的我，於是毫不遲疑地前去報名。」〔註48〕

但是，臺灣政治動蕩，經濟停滯不前，社會混亂不安，臺灣學生求學大陸受到很大的影響。這不僅表現在總體數量極爲有限，還表現爲求學大陸人數的起伏變化，在發生「二二八事件」的 1947 年和國民黨軍隊潰敗臺灣的 1949

〔註43〕福建省檔案館、廈門市檔案館編：《閩臺關係檔案史料》，第 750～751 頁。
〔註44〕同上註，第 768 頁。
〔註45〕同上註，第 776 頁。
〔註46〕同上註，第 753 頁。
〔註47〕藍博洲：《尋訪被湮沒的臺灣史與臺灣人》，第 185 頁。
〔註48〕同上註，第 193 頁。

年，臺灣學生到大陸求學人數明顯減少。而且，已經在大陸高等學校的臺灣學生，由於國民黨軍隊的節節敗退，正常學習得不到保障，受到極大的衝擊，多數學生沒有受完整系統的教育，就中斷學業返回臺灣了。

二、大陸學生赴臺進行學習、參觀、交流

　　大陸學生到臺灣學習是促進其教育對象主體轉型的一個重要方面。這一時期，大陸學生赴臺學習很大一部分是遷移型赴臺，即不少學生是作爲軍政公教人員子女跟隨父母到臺灣學校學習的，少數學生是國民黨敗退時跟隨到臺灣學習的。雖然缺乏史料，難以具體估算有多少學生是屬於遷移型赴臺的，但可以判斷，這類遷移型赴臺的學生主要集中在城市學校，因而在一定程度上改變了城市部分學校的生源結構，提高熟悉國語、國文與中國歷史、地理的學生的比例。除這種遷移型赴臺學習的學生外，還有一部分學生是在國民黨有意識的推動下，以交流爲目的的赴臺學習、參觀與就業的。這種交流型赴臺的學生，對於促進臺灣光復初期教育轉型的作用也是不可忽視的。

　　1. 大陸學生前往臺灣就學。大陸的高等教育發展受到戰亂影響，在某些方面不如臺灣。在推動臺灣學生赴大陸求學的同時，也有不少大陸人士注意到了應當有選擇地派出大陸學生（主要是閩南地區學生）赴臺灣學習，以彌補大陸高等教育的缺失。1948 年，廈門市市長黃天爵在福建省政府 1948 年度行政會議上提出關於保送閩南學生赴臺攻讀醫、理、工、農各科的提案。其提出的理由值得注意，具體爲：「本省醫、理、工、農人才尚感缺乏，考其原因缺乏培養是項人才之專科學校，今若遽欲創辦容有困難。臺灣與閩南一衣帶水，語言相通，而臺省醫、理、工、農各科學校設備完善，規模宏大，本省如能逐年保送閩南學子前往深造，既可補本省理工教育之不足，亦可爲閩臺文化之一助」〔註 49〕。著名人類學家、臺灣「中央研究院」院士李亦園，就是在 1948 年從泉州培元中學畢業後報考臺灣大學並進入該校歷史系學習的。不過，這一時期，大陸學生到臺灣學習最主要還是以實習爲主，既有大陸學校主動聯繫赴臺，也有受臺灣有關方面之邀成行的。如廈門大學土木工程系學生 33 人，由該校講師林夢雄、方虞田 2 位教師率領，應基隆港務局的邀請，幫助測量基隆港。〔註 50〕

〔註 49〕福建省檔案館、廈門市檔案館編：《閩臺關係檔案史料》，第 771 頁。
〔註 50〕同上註，第 766～767 頁。

2. 大陸學生前往臺灣考察。這是當時大陸學生赴臺的主要形式，且主要體現在與臺灣隔海相望的福建省高校學生最為積極，也最為便利。如福建省立醫學院就於 1947 年 5 月派出第七班結業參觀團赴臺。〔註51〕1947 年 11 月 8 日福建省立林森師範學校的普師科、藝師科三年上期學生共 124 人赴臺參觀。〔註52〕同月 12 日，集美高級商業學校應屆畢業生 24 人，由該校訓導主任吳玉液率領，組織臺灣參觀團，赴臺參觀。〔註53〕1948 年 6 月底，福建農學院三年級學生利用暑期組織臺灣農業考察團赴臺考察進修班。〔註54〕10 月國立第一僑民師範學校三年級上期 60 名學生組成的教育參觀團由教師劉德樞率領前往臺灣參觀。〔註55〕此外，還有中學畢業生赴臺參觀，如 1948 年 7 月，福建晉江縣的石光、南僑中學的首屆畢業生就組團赴臺參觀。〔註56〕在大陸學生前往臺灣參觀考察的眾多活動中，有不少被賦予了不同的目的。如國立海疆學校第五屆師範專科畢業生為考察海疆教育，慰問臺灣同胞及宣揚祖國文化，特組織了臺灣教育參觀團，於 1947 年 6 月底由廈赴臺。該團在臺期間先後到達基隆、臺北、新竹、臺中、嘉義、臺南、高雄等地，參觀結束後，該團即有「一部分留臺服務」，其餘返回大陸。〔註57〕

大陸與臺灣學生的雙向交流，是光復初期兩岸教育融合的一個重要方面。對於當時的臺灣學生赴大陸國統區學校學習，我們應該認識到，「臺灣學生求學大陸，是臺灣擺脫日本殖民統治後，在教育方面與祖國大陸再次交融的具體體現，是中國現代教育史上具有重要意義的事件，對此應予以積極評價」〔註58〕。從促進臺灣光復初期教育轉型的視角來審視，臺灣學生求學大陸在客觀上增進了部分臺灣學生對於當時大陸政治、經濟、文化的瞭解。但是，這一時期兩岸學生交流是在國統區範圍內的交流，是在國民黨當局的明確政治意圖推動下實現的，而且在政治動盪情況下數量極為有限，效果也是很有限的，充分地說明了光復後當局的教育方針貫徹及推動教育「祖國化」轉型存在著明顯的歷史局限性。

〔註51〕福建省檔案館、廈門市檔案館編：《閩臺關係檔案史料》，第 748～750 頁。
〔註52〕同上註，第 755 頁。
〔註53〕同上註。
〔註54〕同上註，第 765 頁。
〔註55〕同上註，第 769 頁。
〔註56〕同上註，第 765 頁。
〔註57〕同上註，第 766 頁。
〔註58〕黃新憲：《1946 年～1949 年臺灣學生求學祖國大陸考》。

第五章　臺灣光復初期教育制度的變革與教育轉型

　　學校教育制度，簡稱學制，指各級各類學校的系統及其管理規則，規定著各級各類學校的性質、任務、入學條件、修業年限以及它們之間的關係。學校教育制度的建立和發展，除受人的身心發展規律制約外，還深受政治、經濟、文化的制約。臺灣光復後，國民黨當局推動教育「祖國化」轉型，首先就是清除了服務並服從於日本殖民統治的歧視臺灣同胞的教育制度，根據國民政府教育法律政策著手重建臺灣學校教育制度，並為此制定了一套新舊教育制度的過渡辦法。經歷了光復初期，臺灣學校教育制度完成了過渡。但是，制度重建卻因社會激烈動盪而呈現出明顯的不徹底性。

第一節　國民教育和普通中學教育制度的變革

　　光復後，臺灣當局對日據時期舊國民教育制度進行了改造，很快建立起了國民政府規定的國民教育制度，同時採取一些應急措施，在國統區率先實施了強迫入學教育制度，並促進普通中學教育發展，保持住了較高的國民教育水準，緩解了國民學校畢業生的升學矛盾。

一、舊國民教育制度的改造

　　臺灣光復後，國民學校共有 1099 所，國民學校附設高等科的有 254 所。接收後，取消課程區別，所有的國民學校授以同等課程。將原有的國民學校

「分教場」及山地同胞的「教育所」分別接收改為國民學校，並廢除了國民學校附設高等科，另增設縣市立初級中學，以撤除學生升學的限制。

接收後，臺灣國民教育面臨著新舊體制的接軌。需要處理的遺留問題，主要有兩個：一是舊制學生接軌問題。光復前，臺灣國民學校學習年限為 6 年，畢業時間為每年 3 月。接收後，原來高年級照舊制繼續讓兩個年級在 3 月畢業，即照舊制年限，到 1947 年 3 月為止。1946 年 3 月新生入學，也照舊制春季班辦理，至 1947 年 3 月為止。最後一屆的高等科畢業時間在 1947 年 7 月 11 日。二是國民學校名稱更改問題。1946 學年度秋天開始，全面實行了國民政府規定的學制。但是，當時各國民學校名稱仍不一致，還有沿用日據時代街道名稱的。1946 年 11 月 2 日，行政長官公署就國民學校名稱統一問題做出專門規定，即《臺灣省各縣市國民學校改正校名暫行準則》，規定屬於縣轄的稱：某某縣某某鄉（鎮）某某村（里）國民學校；屬於市轄的稱：某某市某某區某某（所在地街路名稱）國民學校；屬於縣轄市的稱：某某縣某某市某某區某某（所在地街路名稱）國民學校。同村（里）或同街路有兩所以上學校的，應於村（里）或路名之後加第一、第二等數字以示區別。國民學校名稱更改，由各縣市政府負責，基本上於 1947 年 1 月完成。

在接收過程中，臺灣行政長官公署對存在於民間的私塾進行登記與管理。臺灣的私塾，亦稱書房，淵源甚早，到清代主要分為啟蒙與專攻舉業兩種。日本殖民統治之初，為摧毀臺胞的漢民族文化，開始控制書房。1898 年 11 月，頒佈了《關於書房義塾規程》，將書房納入管理，要求用日語進行教學。1941 年後，日本殖民統治者禁止漢語、漢文，因而也將書房列為禁止範圍。但是，不少臺胞表面上以日本人認可的「改良書房」完全用日語進行教學，背地裏仍然進行漢語、漢文的教學。一些書房因此得以保留至抗日戰爭勝利。光復後，書房又呈恢復之勢，紛紛改為「國文補習班」，向政府申請證照繼續開班教學，成為光復後普及推廣國語的重要力量。鑒於此種書房多為條件簡陋，且課程標準與政府要求有牴觸，教育處要求各縣市進行登記，並加以指導，納入管理。

二、實施強迫入學教育制度

教育部於 1946 年 1 月頒佈了《全國實施國民教育第二次五年計劃》，決定在五年內使全國學齡兒童和成人失學民眾都能受到相當時期的義務教育和

補習教育，要求各省市根據這一計劃並參照實際情形，分別擬訂實施計劃。由於國民黨政府發動內戰，大陸各省份都難以眞正實施國民教育計劃。臺灣是極少數能依原定計劃實施的地方。1946 年 6 月 25 日至 29 日，行政長官公署教育處在臺北召開了第一屆全省教育行政會議，決定實施國民教育五年計劃。

　　爲了實施強迫入學教育，1946 年 6 月，教育處制定了《臺灣省各縣市調查學齡兒童及失學民眾辦法》，要求各縣市應於每年 6 月 1 日起至 7 月 31 日止，將全縣（市）學齡兒童及失學民眾調查完畢。調查學齡兒童以 6 足歲至 12 足歲爲限，失學民眾以 15 足歲至 45 足歲爲限。調查學齡兒童及失學民眾，以鄉（鎮、區）爲單位，由各縣（市）政府督飭各鄉（鎮、區）長，會同各國民學校、中心國民學校校長負責辦理，並由縣（市）民政局科長、警察局長、區長、里（村）長等協助。

　　1947 年 1 月，教育處頒佈了《臺灣省學齡兒童強迫入學辦法》。規定：學齡兒童的強迫入學事宜，由各縣（市）長督導全縣（市）教育行政人員及地方自治人員協同辦理；各縣市辦理學齡兒童強迫入學事宜，應設縣（市）強迫入學委員會，由縣（市）長、教育局科長、督學、各鄉（鎮、區）長，會同全縣（市）黨務及警察人員及地方士紳代表組成；以縣（市）長爲主任委員，教育局科長爲副主任委員，主持強迫入學委員會事宜；相應地要求各鄉（鎮、區）也應設立強迫入學委員會，由鄉（鎮、區）長、里（村）長、鄉（鎮、區）公所主辦教育人員、各國民學校校長、會同鄉（鎮、區）內黨務、警察人員及地方士紳的代表組成，由鄉（鎮、區）長爲主任委員，主持全鄉（鎮、區）學齡兒童強迫入學事宜，並督促里（村）長、國民學校校長分別執行各里（村）內強迫入學事宜。辦法對於強迫入學作了具體規定，主要有，勸告：凡應入學而未入學之學齡兒童，由強迫入學執行人用書面或口頭勸告其父母或監護人限期入學；警告：父母或監護人經勸告後，如仍不遵限令其子女或受監護人入學者，得於勸告期限屆滿七日內，將其姓名榜示警告並仍限期入學；罰鍰〔註1〕：榜示警告後，仍不遵行者得於限滿七日內，由鄉（鎮、區）強迫入學委員會，呈請縣（市）政府處以 50 元以下之罰鍰並仍限期入學；徵工：無力繳納罰鍰者，得按罰鍰數目代以相當日數之征工並仍限期入學。同時，辦法也考慮了家境貧困者，提出了具體資助辦法：入學之貧苦兒童，

〔註 1〕 鍰：古代重量單位，一鍰等於六兩。

其家庭得優先享受各種救濟金；入學之貧苦兒童，得享受縣（市）獎學會所
發貧苦兒童獎勵金；各國民學校，得另籌經費撥充貧苦兒童之學用品費。

　　由於戰爭破壞及光復後經濟困難，已有國民學校的修復進展不順利，需
要新設置的國民學校又無力設置，爲滿足學生入學的需要，教育當局採取多
種措施。第一，實行二部制。從 1947 學年度的上學期起，小學實施二部制，
各校視學校校舍設備、環境、兒童人數等情形，分別採用全日二部制或半日
二部制、或全日半日混合二部制、或間日二部制。這一狀況延續整個光復初
期，「民國三十八年九月伊始，各地普遍增設國校校舍，臺北市各校可全天授
課者僅一、二校，餘各校急待改善」〔註 2〕。第二，實行「代用國民學校」。
教育部在 1946 年 11 月頒佈了《代用國民學校規程》，對於在國民學校尙未普
遍設立的縣市，若私立學校辦理成績優良，經縣市視導人員查明屬實，並經
商得私立小學董事會的同意，可指定爲代用國民學校，隸屬於縣市政府教育
行政部門主管。由於國民學校數量不足，因此光復後臺灣有些公營企事業單
位或私人開設了小學，解決部分學童入學問題。1948 學年度時，爲維護政府
舉辦的國民學校，臺灣省教育廳通知各縣市主管教育行政機關，對各縣市轄
區內已有的私立小學按照規定於年底前全部進行整頓；而對於正在籌設而尙
未正式開辦的私立小學，全部停止進行建設，不得再舉辦。

　　臺灣省政府成立後，爲改善國民學校辦學條件，教育廳規定各縣市選擇
最好的一所國民學校，加強指導，作爲示範學校。示範國民學校的選擇標準
爲：地點適中、交通便利、環境幽雅；校舍寬敞、布置適宜、設備充實；行
政設施能完全遵循現行法令辦理；教導優良、富有研究與實驗精神；教師有 2
／3 以上經審查合格；學生水準較高，人數較爲充實。示範校一旦確定，即將
該校辦公經費增加 1 倍。同時，各縣市應派視導人員到該校指導，促進學校
行政、教導及研究的改進；並且應分批指定區域內各國民學校的教職員前往
參觀學習。

　　日據時期，殖民當局專設「山地教育所」，以警察充當教師，實施歧視性
的「皇民化」教育。光復後，臺灣行政長官公署民政處分別在各縣高山地區
設立鄉鎭，將「山地教育所」一律改爲國民學校，授以同樣的課程，教育經
費由省財政統一核撥。教育處專門制定了少數民族族優秀學生免費升學辦
法，並選拔優秀的兒童公費升入各中等及師範學校，在 1946 學年度共選拔了

〔註 2〕 葉龍彥：《臺灣光復初期的國民教育》，《臺北文獻》第 110 期，1994 年。

70 多人，一方面促進少數民族兒童受教育水平的提高，另一方面加速造就少
數民族教師，促進少數民族教育發展。教育處還制定了對樂於前往任教教師
實行獎勵的辦法。

三、普通中學教育制度轉型

　　日本殖民統治時期，臺灣中學爲五年制，戰時又縮減爲四年制。中學畢
業想要升學的，還需經過大學預科（原爲 3 年，後改爲 2 年）、高等學校或專
門學校這個階段。接收後，改行中華民國學制，中學改爲三三制，大學入學
資格改爲高中畢業。學制調整之初，臺灣無高中畢業生，各專科以上學校又
因日籍學生被遣返而空置。教育當局由此在各院校設立二年制或三年制先修
班，以接納舊制中學畢業生。

　　面對大量的國民學校畢業生的升學壓力，行政長官公署在廢除日據時期
國民學校高等科、增設縣市立初級中學的同時，對於省立中學進行了調整整
頓。對部分在戰爭中校舍遭到嚴重破壞的中學進行合併，或是予以停辦。注
意在一些薄弱地區增設中學。澎湖日據時代僅有高等女學校 1 所，光復後改
爲省立馬公中學，兼收男女生；由於高雄地方人士的要求籌設省立高雄第三
中學。1948 學年度後，省教育廳鑒於部分縣治所在地，或人口眾多的地區，
還沒有設置省立中學，於是開始將一部分縣立中學改爲省立，或另設省立中
學。如 1948 學年度將縣立潮州中學改爲省立，1949 學年度將縣立員林中學改
爲省立，將縣立虎尾實踐與省立虎尾女子中學合併，改爲省立虎尾中學。

　　接收後取消了原有的國民學校高等科，出現了國民學校畢業升學困難，
爲解決這一問題，1946 年 2 月公署教育處要求各縣市儘快籌辦縣市立初級中
學。到 1947 學年度以前，經教育當局核准設置的縣市立初級中學有 75 所，
另有初級女子中學 2 所。

　　日據時代，臺灣私立中學很少，只有 6 所。光復以後，教育當局一方面
加強私立中學的管理以提高其素質，另一方面倡導私人辦學，以補公立中學
不足，光復後即創辦了 13 所。由於光復初期經濟發展緩慢，這一時期私立中
學的發展尚屬基本穩定。

　　國民教育和普通中學教育是民眾最關心的教育層次，對於社會政治、經
濟、文化的轉型影響也最大。當局爲了保持光復前已經達到比較高的兒童入
學率水準，採取了不少行之有效的應急措施，在全國率先實施強迫入學教育，

促進了光復初期臺灣國民教育規模和普通中學教育規模的擴大（見表5－1和5－2）。在各級各類教育發展中，國民教育相對來說是最受重視而且是發展最好的一個部分。但是，因政治、經濟、文化的深刻制約及辦學條件局限，不得不使用「二部制」、「代用國民學校」等形式，因陋就簡地實施強迫入學教育和發展普通中學教育。因此，臺灣光復初期國民教育和普通中學教育制度的變革反映了這一時期教育轉型的不徹底性。

（5－1）臺灣光復初期學齡兒童就學率〔註3〕

Percentage of School-Age Children Enrolled during Taiwan Early Revival

學年度	國民學校（所）	就學兒童數（人）	百分比（％）
1944 學年度	1097	707343	71.31％
1945 學年度	1053	850097	80.01％
1946 學年度	1130	823400	78.56％
1947 學年度	1160	855821	79.02％
1948 學年度	1185	840783	77.14％
1949 學年度	1199	892758	79.07％

（5－2）臺灣光復初期普通中學教育基本情況〔註4〕

Basic Statistics on Regular Secondary Schools during Taiwan Early Revival

學年度	學校數（所）	學生數（人）			教職員數（人）
		合計	高級	初級	
1944 學年度	45	29005	——	——	1128
1945 學年度	137	41075	4987	36088	——
1946 學年度	132	40725	4503	36222	2773
1947 學年度	122	53474	6519	46955	3455
1948 學年度	126	70387	9939	60448	4336
1949 學年度	121	76380	15667	60713	4910

〔註3〕 汪知亭：《臺灣教育史料新編》，第185～187頁。
〔註4〕 同上註，第194～195頁。

第二節　職業教育制度的變革

推動職業教育發展，是當局在教育領域裏著力僅次於國民教育的重點領域。做出這樣的選擇，一是日本殖民統治者在臺灣建立了較爲完整的培養初級技術人才的初中級職業教育體系，有較好的基礎，經過改造後可以比較順利地銜接；二是光復後經濟發展緩慢，無法消化大量的普通教育畢業生，希望通過促進職業教育發展，既緩解初級中學畢業生的升學壓力，促進教育水平提升，又能緩解當時的就業壓力。光復初期，當局採取了許多措施來推動職業教育的發展，只是主觀上的努力因客觀條件不具備而無法實現目標。

一、舊職業教育體系的改造

光復後，臺灣當局將接收過來的原由各州廳辦的職業學校全部改爲省立。對於原有的農業、工業、商業、水產職業學校，在接收後進行了調整和整頓。一是根據部分學校在戰爭中受到的破壞情況進行適當調整。如接收的省立彰化工業職業學校，因校舍在戰時遭到嚴重破壞，曾暫借省立彰化商業職業學校校舍辦學，後於 1945 年 11 月移入同地的彰化工業專修學校內。1946 年 1 月，兩校合併成立省立彰化工業職業學校。在商業職業學校方面：光復後接收原有學校改爲省立的商業職業學校有 7 所，1946 年秋將臺北第一和第二商業職業學校合併改稱爲臺北商業職業學校。二是改變日據時代以發展初級職業教育爲主的狀況，改行國民政府教育制度，培養中初級職業人才。日據時代的職業學校主要是培養初級職業人才，採取日本學制，實施一學年三學期制，招收國民學校畢業生，修業年限三至五年不等，戰時又將五年改爲四年。1946 年 6 月，教育處制訂了《臺灣省職業學校新舊制調整辦法》，明確將職業學校分爲省立、縣立及私立，並實行三三制，分高級、初級職業學校，分別招收初中（職）及國民學校畢業生。明確縣市以舉辦初級職業學校爲主，省立職業學校則以高、初級合辦爲主。1949 年，臺灣省的 77 所職業學校，省立有 29 所，縣市立的爲 43 所，私立的 5 所。三是注意根據經濟發展實際，增加學校佈局。在水產職業學校方面，光復時僅有 1 所省立基隆水產職業學校。鑒於經濟發展需要，1946 年 8 月由省立基隆水產職業學校在高雄設置分校，在達到一定規模後，於 1948 年 10 月獨立設置爲省立高雄水產職業學校。此外，還注意到少數民族區域與海島的職業教育發展。臺東縣原只設有 1 所縣立初級農業職業學校，專門招收山地青年，爲解決辦學困難及加強山地青

年的職業教育，1948 年秋將這一學校改爲省立。根據澎湖的情況，在 1945 年冬將原有的澎湖水產專修學校改爲省立澎湖初級水產職業學校，後又改爲省立澎湖水產職業學校。

同時，將日據時代僅設有農、工、商、水產等四類職業學校逐步擴至農、工、商、水產、醫事、家事六大類，以應經濟社會發展的需要。在醫事職業學校方面：鑒於醫院發展而護士嚴重不足的狀況，積極籌劃設立培養護士的職業學校。1946 年 8 月，頒佈了《臺灣省立高級護士職業學校組織規程》，規定臺灣省立高級護士職業學校以造就醫務衛生護士人才爲宗旨，入學資格爲曾在初級中學畢業或具有相當程度的年滿 15 歲至 25 歲者，修業年限爲三年。1947 年春，在臺北籌設省立臺北醫事職業學校（1953 年改爲省立臺北高級護士助產職業學校），開始招收護士、助產兩科學生。在家事職業學校方面：光復後將原有日據時期的家政女學校和實踐女學校，改爲女子初級職業學校，並在 1946 年將臺南市立女子初級職業學校改爲臺南市立初級家事職業學校，1947 年又將臺中市立女子初級職業學校改爲臺中市立初級家事職業學校。1948 年秋，教育廳指定省立蘭陽女子中學附辦家事職業班，爲臺灣家事高級職業教育發展之始。

光復之初，臺灣有私立開南商工職業學校、私立大同工業職業學校、私立新民商業職業學校、私立南英商業職業學校，及私立建國初級工業職業學校等 5 所。私立建國初級工業職業學校辦不到一年就停辦了。1948 年 8 月，又批准設立了私立金甌女子商業職業學校。

二、實施推進職業教育計劃

爲配合經濟發展計劃，臺灣教育當局在推動職業教育發展上還制定了一些措施。爲推動五年經濟計劃的實施，1946 年 6 月間召開的全省教育行政會議通過了《推行職業教育及實施生產訓練計劃》。內容主要有：「(1) 職業學校之設施應予加強，職業學校之設置應就本省實際情形及部頒比例辦理。(2) 各縣市應就原有各種實業補習學校遵照省頒各種實業補習學校調整辦法，繼續予以調整。(3) 調整後或已設立之職業學校，如未有實習設備者須增設，其已有此項設備而不敷應用者，須擴充實習場所，不易購地設置者，可用租借辦法。(4) 督促縣市立及私立職業學校，利用原有設備，實施生產訓練，並於每學年終了，將實施情形詳報以憑考覈。(5) 就各地實際需要，得於初

級中學增辦職業班級。（6）獎勵實業機關職業團體，辦理職業學校，或職業補習學校及訓練班。」〔註5〕

　　隨後，行政長官公署教育處擬定了《臺灣省推進職業教育計劃》，提出推進職業教育的方針為：分區調整設置，力謀均衡發展；逐年增加班級，配合經濟計劃；充實職業設備，促進生產組織；實施分區輔導，考查辦理成績。〔註6〕在這一計劃中，教育處根據臺灣行政區域劃分及當時職業學校分佈情形，分為八個職業教育區：

　　（1）第一職業學校區，以臺北縣、臺北市、基隆市屬之。
　　（2）第二職業學校區，以新竹縣、新竹市屬之。
　　（3）第三職業學校區，以臺中縣、臺中市、彰化市屬之。
　　（4）第四職業學校區，以臺南縣、臺南市、嘉義市屬之。
　　（5）第五職業學校區，以高雄縣、高雄市、屏東市屬之。
　　（6）第六職業學校區，以澎湖縣屬之。
　　（7）第七職業學校區，以臺東縣屬之。
　　（8）第八職業學校區，以花蓮縣屬之。

　　教育處明確規定，每一職業學校區至少應設立省立農、工職業學校各一所，其他商業、海事、醫事等各職業學校，視環境需要分別計劃設置。

　　省立農、工職業學校：第一、第五、第八，三個職業學校區已設有省立農、工職業學校各一所，第二職業學校區已設有省立農業職業學校兩所、工業職業學校一所，第三職業學校區已設有省立農、工職業學校各兩所，第四職業學校區已設有省立農業職業學校兩所、工業職業學校三所。其餘第六、第七職業學校區，均擬於 1947 學年度至 1949 學年度內籌設省立農、工職業學校各一所，設校地點適時勘擇決定，其已設各校地點有不適當者，酌予調整。

　　省立商業職業學校：除第一、第二、第四、第五，四個職業學校區已各設有省立商業職業學校一所，第三職業學校區已設有省立商業學校兩所外，其餘第六、第七、第八，三個職業學校區均非商業繁盛之商埠或都市，不適於設置商業職業學校。

〔註 5〕歐素瑛：《光復初期臺灣經建計劃與職業教育之改造》。
〔註 6〕臺灣省文獻委員會編：《臺灣省通志稿》（教育志教育設施篇），海峽學術出版社 2002 年版，第 411 頁。

省立海事職業學校：臺灣四面環海、水產富饒，惟海事教育迄無基礎，除第一職業學校區之省立基隆水產職業學校，第六職業學校區之省立澎湖初級水產職業學校外，關於海事職業學校尚付闕如，擬於1947學年度計劃調整設置如次：（1）就臺東日人舊有有設備、倉庫及講習班原址設置臺東海事職業學校一所。（2）就省立基隆水產職業學校，充實設備，改為省立基隆海事職業學校。（3）就省立基隆水產職業學校高雄分校，改設為省立高雄海事職業學校。

省立醫事職業學校：本省醫院林立而護士奇缺，亟待設校培養以應需要，除正在籌設中之省立臺北醫事職業學校外，擬於1947學年度就臺中、臺南兩地分設省立高級護理職業學校一所。

各縣市原有各種實業補習學校：應依照處頒各種實業補習學校調整辦法，分別調整為縣市立初級職業學校及中級職業補習學校。

原有省立農、工、商職業學校依照本省五年經建計劃草案，自1947學年度起必須逐年增加班級，應由省教育處就各校校舍設備及各地畢業生人數擬訂分配表，分令各校遵照辦理，商業職業學校得兼收女生。

新設之省立高雄海事職業學校1947年秋季以招足六班為度，省立臺東海事職業學校以招足三班為度，改設之省立基隆海事職業學校1947年秋季增招班級數，應呈由省教育處核定。

新設省立臺中、臺南高級護士職業學校，各於1947年秋季招足二班，專收女生，以後均按年擴充班級。

設置經費：增校、增班所需經費，除由省教育處列入預算分年撥給外，關於設備、建築等費，並請教育部予以相當數額之補助。

這一計劃還就發展職業教育中的實習問題、學生補助問題等做出了規定。如規定：由於省立工業職業學校原有的十五所實習工廠，其中一部分或全部毀於戰事，自1947學年度起應分令各校呈送修復計劃，開具估價單，以憑核定後分期修復或添置，並由省教育處就各類省立職業學校按校撥發實習材料費。各職業學校學生自1947學年度一律免半膳。此外，並訂定工讀辦法及設置獎學金辦法分令各校遵照實施，藉以改善學生待遇。

這一職業教育發展計劃對光復初期臺灣的職業教育發展有很大影響。但是，由於政治動蕩，加之經濟實力有限，隨著行政長宮公署的撤銷，該計劃未能完全付諸實施。

臺灣省政府成立後，檢討了原行政長官公署制定的「五年經濟建設計劃」，重新擬定了「三年經濟建設計劃」。但是，兩個計劃的內容有很大相似性，在職業學校發展上基本延續原有計劃。陳誠主政臺灣後，根據其「計劃教育」的思想，在發展職業教育上做了一定的調整。如省立澎湖水產職業學校高級部，自 1949 年 8 月停辦，所有高級部學生併入省立高雄水產職業學校，並予公費待遇。同時，將省立澎湖水產職業學校改為市立初級水產職業學校，臺北市立初級工商職業學校改為市立初級工業職業學校。另一方面，視情增加班級，擴充規模。

三、推行「建教合作」

光復初期經濟蕭條，職業教育的作用並不明顯，但教育主管當局還是在職業教育與經濟建設的相互聯繫上做了一些努力，即推行「建教合作」。所謂「建教合作」，指經濟建設與學校教育間的合作，有廣義、狹義之分。廣義是指教育制度與國家經濟建設的全面協調，狹義是指學校教育與企業機構間的協調合作。1946 年 7 月 13 日，行政長官公署核定了《臺灣省學校企業聯合會議簡則》，以定期召開學校企業聯合會議的方式，促使學校與農林、工礦、交通等部門取得密切聯繫，這是臺灣推行建教合作之初。1948 年 4 月 9 日，教育廳邀請省立商業學校校長及銀行界、會計機關等 14 個單位，召開第一次商業教育座談會，研討商業教育的改進並謀求與各界取得聯繫，以解決各商業學校的困難。4 月 30 日至 5 月 3 日，教育廳又邀請各工職校長與企業界代表，共同召開工業教育座談會，並決議各工廠組織顧問委員會推行建教合作，介紹畢業生工作。1948 年 8 月，正式成立了「臺灣省建教合作委員會」，其主要任務是：關於臺灣省建教合作方案的規劃事項，關於臺灣省技術人員種類及數量的調查登記事項，關於臺灣省職業學校及專科以上學校的學校設置、專業設置及訓練方法的籌議事項，關於臺灣省各職業學校畢業學生服務分配事項，及其他有關事項。該委員會由教育廳廳長兼任主任委員，聘請省政府各相關廳處局主管人員、中央駐臺各有關機關主管人員、省內各公營及私營重要生產企業機關及銀行主管人員、省內各專科以上學校校長及研究所所長、省內各職業學校校長等 21 人至 31 人為委員。1949 年 5 月，臺灣省建教合作委員會召開第一次會議。到會委員有 28 人，另邀請了省立各職業學校校長 25 人列席。會議作出這樣幾項決議：（1）根據各生產機構對技術人才的需要，

今後專科學校與職業學校的專業設置、學校設置應調整以期配合，推選主要公營、民營生產機構負責者若干人成立小組，由教育廳召集會商實施方案；(2)近年因經費的支絀，各職業學校設備大都簡陋，應如何使學校獲得生產機構的協助，因而學生能有更多的實習機會，使所學不致流於空疏，決議由教育廳調查各生產機構可容納實習生數額並酌定分發實習人數，通知各機構予以接收實習；由實習機構酌給實習生寄宿處與伙食津貼；這一決議由省教育廳簽請省政府核示。(3) 本年度專科與職業學校應屆畢業生共 2760 人，應如何就整個計劃予以合理的分配，由省教育廳商同各有關機構優先設法擇優錄用。(4) 為改進專科與職業學校的教學，決議就職業學校的類別，分別由生產機構指定專員會同教育廳督學，組織視察團，予以切實的指導，以求改進。在經濟不振的情況下，「建教合作」多側重於解決職業學校畢業生就業問題，而在專業結構調整、教學實習等方面並無開展，取得的實效也不明顯。

（5－3）臺灣光復初期職業學校基本情況〔註7〕

Basic Statistics on Vocational Secondary Schools during Taiwan Early Revival

學年度	學校數（所）	學生數（人）	教職員數（人）
1944 學年度	27	14628	657
1945 學年度	78	24444	——
1946 學年度	76	23316	2078
1947 學年度	75	27652	2680
1948 學年度	77	31739	3067
1949 學年度	77	33155	3495

光復初期，臺灣職業教育規模不斷擴大（見表5－3）。更重要的是，職業教育的制度與結構已經顯示出與日據時代不同的特點，職業學校也不再僅限讓臺灣學生接受初級職業教育與培訓了，而是初、高級職業學校教育並舉，且開始向以高級職業學校為重點的職業教育體系完善接軌。同時，學校門類由 4 類擴大為 6 類，專業結構也得到了比較大的調整與完善。

但是，職業教育發展也面臨著許多困難，特別是缺乏經濟發展的拉動力，並不為社會所重視，市縣政府的發展重點還是放在普通中學上。如為解決國民學校畢業生升學問題，主要精力放在了增設普通初級中學上，有的還將初

〔註7〕 汪知亭：《臺灣教育史料新編》，第 212 頁。

級職業學校改設爲初級中學,或在學校內分設「普通科」與「職業科」而變相以招收普通科學生爲主。臺灣社會存在著重視普通教育、輕視職業教育的傾向,明顯表現在學生在升學選擇上也是偏重於將普通中學作首選。如,1948 學年度臺北市 16 所國民學校畢業生共 2482 人(男 1581 人、女 901 人),志願升學者有 1187 人(男 790 人、女 397 人),其中以志願升初中者最多,共 715 人(男 428 人、女 287 人);其次爲初級商職 281 人(男 171 人、女 110 人);然後,分別是初級工職男生 157 人,初級農職男生 34 人;希望就業者有 1295 人。〔註8〕從 1945 年至 1949 年,在總體升學意願不高的情況下,臺灣中等教育中的三類學校,學生數增長最快的是普通中學學生數,從 41075 人增長至 76380 人,增長 85.95%;其次是師範學校學生,從 3049 人增長至 5083 人,增長 66.71%;職業學校學生數增長最爲緩慢,從 24444 人增長至 33155 人,僅增長 36.64%。

由於經濟發展的局限,臺灣職業教育結構雖有所改善,但仍是以農業類爲主。在 1949 年共有的 77 所職業學校中,農業類還佔有 36 所;商業、工業類職業學校次之,分別爲 18 所、15 所;其餘的,海事類職業學校 1 所、家事類 4 所、醫事類 1 所。初級職業學校畢業生以升學爲主,各類科初級職業學校畢業生平均升學率高達 47.31%,相應地將就業作爲畢業生主要選擇的人數一直呈遞減趨勢,平均就業率僅爲 18.62%。至於各類科初級職業學校畢業生的平均升學率,別爲工職 62.81%、農職 45.77%、商職 43.64%、水產 41.02%、家事 14.03%。在升學的初級職業學校畢業生中,又以升入同性質的高中職爲主,占 85%強,升入師範學校者占 10.64%。再有,就業的初級職業學校畢業生中,以加入農業行列爲主,占 51.7%,商業其次占 21.59%,這與當時臺灣社會經濟發展形態是吻合的。〔註9〕針對這一情況的出現,教育當局一方面開始注意控制初級職業學校教育的發展,要求各省立職業學校逐年縮減初級職業班,擴充高級職業教育規模;另一方面調整學制,1948 年 8 月教育廳依據《職業學校法》規定,在省立宜蘭農業職業學校試辦五年一貫制學校,使初級、高級職業學校教育更好地銜接。這些措施在國民黨政府敗退前並沒有收到很大的實際效果,就總體而言,臺灣光復初期的職業教育制度的建立沒有達到國民黨所預期的目標與效果。

〔註 8〕 轉引自歐素瑛:《光復初期臺灣職業學校學生之來源與出路(民國三十四年~三十八年)》。

〔註 9〕 同上註。

第三節　高等教育制度的變革

　　日據時期，臺灣高等學校數量少，更主要的是實行日本學制，對臺籍學生入學實行嚴格限制政策，與大多數臺籍學生所接受的中學教育體系不能銜接，在高等學校學習的臺籍學生人數很少。光復後，其高等教育體制與國民教育、職業教育等不一樣，實行的是大學由國民政府教育部管理、臺灣地方當局負責經費，學院與專科學校由臺灣地方當局全面負責的特殊體制。光復初期高等教育新舊制度的過渡比其他教育層次更為複雜，師資準備與延攬更加困難。因此，高等教育制度的過渡較為複雜，時間較長，高等教育發展較為緩慢，學校增設不多，水準提升也不快。

一、新舊高等教育制度的過渡

　　光復時，臺灣共有高等學校 5 所。「臺北帝國大學」由國民政府教育部臺灣區教育輔導委員會接收，改組為國立臺灣大學，內分文、法、理、工、醫、農六個學院。臺北經濟專門學校由行政長官公署教育處接收，改組為臺灣省立臺北商業專科學校，1946 年 9 月又改為省立法商學院，1947 年 1 月奉令併入國立臺灣大學法商學院。臺中農林專門學校由教育處接收後，改稱為臺灣省立專科學校，1946 年 10 月改為省立農學院。臺南工業專門學校由教育處接收後改稱為臺灣省立工業專科學校，1946 年 10 月改為省立工學院。私立臺北女子專門學校於光復後停辦。

　　由於日本在臺灣建立的高等教育體制是一個服務殖民統治、歧視臺灣同胞的教育體制，臺胞子女接受高等教育的比例極低。臺灣地方當局接收和改組後，即按照國民政府教育部的法律法規進行了學制改造，針對光復後新舊高等教育轉換中的問題，及新舊普通中學教育銜接短時期內沒有高中畢業生的情況，制定具體的過渡性辦法，重點是為銜接舊制五年制中學和四年制中學畢業生升學，解決舊學制下的臺灣學生接受高等教育難的問題。為解決因日籍學生遣返後出現的高等學校空置現象，設定了四年制、三年制專修科等過渡性學制（見表 5－4 與 5－5）。為了促進過渡時期高等學校學生對於臺灣回歸祖國的認同，臺灣行政長官公署還制定了《臺灣省專科學校暫行課程標準》和「時數分配」各一種，規定自 1945 學年度第二學期起施行，重點在於加強過渡時期學生的國語、國文及本國歷史、地理等共同必修課程。規定課程結束時，應舉行嚴格考試，不及格者，應重修至考試及格為止。光復後實

行新中學教育制度的第一屆高中、高職學生到 1948 年 7 月畢業，這時臺灣高等教育才開始與國民政府教育部規定的高等教育制度相銜接，才開始逐步由過渡學制向正式學制轉變。這是臺灣光復初期高等教育轉型相對遲緩的一個重要客觀因素。

（5－4）臺灣光復前高等教育學製錄〔註10〕

Table of Educational System of Higher Education before Taiwan Revival

學校種類		修業年限	入學資格
大學院		二年	大學學部畢業
大學	學部	三年	1. 大學預科畢業 2. 高等學校畢業 3. 專門學校畢業
	醫學部	四年	
大學預科		三年	中學畢業
高等學校		三年	中學畢業
專門學校	本科	三年	1. 中學畢業 2. 實業學校畢業
	專修科	一年	

注：大學預科原定修業年限爲 3 年，戰時曾縮短爲 2 年。

（5－5）臺灣光復初期高等教育暫行學製錄

Table of Interim Educational System of Higher Education during Taiwan Early Revival

學校種類		修業年限	入學資格
大學	文、法、商、理、工、農學院及獨立學院	四年	1. 高級中學畢業 2. 高級職業學校畢業 3. 舊制五年中學或實業學校畢業後繼續在較高級學校肄業滿一年或補習一年者 4. 同等學歷（失學一年以上而失學前修完高中二年課程）
	醫學院	五年	
大學先修班		一年	舊制五年中學或實業學校畢業者

〔註10〕表（5－4）及表（5－5）見臺灣省文獻委員會：《重修臺灣省通志》（卷六文教志學校教育篇），1993 年版，第 801～802 頁。

學校種類		修業年限	入學資格
專科學院（或學院附設）	本科	三年	1. 高級中學畢業 2. 高級職業學校畢業
	四年制專修科	四年	1. 舊制五年制中學或實業學校畢業 2. 舊制四年中學或實業學校畢業後繼續在較高級學校肄業滿一年或補習一年者
	三年制專修科	三年	
	一年制專修科	一年	1. 舊制高等學校或專門學校畢業者 2. 舊制大學肄業滿二年者

注：1. 此暫行學製錄供銜接新舊學制過渡時使用。

　　2. 先修班設立的本意爲救濟投考大學未錄取的學生，臺灣省在過渡時期的先修班爲招收舊制五年中學畢業生，入學後加補高中課程，其資格與高中畢業同樣。

　　3. 一年制專修科僅師範學院曾招生一個班，後即停辦。

　　光復初期，當局僅新設置了爲數不多的高等學校。1946 年 6 月爲培育中等學校師資，設立了省立師範學院。1948 年秋，又設立了省立臺北工業專科學校。1949 年秋，經國民政府教育部批准設立地方行政專科學校。光復之初，部分臺灣人士創辦了私立延平學院。後因不少師生參與「二二八事件」，辦學僅半年時間，就被當局查封停止辦學。這一時期高等教育發展較爲緩慢，除政治動蕩、經濟不振、文化衝突等因素影響外，特殊體制的存在是一個獨特的因素。臺灣作爲國統區的一個省份，其高等學校設置權及重大政策制定權在國民政府教育部；而作爲一個實行特殊體制的省份，其經費提供則由地方當局負責。國民政府教育部與行政長官公署在臺灣高等教育，特別是臺灣大學的發展上存在著分歧，不能有效協調，造成推諉扯皮，自然極大地影響了高等教育的發展。同時，由於日據時期，臺灣人士擔任大學教職的甚少，光復後師資問題一直困擾臺灣高等學校，直到 1949 年大陸部分教授到臺灣後才得以緩解。因此，相對於國民教育及職業教育，高等教育制度的變革面臨著更多體制性障礙與經濟困難。這是高等教育制度轉型相對遲緩的另一個重要影響因素。

　　光復初期的高等教育制度，儘管過渡時間較長，遇到了較多困難與障礙，但是在根本上從服務於日本殖民統治及主要滿足日籍子女就學，轉變爲面向中國主要是臺灣同胞子女，這是值得充分肯定的。新舊高等教育制度較好地銜接，臺灣民眾子女接受高等教育的機會有明顯增加（見表 5－6），這也是需要予以肯定的。

（5－6）臺灣光復初期高等教育基本情況〔註11〕

Basic Statistics on Higher Education durlng Taiwan Early Revival

學年度	學校數	學生數	教師數
1944 年（光復前）	5	2174	322
1945 學年度	4	2022	——
1946 學年度	4	2983	616
1947 學年度	4	3176	745
1948 學年度	5	4112	867
1949 學年度	6	5906	922

二、高等教育變革的縮影——臺灣大學的變革

　　臺灣大學的發展，是高等教育轉型的一個很好的縮影。臺灣大學在被接收之前共有教職員 1841 人，其中臺灣省籍僅爲 600 人，居較高職位者僅有教授 1 人，助教授 1 人。接收整頓後，留用日本人 264 人，引進任用臺灣省籍教師 134 人。接收前，全校學生有 1666 名，臺灣省籍學生僅 322 名。接收之後，於 1945 年 12 月舉行臨時招生，招考的有 1464 人，因成績問題僅錄取 264 人。〔註12〕

　　光復時，國民政府派中央研究院植物研究所所長羅宗洛率陸志鴻（工）、范壽康（文）、馬廷英（地質學）、戴運軌（物理學）、陳兼善（動物學）等人，赴臺接收原「臺北帝國大學」。1945 年 11 月 15 日接收完成後，遂將之改名爲國立臺灣大學，羅宗洛出任首任校長。當時規定，臺灣稅收無須上繳國民政府，由臺灣行政長官公署依法自收；國民政府駐臺機關、機構的經費由公署支付。因此，臺灣大學雖定爲國立，人事由教育部確定，但經費由公署撥付。這一體制將大學的人權、事權與財權割裂，衍生了許多矛盾。臺灣大學預算「由臺灣省行政長官公署控制，經費受制於長官公署，不但不能爲將來的發展籌劃，連眼前維持水準所必需的經費亦常捉襟見肘。而長官公署既是給錢的機關，它既要管制一切，對於大學的要求，往往橫加干涉」〔註13〕光復初期，客觀上臺灣經濟、財政十分困難，臺灣大學所得經費甚少，入不敷出，

〔註11〕 汪知亭：《臺灣教育史料新編》，第 235 頁。
〔註12〕 陳鳴鐘、陳興唐主編：《臺灣光復和光復後五年省情》（上），第 370～371 頁。
〔註13〕 葉曙：《閒話臺大四十年》，臺灣傳記文學出版社 1989 年版，第 17 頁。

校務、教學工作在財政日絀的情況下難上正軌，問題成堆，困難重重；主觀上卻是這種體制致使臺灣大學的發展加入了人爲的阻礙因素。不及一年，羅宗洛便因爲經費問題與行政長官公署關係緊張而辭職回中央研究院植物所。1946 年 7 月，國民政府派中央大學教授陸志鴻任臺灣大學校長，而陸志鴻不擅交際，且不屑找門路、拉關係，勉強維持不足兩年；1948 年 5 月，又改派中央研究院化學研究所所長莊長恭任臺灣大學校長，但數月後竟不辭而別。莊長恭在談到自己接受臺大校長這一職務時說：「承朱部長（教育部長朱家驊）好意，要我任臺大校長，初我尚猶豫，後來考慮到內地實在無可作爲，臺島偏處海疆，較爲安定，倘能辦好一間大學，爲國家培養一些科技人才，不無裨益，乃決定承擔。但是接任之後，檢查儀器標本及其他設備大多陳舊殘缺，師資質量差；經費缺乏，也是有困難」。〔註 14〕

　　1949 年 1 月，傅斯年接任臺灣大學校長。對於當時臺灣大學的情況，傅斯年進行了客觀評價：「光復以後，我們的國力不充，加以戰亂，本校的學術建設，不特一般說來未有進步，而且若干科目，不如從前，這不能怪到任何當事人，因爲環境如此，誰也難辦。我們更不該沒有準備先把科目的數目大加擴充」，「學生人數增加了那麼多，而大教室缺少，大實驗室缺少，理學院不能上普通化學、普通物理等科的實習，工學院沒有畫圖的桌子，總圖書館一般參考書之缺乏，學生讀英文書的訓練沒有一個全盤計劃，等等情形，這都是我一到學校時即聽到主管的先生們向我訴苦的。」〔註 15〕「目下臺大所需的，是文學院的英文教員。理學院各部分都缺人，工學院亦有半數的系缺人，農、醫兩學院也還須請幾個人。但法學院則比固定名額超出數倍，這名額是侵佔其他學院的，所以前者曾經本校行政會議決定法學院不再續聘教員。如遇有特殊學者，理應延致時，須商其他學院，讓出名額。現在外來的人，大概是集中要進法學院，偏偏此院早已擠滿之又滿，理學院則到處找人，至今尚在著急中。我們不能降低標準以求人，而現在平津及長江區域亦不能交通，我同教務長正在著急此事，不幸得很，來臺賢士與本校需要科目相合者甚少。」〔註 16〕「我近來很歎惜三年半來的臺灣大學的經歷，尤其是在接

〔註 14〕蘇秋濤：《我所知道的莊長恭博士》。見政協泉州文史資料委員會編：《泉州文史資料》第 11 輯，1982 年 6 月。

〔註 15〕歐陽哲生主編：《傅斯年全集》（第五卷），湖南教育出版社 2003 年版，第 67～68 頁。

〔註 16〕同上註，第 77 頁。

收的時候和去年夏天。接辦的時候，在臺灣省人對於祖國的熱忱下是容易把這個大學辦好的，恰恰那時候的地方長官不予協助，使得一位有見解的校長，一怒而去。去年夏天，內地已經相當動亂，用大氣力拉人，是比較容易的，偏偏出了一陣事，到今天，拉人的地方不如當年十分之一；拉人的憑藉，更不待談」。〔註17〕「在臺北市的這個大學隨臺灣光復而劇變，前身在日本時代的臺北帝國大學，是一個形態，現在另是一個形態，或者說現在尚不成一個形態，應該待將來的努力。臺北帝大，有它的長處，也有它的短處，現在，當年的長處未必有，而當年的短處，現在未必沒有。我們國家接收了這個大學，已經三年半，卻並未曾把它建設成一個合乎理想的學術機構，這是要等待將來全校同仁及社會上贊助的人士共同努力的。」〔註18〕這些描述，說明了傅斯年接手時臺灣大學的真實情形。

　　傅斯年執掌臺灣大學之時，正是蔣介石全面部署從大陸撤軍臺灣的時候。新任臺灣省政府主席陳誠對於傅斯年到臺灣大學任職給予了很高的禮遇。1949年1月17日，傅斯年從上海飛抵臺北時，他親自到機場迎接。傅斯年到任後，陳誠撥出了150多億資金，供臺灣大學修建校舍使用。傅斯年是著名的歷史學家、教育家，自1926年從德國留學歸國後幾乎沒有脫離過大學，抗日戰爭勝利後曾代理北京大學校長。他充分利用了這一前三任校長所沒有的有利條件，以其卓越的理念、廣博的知識、豐富的閱歷、果敢的作風、堅毅的個性，較快地擺脫了光復初期停滯不前的困境，使臺灣大學的發展與建設進入了一個新的階段。

　　第一，明確辦學目的。傅斯年指出，「光復以後，我們辦這個大學的目的當然與日本時代不同。一個上流的大學，必須是一個學術機關，這在歐洲或美國，在中國人手中或在日本人手中，本無不同之可言。但在教育一個意義上，說這個大學在我們手中和在日本人手中可就大不相同乃至相反了」〔註19〕。在臺灣大學第四次校慶演說詞中，他進一步明確指出，「日本時代這個大學的辦法，有他的特殊目的，就是和他的殖民政策配合的，又是他南進政策的工具。我們接收以後，是純粹的辦大學，是純粹的為辦大學而辦大學，沒有他的那個

〔註17〕歐陽哲生主編：《傅斯年全集》（第五卷），湖南教育出版社2003年版，第99頁。
〔註18〕同上註，第81頁。
〔註19〕同上註，第68頁。

政策，也不許把大學作爲任何學術外的目的的工具。如果問辦大學是爲什麼？我要說：辦大學爲的是學術，爲的是青年，爲的是中國和世界的文化，這中間不包括工具主義，所以大學才有它的自尊性。這中間是專求眞理，不包括利用大學作爲人擠人的工具。由日本的臺北帝大變爲中國的臺灣大學，雖然物質上進步很少，但精神的改變，意義重大。臺灣省既然回到祖國的懷抱，則臺灣大學應該以尋求眞理爲目的，以人類尊嚴爲人格，以擴充知識、利用天然、增厚民生爲工作的目標。所以這個大學在物質建設上雖然是二十多年了，在精神上卻只有四年，自然應該拿今天作我們的校慶」〔註20〕。

第二，明確辦學定位。對於臺灣大學的特殊歷史，以及光復初期政治社會的特殊境況，傅斯年非常清楚。在他看來，臺灣大學擔負的教育責任是第一位的。「我們的一個國立大學，有它在教育上的責任，這責任是重大而艱難的。在臺灣的國立大學，更有它對於臺灣省內高等教育的責任。臺灣的一般文化水準、臺灣的建設，都有不少的部分靠臺灣大學之能發揮它的教育責任，我們接過來辦這個大學，無疑的應該把教育的任務看做第一義。」〔註21〕他意識到，學校內外的現實，特別是教師隊伍水平與教學實驗條件，距離理想的大學還有相當大的差距。在短暫的執掌臺灣大學的過程中，他把主要精力放在了延攬高水平教師、推進學校基礎建設上。「我們要在一年半之內，集中精力，改進本校各種通習科目，建設本校的教育制度，務使來校的學生，一進大門來，便得到第一流的教授教他們的普通課，教課之需要實習者，得到充分的實習機會，有富於教本參考書的閱覽室可用，有優良的助教改他們的卷子，國文和外國文的程度，一年之內頓然改觀。」〔註22〕傅斯年根據辦學定位及現實條件確定的這一具體目標，成爲他全面整頓臺灣大學的努力著眼處。

第三，嚴格教師聘請。限於特殊條件，臺灣大學一時難以聘到好的教師，也存在著教師聘請製度不健全問題。爲此，傅斯年首先建立嚴格的教師聘任制度，並帶頭執行。在物色人才中，始終不以人的聲望、功名爲依據，特別是不以人的關係爲憑據，而是以學術造詣爲唯一標準。他頂住壓力，承繼北

〔註20〕歐陽哲生主編：《傅斯年全集》（第五卷），湖南教育出版社 2003 年版，第 123～124 頁。
〔註21〕同上註，第 68 頁。
〔註22〕同上註，第 69 頁。

京大學「教授不得兼職」的傳統，明確反對大批跟隨國民黨到臺灣的政府官員到臺灣大學任兼職教授。不少學者到臺灣後，希望通過種種關係任教於臺灣大學。傅斯年毫不動搖，堅守標準。蔣介石東撤臺灣方案的制定者張其昀欲任教臺灣大學，為傅斯年所拒。傅斯年對於確有學識的學者則全力招納，如錢思亮、毛子水、屈萬里等。同時，將跟隨歷史語言研究所遷來臺灣的李濟、董作賓等聘請到臺灣大學任教。在傅斯年的努力下，一時間臺灣大學人才彙聚，加上原有教授，隊伍空前整齊，學術水平大幅度提高。

　　第四，嚴格教學秩序。傅斯年將臺灣大學的培養目標，確定為要使學生「敦品」、「力學」、「愛國」、「愛人」（至今仍作為臺灣大學校訓）。為實現這一培養目標，傅斯年首先在制度建設上著力，到校後就開始主持修訂《國立臺灣大學學則》，於 1949 年 9 月 21 日公佈。《學則》的頒佈與傅斯年嚴格施行的作風，有力地促進了良好校風的形成。1949 年的臺灣，高等教育發展遠遠不能滿足需求，不僅不能滿足臺灣同胞子女接受高等教育的要求，還面臨著大批青年學子撤到臺灣後所增加的升學壓力。在這一背景下，臺灣大學的招生工作倍受矚目。傅斯年明確提出必須堅持標準。他到任後的第一年招生，即 1949 年暑期的招生，正值國民黨軍隊與政府官員大量入臺之際，各種要求照顧的請求很多。對此，他在考試的命題與組織，以及招生錄取上，是嚴之又嚴，絕對依據原則，毫無例外。他公開說：「假如我以任何理由，答應一個考試不及格或未經考試的學生進來，即是我對於一切經考試不及格而進不來者或不考試而進不來者加以極不公道之待遇，這對於大學校長一職，實在有虧職守了。奉告至親好友千萬不要向我談錄取學生的事，只要把簡章買來細細地看，照樣地辦，一切全憑本領了。我毫無通融例外之辦法，如果有人查出我有例外通融之辦法，應由政府或社會予以最嚴厲之制裁。我們這個國家，原來腐敗的事情不少，但甚多大學對招考一事並不腐敗。奉告投考的諸位，只有照章去考；不照章去考時，決得不到便宜。託人或打聽，只是徒勞精神而已。」〔註23〕1949 年暑期，報考臺灣大學的人數共有 3568人，參加完全部四科（國文、英文、數學、歷史或理化）考試的有 3104 人，僅錄取了 803 人（其中臺灣省籍的約占半數），大約每 4 人中取 1 人。不過，面對來自各方面的入學壓力，傅斯年多次請各院、系，儘其所能最大容量地招收學生。

〔註23〕歐陽哲生主編：《傅斯年全集》（第五卷），第 76 頁。

傅斯年執掌臺灣大學一年，堅定不移地實施其治校方針與措施，成績斐然，推動臺灣大學開始向學術研究型大學轉型，為日後臺灣大學的發展打下紮實的基礎。臺灣大學作為當時臺灣的最高學府，又是由深得蔣介石信任和陳誠大力支持的傅斯年任校長，尚且遇到如此多需要解決的困難與問題，足見當時臺灣高等教育發展的窘況，從中也折射出光復初期臺灣高等教育制度轉型存在的明顯問題。

第四節　社會教育制度的變革

為實施「皇民化」，日本殖民當局開辦了許多社會教育機構，希望藉此「教化」臺灣民眾。光復後，這類教育機構多數被撤消。為了推廣國語、傳播中華傳統文化，加速「祖國化」進程，臺灣當局非常重視社會教育的發展。

日本人統治臺灣時期，設置了各種社會教育機構。光復時，共接收公立圖書館 86 所、公共游泳場 8 所、高爾夫球場 5 所，鄉土館 8 所、教育博物館、歷史博物館各 1 所，均交由各地方政府接辦。行政長官公署接收的有：臺灣神宮、建國神社、護國神社、造營事務局、苓山嚴祠教職員互助會等。補習教育機構，由各州廳接管委員會接收。共接收各種實業專修學校 51 所、實踐女學校 38 所、盲啞學校若干所、工業技術練習生養成所 9 所，均移各地方政府接辦或改為省立。日本人統治時期關於「皇民化」及愚民政策的各項設施，如各種練成所、青年學校及神宮神社等，均予以廢止，分別改為民眾教育場所。其過去辦理較有成效的各種實業補習學校及養成所，則予以分別改組，繼續辦理。對於原有的教育團體，如臺灣教育會、教職員互助會、體育協會、教育會館暨其他各種教育學術團體等，予以接收整理，分別指導，重新改組。

為促進各種社會教育機構轉型服務於社會的發展，行政長官公署先後制定了《臺灣省民眾教育館組織規程》、《臺灣省博物館組織規程》、《臺灣省圖書館組織規程》等。根據 1946 年 8 月頒佈的《臺灣省社會教育機關服務人員任用及待遇規程》第二條的規定，社會教育機關包括：民眾教育館、圖書館、體育場、科學館、博物館、藝術館、歷史鄉土館、電化教育館、教育廣播電臺、音樂電影戲院、民眾教育巡迴施教團、巡迴文庫、專設民眾學校，以及各級社會教育行政機關或社會教育機關所屬的社會教育組織。當時臺灣較為活躍、涉及面較廣的社會教育形式主要有以下三種：

1. 開辦各種補習學校

光復初期，臺灣的補習學校分為兩類，一是參照正規中學而辦理的普通補習學校，一是參照正規職業學校而辦理的職業補習學校。各類補習學校又有高級與中級之分，高級相當於高中或高職，中級相當於初中或初職。補習學校多數是在夜間上課，教育主管部門為此規定每日上課時間不得少於 3 小時，每一學科教學時數不得少於同級正規學校的 2／3。補習學校學生應屆畢業，由臺灣省教育廳指定幾個主要學科，舉行學力測驗。凡補習學校學生修完全部學科並經考試合格的，即獲得與同級正式學校相等的畢業資格。公立的補習學校不收學費，私立的補習學校所收費用也較正式學校低，對入學年齡一般也不加限制。因此，就學人數相當多。

（5－7）臺灣光復初期補習學校基本情況〔註24〕

Basic Statistics on Tuition Schools duringTaiwan Early Revival

學年度	學校數（所）	教師數（人）	班級數（個）	學生數（人）
1945 學年度	13	105	——	——
1946 學年度	21	182	61	1990
1947 學年度	31	310	121	3562
1948 學年度	46	241	98	4101
1949 學年度	28	341	121	3562

這一時期，還辦有大量的短期補習班，這種補習班在 1949 年以前均稱為傳習所。短期補習班學生一律無學籍，這是和補習學校最大的不同。

（5－8）臺灣光復初期短期補習班（校）基本情況〔註25〕

Basic Statistics on Short-term Tuition Sehools during Taiwan Early Revival

學年度	校數（所）	班級數（個）	教職員數（人）	學生數（人）
1945 學年度	15	40	31	5232
1946 學年度	297	358	485	26991
1947 學年度	363	401	852	15864
1948 學年度	105	196	306	7877
1949 學年度	88	111	185	5339

〔註24〕 汪知亭：《臺灣教育史料新編》，第 226 頁。
〔註25〕 同上註，第 227 頁。

（5－9）臺灣光復初期民眾補習班基本情況〔註26〕

Basic Statistics on Mobs Tuition Sehools during Taiwan Early Revival

學年度	班級數（個）	學生數（人）
1945 學年度	——	——
1946 學年度	556	31826
1947 學年度	1054	51546
1948 學年度	934	39818
1949 學年度	1100	43833

2. 推進失學民眾的強迫教育

為積極推進國民教育，並加緊推進成人教育，1946 年 6 月行政長官公署教育處制定了《臺灣省各縣（市）國民學校及中心國民學校民教部學生強迫入學辦法》。所稱「民教部學生」，係指限於 15 足歲以上 45 足歲以下的失學男女，內分成人班與婦女班，每班學額，以滿 50 人為原則。國民學校及中心國民學校在開學前，應會同鄉（鎮、區）長根據戶口冊調查所屬施教區域內適齡入學人數，造具名冊，按期由鄉（鎮、區）公所公佈，並填發就學通知書。為了推進失學民眾的強迫教育，規定經接受就學通知後仍不遵行者，鄉（鎮、區）公所應區分情況予以懲處。（1）警告：凡應入學之民眾，經通知就學後仍不入學者，即由學校通知鄉（鎮、區）公所或里（村）辦公處，用書面或口頭警告剋日就學。（2）榜示姓名：警告後逾 5 日仍不入學者，得將其姓名榜示，飭其剋日就學。（3）罰鍰：榜示逾 5 日仍不入學者，由學校校長報告鄉（鎮、區）公所，處以 10 元至 40 元罰鍰或責服勞役，其標準為：入學後曠課一周以上者，罰鍰 10 元或徵工 2 日；入學後曠課二周以上者，罰鍰 20 元或徵工 4 日；入學後曠課三周以上者，罰鍰 30 元或徵工 6 日；曠課 1 月以上者，罰鍰 40 元或徵工 8 日；經懲處仍不入學者，依前列各款的規定加倍處罰。按規定的罰鍰應由鄉（鎮、區）公所專案保管，以備擴充貧苦兒童就學救濟之用。還規定，凡屬雇傭性質的失學民眾，雇主不得藉詞阻止其入學，或因入學減扣其工資，如有上述情況發生，得由學校報請鄉（鎮、區）公所依照前條各款的規定，予該雇主以罰鍰處分，並仍令其准許該雇工入學，不得藉詞解雇。各縣（市）為督促入學民眾起見，應飭各區警察所責成警員

〔註26〕汪知亭：《臺灣教育史料新編》，第 228 頁。

切實執行強迫入學事務，並由主管機關視其成績分別獎懲之。這種由國民學校辦理的民眾補習教育，多屬於普及國語而舉辦的一般國語補習班，其施教對象不完全限於失學民眾，實際上成為推行民眾國語補習教育的一種重要途徑。

3. 設立臺灣民眾教育館

為了推進民眾教育，光復初期臺灣設立了省立、縣（市）立民眾教育館。其中，省立民眾教育館由行政長官公署指定在臺北、臺中、臺南設立，分別定名為臺灣省立臺北、臺中、臺南民眾教育館。根據 1946 年 1 月制定的《臺灣省立民眾教育館章程》，民眾教育館的職能為「實施各種社會教育事業，並輔導本區內各縣（市）社會教育之發展」。（1）教導部，分設三個組：教學組負責辦理民眾學校、短期補習學校、函授學校、民眾代筆處、問事處、通俗演講、學術講座及流動教學事項；閱覽組負責辦理科學陳列室、圖書室、書報雜誌閱覽室、流動書車巡迴文庫及各種固定或流動展覽事項；健康組負責辦理健康活動、民眾業餘運動、家事指導及民眾茶園事項。（2）生計部，分設兩個組：職業指導組負責辦理職業指導及介紹、農工技術之傳習暨小本貸款事項；實習推廣組負責辦理農業推廣、工藝改良及扶助合作社組織事項。（3）藝術部，分設三個組：電化教育組負責辦理教育電影的固定或巡迴放映、裝置收音機及指導民眾收聽教育播音事項；戲劇教育組負責辦理巡迴戲劇表演、介紹劇本及組織民眾劇隊事項；音樂教育組負責辦理歌詠演奏、編印歌曲、組織民眾歌詠隊及各項展覽事項。從這些業務職責可以看出，民眾教育館是實施社會教育的一個總的組織機構。1948 年後，隨著教育體系的逐步健全，當局撤消了省立民眾教育館，各縣市設立的 13 所教育館也隨後被撤消。

光復初期，臺灣社會教育發展的突出特點，一是圍繞著普及推廣國語、國文和傳播中國歷史、地理知識及傳統文化知識而展開。如，省立臺中圖書館每星期六就開放閱覽室，主辦談話會，聘請臺中師範學校的北平籍的老師來參加，用純正的國語，朗讀書本或報刊給大家聽，以增進他們的國語能力，還為婦女們主辦國語、國文和歷史的講習會，一時蔚為風氣。當時「臺中市相當家庭的主婦們，若不來參加圖書館的講習會，就像跟不上時代的流行一樣」。〔註27〕二是有明確的政治意圖。1946 年 8 月，臺灣當局專門制定了《臺

〔註27〕葉榮鍾：《臺灣人物群像》，第 286 頁。

灣省公民訓練實施計劃》，希望通過多種形式教育達成的目標有：（1）認識中華民族為富有創造研究之優秀民族，且有悠久之光榮歷史，對於世界文化，有其獨特之貢獻，應發揚我民族精神，恢復我固有道德，團體努力，養成自信、自尊與民族利益高於一切之信念；（2）認識我國之現狀及公民權利義務之理念，並認識我國歷史、地理，尤其注意近年來政治、經濟、文化、學術之進步，俾明瞭國家民族之地位及建設新中國國民應有之努力；（3）闡揚「三民主義」之精義、國父博大精深之遺教、「總裁」崇高偉大之言行，激發信仰、堅定志願，使各竭其能，各盡其職；（4）發揮忠孝、仁愛、信義、和平諸美德，知廉恥，負責任，守紀律之精神，及整潔簡樸之生活習慣，依照黨員守則、軍人讀訓，體會力行；（5）普遍政令之宣傳，啟發公民政治之興趣，訓練公民自治之能力，培養公民服務之精神，而使明瞭政令，奉公守法，恪盡天職，努力遵行；（6）普及國音傳授，使能應用國語，自由表達思想。本質上，光復初期的社會教育就是為實施這一計劃而展開的。由於光復初期的社會教育制度建立與發展存在著明顯的過渡性質，因此，這一時期社會教育的機構設置和功能是特定的臺灣社會轉型的產物，呈現出不穩定狀態。

第六章　臺灣光復初期師資結構的變化與教育轉型

　　教師是教育活動的主體，教育轉型能否順利實現，在根本上離不開教師主體的轉型。光復後，爲保證「學校不停課」和促進教育「祖國化」，首先必須解決國語、國文、中國歷史、地理教師的緊缺問題，解決日籍教師遣返後出現的教師空缺問題。同時，還必須解決本地教師國語、國文水平提升和對中國文化認同的問題，以及大陸赴臺教師對臺灣的適應性問題。這是臺灣與大陸其他省份在教育恢復與重建上的一個巨大區別。對此，當局採取多種應急措施，加強教師補充與培訓工作，建立教師（校長）任用制度，完善教師培養體系，促使教師隊伍結構發生根本變化，有力地推動了教育轉型。

第一節　接收教育的師資準備

　　國民黨政府在進行接收臺灣教育準備的過程中，在大陸就著手了對擬派的各級校長及行政人員的培訓和師資的準備，特別是國語師資的準備。陳儀在 1944 年 5 月 10 日致陳立夫函中提出：「收復前教育上必須準備的工作，第一是師資的師資，即師範學院、師範學校的教員。第二是中等學校的行政人員（校長、教務主任、訓育主任、總務主任）。至於小學教員太多，無從準備，只好以後再說。第三是國語、國文及歷史的教材（這三種在臺灣須特別注重）。」〔註1〕在同年 5 月 15 日致陳立夫函中，陳儀進一步補充道：「高等學校教員九五七人（將來事實上必有增減，餘同）（研究所人員在外），需要專材決非短

〔註 1〕陳鳴鐘、陳興唐主編：《臺灣光復和光復後五年省情》（上），第 59 頁。

期內所能預備。小學教員近萬人，數量太多，亦無法預備，中等學校人員一千六百餘人，全數預備亦很困難。弟以爲收復以前所急要預備地只限三種人。（一）中等學校校長約計四十九人（原來的中學校及高等女學校各三十校，可改爲初級中學。師範學校四所，農、林、商業學校各六所，工業學校二所，可暫仍舊。高等學校一所，可暫改爲高級中學，但這都只是假定）。（二）中等學校的教務、訓育、總務主任每校共三人、合計一百四十七人。（三）師範學院（臺灣現有中等學校教員一六〇九人，這樣多人員，定有不少淘汰的，一方面將來中等學校必須擴充，所以師資的補充與培養爲數不少，須立一師範學院，方可以應需要。）及師範學校的公民、國語、國文、歷史、地理教師。假定每校十人（這是至少的數目），約共計五十人。以上共計約二百五十人左右，最好於收復前預備」，「以上各類人員的訓練，關於國父遺教、總裁言語、國語、歷史及抗戰以來的政治設施，應特別注重」，「學生方面，旅外臺灣人中，如有合格者優先選取（但不合格的臺人不能因爲是臺人而通融）」。〔註2〕顯然，在收復臺灣教育的準備中，師資的準備成爲一個重要的方面。

　　日據時期，在臺灣各級學校的校長當中，除國民學校有一、二人係臺籍外，其餘都是日本人。也就是說，光復後僅所需補充的校長即在千人以上。至於各級學校教員的補充，數量更爲巨大。據 1944 年的統計：全島國民學校教員共 15483 人，其中實行第一號課表〔註3〕的學校，學生多繫日童，日童回國後，所有教員 1493 人，可不必補充；實行第二、第三號課表的國民學校，臺籍教員爲 8322 人，其中退休或改業者約占 15%，實際在職者約 7000 人，總計尚需補充國民學校教員爲約 7000 人。臺灣全省中等學校（包括高等學校及師範學校）教員爲 2033 人，屬於臺籍的約爲百人。其中除專收日籍學生及日臺分班的學校，教員約可減少 600 至 800 人外，尚須補充 1100 人至 1300人。專科學校方面，依同年統計，共有教員 154 人，其中臺籍的僅爲 11 人，其餘均爲日人。〔註4〕

　　對於接收臺灣的師資準備，陳立夫在 1944 年 7 月 10 日覆陳儀函中明確回覆：「承示臺灣收復前教育方面應有準備工作，其中有關於師資之師資及中

〔註2〕陳鳴鐘、陳興唐主編：《臺灣光復和光復後五年省情》（上），第 60～61 頁。
〔註3〕1941 年起日本人將臺灣小學分爲三號，課程均不相同，第一號專收日籍兒童，第二號專收臺籍兒童，第三號則專收各種「土著」如高山族等。
〔註4〕汪知亭：《臺灣教育史料新編》，第 176～177 頁。

等學校行政人員，擬在國立海疆學校設科培植，國語、國文及歷史教材將來擬另行編輯以應特殊需要。」〔註5〕據 1947 年 4 月的《海疆學校簡史》記載：「民國三十三年五月，中央鑒於海疆建設之亟待展開，爰特創設本校，以爲培植人才、推進工作之基地。」〔註6〕《開羅宣言》簽署後，基於臺灣制度環境的特殊，以及與祖國隔絕之久遠，國民政府清楚地認識到不能不設置相應的機構來造就幹部，爲能因地制宜施政布教作準備。教育部派出蒙藏教育司科長張兆煥、特約編審周鍾俠及黃景文三人，以張兆煥爲主任委員，到閩籌備學校設立事宜。依據教育部的計劃，海疆學校分三年制專修科及訓練班兩個部，專修科中分師範、行政與技藝 3 科，每科酌設若干組，其目標是以東南海疆公教人員的訓練爲中心。1945 年元月，第一屆新生招考揭曉，2 月 26 日學校正式開課。當時設有行政科民政組兩班，教育組一班，師範科文史組一班，共學生 200 人，皆屬閩粵籍。同年，又將三年制專科改爲二年制專科，增設五年制專科，以招收初中畢業生，設法商與師範兩科，歸併教育組於師範科。這一年秋季，學校續招新生 200 人，加上春季所招的學生共有 8 個班 382 人，教職員 64 人，較第一學期將近增加一倍。1946 年秋，招生範圍遍及南洋與滬粵各地，新舊學生共 514 人，分 12 班，教職員 72 人。1947 年元月，首屆二年制學生 4 班畢業，共計 162 人，多服務於臺灣等地。臺灣行政長官公署成立後，就馬上分別邀約渝、閩等地教員去臺任教，作爲接收臺灣後補充師資的一條措施。由於當時大陸也正進行戰後重建，人才需求、包括教師的需求也甚大，加之交通不便，待遇不高，雖經多方延攬，眞正去臺者不多。

第二節　教師隊伍的充實與改造

日據時代，日籍教師數量上佔優勢，地位佔優勢，對臺灣本地教師的選用以是否符合殖民統治需要爲標準。光復後，隨著教育方針、制度的根本轉變以及日籍教師遣返，當局通過各種形式補充教師，改變了教師隊伍的組成結構。即從以日籍教師爲主體、爲主導，轉變爲以中國教師爲主體、爲主導。通過補充國文、國語及中國歷史、地理教師，加強對臺灣本地教師的國文、國語及中國歷史文化知識培訓，改變了臺灣教師隊伍整體的文化結構。

〔註5〕 陳鳴鐘、陳興唐主編：《臺灣光復和光復後五年省情》（上），第 60 頁。
〔註6〕 福建省檔案館、廈門市檔案館編：《閩臺關係檔案史料》，第 745～746 頁。

一、教師補充

面對大量的教師空缺，除了最初在大專學校及中等學校數理科與專門科目留用少數日籍教師外，當局主要採取了以下渠道加速補充教師。

1. 徵選

這主要是從大陸招募國文、國語及中國歷史、地理教師，以彌補這方面教師嚴重不足的問題。臺灣行政長官公署教育處還在重慶辦公時，就分別在重慶、福建各地邀約了一部分教員到臺灣任教。教育處抵達臺灣後，又派員分別到福建、上海考試徵選中小學教員，並允許省立中等以上學校校長從大陸省份聘請教員。高雄、臺南、澎湖、臺東、花蓮等地也自行向內地徵選教師。到大陸徵選的教師多以國文、公民、史地教師為主。1946 年 9 月，教育處在北平、上海兩地陸續徵選了一批中小學教員。對於應約到臺灣任教的大陸教師，都根據路途遠近發給了旅費。

閩臺有著深厚的淵源關係，光復後臺灣行政長官公署及教育部門、學校在招聘教師時，較多地集中在閩南地區，希望能招聘到既通國語又通閩南語者。1946 年 2 月，臺灣行政長官公署專門致電廈門市政府，「本省接管伊始，國民學校國語教師需要迫切，茲擬在閩招選 240 名，以師範畢業，年齡在 26 歲以上，能操國語及閩南語為限，每人發給旅費 3 萬元，錄用後薪津以委任 9 級起支，華臉特優者，得以薦任待遇，請就近代為招選」。廈門市政府接電後回覆云，「登記要點，市府經決定：一、登記地點教育局。二、登記表填用二張，附相片二張。三、隨帶證件驗後發還。四、赴臺旅費可由市府墊支。五、登記日期自即日起。六、先登記者先行赴臺，如能於本星期內登記者，或可代覓妥輪免費赴臺」。〔註 7〕同時，臺灣多個部門及地方通過自己的渠道在閩南一帶招聘教師。1946 年 1 月臺灣省訓練團專門電請廈門市財政局楊局長：「臺灣省訓練團徵聘國音國語教員多位，以大學出身、曾任高中國語教師、能教注音符號及通閩南語者為合格，待遇從優，旅費另發，請速代登報徵聘徑行赴臺或來榕轉臺」。廈門市財政局經登報徵聘並審查合格者有 6 人。同月，高雄市政府擬聘閩南籍小學教師 100 名，委託泉州新南書社為登記處，資格規定為：登記小學級任教員、登記初小級任教員、登記小學專科、檢定小學級任教員、檢定初小級任教員、檢定小學專科、登記小學代用教員。「三青團」

〔註 7〕福建省檔案館、廈門市檔案館編：《閩臺關係檔案史料》，第 401～402 頁。

廈門分團籌備處也幫助招聘教師，介紹志願前往任教者赴臺。〔註8〕由於臺灣一直面臨著教師不足問題，因此面向閩南地區的教師招聘一直延續著。1947年9月9日，澎湖縣專門電請廈門市招聘中小學教師，澎湖縣「以該縣現需中小學教師英、史、國教員15名，小學教員25名，請代羅致選送，待遇方面較臺灣高兩成，並酌助旅費」。〔註9〕

2. 甄選

這主要是針對臺灣本地教師在光復後是否繼續聘用的問題而進行的。1945年11月，行政長官公署教育處制定了《臺灣省中等國民學校教員甄選委員會組織規程》和《臺灣省中等國民學校教員甄選辦法》，明確規定：本省中等學校及國民學校教員，應一律先經臺灣省中等國民學校教員甄選委員會甄選合格，方得正式任用。為此，成立了臺灣省中等國民學校甄選教員委員會，設主任委員1人，由教育處處長兼任；委員10人至12人，從下列人員中聘任：具有教育經驗，或熱心地方教育者3人至5人，長官公署人事室1人，省內教育機關主管人員或中等以上學校校長3人至5人，教育處高級職員3人至5人。所聘委員均為無給職。

根據規定，參加國民學校甄選的教員，應具有規定資格之一，即師範學校、高級中學師範科，或本省高等學校高等科畢業者；簡易師範學校畢業曾任初級小學校教員二年以上，成績優良者；高級中學畢業曾任教員一年以上，成績優良者；本省中學高等女校或實業學校畢業，曾任教員兩年以上成績優良者；曾任國民學校教員或本省書房老師三年以上，成績優良者。從1945年至1948年四年間，申請國民學校教員甄選人數總計為19360人，甄試合格的正式教師有8138人，占申請總人數的42.04％；代用教師5583人，占28.84％；不合格者5639人，占29.13％。〔註10〕

參加中等學校甄選教員的要求分別為：初級中學教員，應具有規定資格之一，即具有高級中學教員資格者；大學各院系高等師範本科，或專科師範，專科學校畢業者；專科學校或大學專修科畢業，具有一年以上之教學經驗者；本省高等學校高等科或大學預科畢業，曾任教員三年以上成績者；曾任初中教員四年以上，經主管教育行政機關考覈，認為教學成績優良者；師範學校畢業、

〔註8〕　福建省檔案館、廈門市檔案館編：《閩臺關係檔案史料》，第401～404頁。
〔註9〕　同上註，第416頁。
〔註10〕　李園會：《臺灣師範教育史》，南天書局2001年版，第51頁。

曾任國民學校教員十年以上，並經教育行政機關考覈認為成績優良者；具有精鍊技能者（限於技能學科教員）。高級中學教員，應具有確定資格之一，即師範學院、或師範大學畢業者；大學各院系、或高等師範本科、或專修科畢業有一年以上之教學經驗者；專科或專門學校本科畢業有兩年以上之教學經驗者；曾任本省高等學校、或大學預科教員四年以上，經主管教育行政機關考覈、認為教學成績優良者。職業學校職業學科教員，應具有規定資格之一，即大學或專科學校畢業所習學科與職業學校職業學科相同者；具有專門技能、有證明文件、曾任教育工作三年以上者；曾任職業學校職業科教員四年以上、經主管教育行政機關考覈、認為教學成績優良者。另外，具有中學校、師範學校教員資格之一者，得為職業學校普通科教員。從 1945 年至 1948 年四年間，申請中等學校教員甄選人數總計為 4355 人，甄試合格的正式教師有 2329 人，占申請總人數的 53.48%；不合格者有 2026 人，占 46.52%。〔註11〕

3. 考選

這是一種面向社會公開招考或吸收教師的辦法。臺灣光復後，教師緊缺，當局只能降低要求，盡力吸納社會人士充當教師。許多書房教師國文富有造詣，但苦於沒有適當的證件；一部分人確具有擔任教員的學識與能力，但資歷稍差。教育當局專門制訂有關辦法，舉行檢定考試，廣為羅致。

1947 年 2 月，行政長官公署先後頒佈了《臺灣省中學及師範學校教員試驗檢定辦法》和《臺灣省國民學校教員試驗檢定辦法》。對於中學及師範學校教員檢定，規定高級中學須參加檢定的教員為：國內外大學各院系畢業者；國內外專科學校（修業年限須在三年以上，並係招收高中畢業者）、專門學校本科或大學專修科畢業後，有一年以上教學經驗者；檢定合格之初級中學教員，在檢定後有一年以上之教學經驗者；曾任高級中學教員三年以上者；具有精鍊之藝術技能者（專適用於圖書音樂教員）。初級中學須參加檢定的教員為：國內外專科學校（包括五年制專科學校）、專門學校或大學專修科畢業者；與高級中學校程度相當學校畢業後，有兩年以上之教學經驗，並對所受檢定學科，確有研究成績或有專門著作發表者；曾任初級中學教員三年以上者；具有精鍊之藝術技能者（專適用於圖書音樂教員）；曾在本省任私塾國文教員五年以上，對所受檢定學科確有研究成績或有專門著述發表者。師範學校須

〔註11〕李園會：《臺灣師範教育史》，第 51 頁。

參加檢定的教員為：國內外大學各學院系畢業者；國內外專科學校（修業年限須在三年以上，並係招收高中畢業者）、專門學校本科或大學專修科畢業後，有一年以上之教學經驗者；檢定合格的簡易師範學校教員，在檢定後有一年以上之教學經驗者；曾任師範學校教員三年以上者；具有精鍊之藝術技能者（專適用於圖書音樂教員）。中學及師範學校教員試驗檢定的公共應試科目有：國語國文、教育概論、教學法、「總理遺教及總裁言論」。而其他則根據任課的科目而不同。如，國文科有：作文（1 篇）、文法及修辭、中國文學史、文字學、國文教學法；師範學校教育科有：教育心理、教育史、教育測驗及統計、教育行政、社會教育、教育輔導、小學各科教材及教學法。同時，在第四條中規定：凡「敵偽」設立專科以上學校畢業之學生，或曾在「敵偽」中學或師範學校任教之教員，得申請試驗檢定，但試驗合格後，須受短期訓練，經考覈認可，始發給檢定合格證書，並予錄用。對試驗檢定合格者，除了第四條另有規定外，由教育處分別給予檢定合格證書，其有效期間定為六年，在檢定有效期間，教學成績特別優良，以省縣市視導人員查報有案，期滿後，仍給予有效期間六年之合格證書，連續得兩次合格證書者，期滿後給予長期合格證書，其成績不良者，在合格證書期滿後，須重受試驗檢定。受試驗檢定未能及格者，而某科成績滿六十分者，給與該科目及格證書，以後再請檢定時，得免除該科目之試驗。

對於國民學校教員的檢定，規定須參加檢定有六種情形：高級中學、舊制中學，或其他同等以上學校畢業者；師範講習科畢業者；師範學校或高級中學肄業一年，曾充代用教員一年以上者；初級中學畢業，曾充代用教員兩年以上者；國民教育師資短期訓練班，或義務教育短期訓練班畢業，曾充代用教員兩年以上者；曾充代用教員三年以上者。國民學校教員試驗檢定的筆試科目有：公民、國語（論文、文字、口語、注音符號）、算術、本國史地、教育概論、國民學校各科課程標準教材及教學法。同樣在第四條中規定：凡「敵偽」設立各級各類師範學校中學畢業，或曾在「敵偽」學校任教之教員，得申請試驗檢定，但試驗合格後，須受短期訓練，經考覈認可，始發給檢定合格證書，分發國民學校任用。對於檢定合格的，發給合格證書，有效期為四年。對於檢定合格者在有效期間教學成績優良，經省縣市督學查報或縣市教育行政機關呈報備案，或於服務期間參加假期訓練三次以上得有成績及格證明書者，期滿後發給長期合格證書。這兩個辦法都規定，「凡曾任日本統治

時代『皇民奉公會』重要工作，經查明屬實者，不得申請試驗檢定」。〔註12〕1949 年，臺灣省教育廳又對試驗檢定政策作了調整。

由於急需國語教師，行政長官公署教育處在 1946 年 8 月專門舉行國民學校國語教員的考選，共錄取了 109 名。錄取人員經過短期講習後，即分發各縣市國民學校充任國語教員。

4. 短訓補充

為保證國民學校不停課的需要，教育當局還將具備一定條件的有志從事教師工作的中等學校畢業生或相同學力者經過短期培訓聘為「代用教員」。光復後不久，行政長官公署教育處就制定了「臺灣省國民教育師資短期訓練班實施辦法」，要求各縣市設立國民教育師資短期訓練班，縣市長親任班主任，教育科局長任副班主任。教育科局任副班主任。教員由省立各師範學校或普通中學教師兼任，所需經費由省統一撥給。訓練班招收人員的資格為：（1）中等學校畢業，有志任小學教師者。（2）中等學校肄業滿三年，復經一年以上之自修者。（3）師範學校預科或兩年制以上之講習科肄業滿一年，因無力繼續升學，經准予休學復經一年以上之自修者。（4）國民學校高等科畢業後，復經兩年以上之自修者。（5）實業補習學校肄業滿兩年，復經兩年以上之自修者。入學時，需經體檢與筆試、口試。訓練時間為 6 個月，教學科目及每周教學時數分別為：公民兩小時、體育及衛生三小時、音樂一小時、國語（包括注音符號）十一小時、算術三小時、歷史與地理四小時、自然兩小時、美術一小時、勞作及實習一小時、教育概要兩小時時、教材教法四小時、學校行政兩小時、地方自治兩小時、農村經濟及合作一小時、實習三小時。短期訓練班畢業後派到各國民學校擔任代用教員，並應至少服務兩年。對於入學資格達到第一條要求的、服務滿一年、參加小學教員無試驗檢定合格者，及服務滿四年成績優異的、有證明文件、參加小學教員無試驗檢定合格者，可以轉為正式教員。

二、教師培訓

光復後的教師隊伍結構，除了組成結構發生變化外，很重要的或者說更

〔註12〕薛月順編：《臺灣省政府檔案史料彙編──臺灣省行政長官公署時期》（三），第 466～473 頁。

深層次的是隊伍整體文化結構必須改變。從大陸徵選部分教師以及通過考選
具有國文知識的教師等措施，在一定程度上改變了教師隊伍的文化結構。但
是，本地教師由於語言問題、由於與祖國隔絕多年問題，面臨著繁重的文化
轉型的培訓任務。針對此，教育當局開展了大規模的以國語、國文和中國歷
史、地理爲主要內容的文化培訓，以及以瞭解「三民主義思想」爲主要內容
的思想灌輸。

　　1946 年 3 月 25 日，行政長官公署教育處制定了《臺灣省各縣市三十五年
度小學教員暑期訓練實施辦法》。按這一規定，各縣市的國民學校及其他公私
立小學教職員均應參加講習班受訓，其中國民學校及其他公私立小學的校長
主任與合格教員編爲甲組，各校代用教員及其他不合格教員編爲乙組。各縣
市小學教員暑期講習班，講習時間定爲六星期，於暑期開始後第 5 日舉行。
全部講習時間，扣除開學典禮及星期日等外，共 36 天，每天講習 6 小時，共
有 216 小時，教學內容與時數分配情況（見表 6－1）是這樣的：精神訓話 8
小時，關於中國國民黨的基本認識 20 小時，關於國語國文歷史學科 100 小時，
關於政治經濟學科 16 小時，關於教育學科 34 小時，關於生活體格訓練及衛
生常識 22 小時，關於音樂學科 8 小時。爲保證實施，又具體規定：各縣市舉
行小學教員暑期講習班，應先組織小學教員時期訓練委員會，規劃全部訓練
事宜，委員五人至七人，由縣市長爲主任委員。各縣市小學教員暑期講習班
以各該縣市長爲班主任，教育局科長爲班副主任，計劃商討訓練事宜，設幹
事三入至五人，由各縣市政府調充，不給薪津。各縣市小學教員時期講習班
之講師，由班主任聘請，或由教育處直接指派，專任講師得酌給薪津，兼任
講師不給薪津，但酌給車馬費。各縣市應設法裝置收音機，以備精神訓話時，
得由行政長官公署各處室長官以廣播電臺訓話。講習班受訓及格學員，應以
仍回原校服務爲原則。各縣市舉辦小學教員暑期講習班所需經費由縣市教育
經費項下動支並編入各縣市歲支預算。各縣市舉辦小學教員暑期講習班經費
不足時得由縣市政府報請教育處核撥補助。

（6－1）1946 年臺灣各縣市小學教員暑期講習班講習科目時數及訓練
　　　內容〔註 13〕

The Hours Number of Summer Courses' Teaching Subjects and Training Programs

類　別	科　目	時　數	教材大綱
說 話	精神訓話	8	
	國父遺教總裁言論	12	
	中國國民黨 政綱政策	2	講述本黨政綱政策及歷次重要決議之演進與精神
	中國國民黨 黨史及組織	2	講述本黨各時期之重要歷史教訓與一貫的革命精神及本黨之組織
	三民主義青年團之 組織及使命	2	講述三民主義青年團產生之原因與使命及其組織
	黨（團）員須知	2	就本黨（團）員須知闡明其大要
知 能	國語	36	講述日常應用的語體文
	注音拼音	8	講述注音符號之演進及發音原理並熟習拼音
	國文	36	選讀近代中國國語體文注重各種文體組織結構之指導及詞彙虛字之運用
	應用文	8	講述各種應用文體及公文程式
	中國歷史	12	講述我國疆域沿革民族擴展文化政治社會之演進近百年國際交涉國民革命簡史抗日戰爭情形本省先賢學術功業等
	政治建設	4	講述政府最近對於政治建設計劃及重要措施
	經濟建設	4	講敘最近經濟建設計劃與措施及今後應努力之工作

〔註 13〕 薛月順編：《臺灣省政府檔案史料彙編——臺灣省行政長官公署時期》（三），
　　　　第 399～400 頁。

類　別	科　目	時　數	教材大綱
知　能	地方自治	4	講述地方自治之基本工作
	合作事業	4	講述各種合作者之組織法則與經營方法及我國合作事業之現狀與改進
訓　練	國民教育實際問題	6	講述國民教育各項重要實際問題
	國民學校行政	8	講述中華民國教育宗旨之意義國民學校組織及行政學齡兒童及失學民眾之調查與強迫入學
	各科教材與教法	20	講述小學各科教材之組織編選及教學方法
生活訓練	新生活運動與規律及實習	6	講述新生活運動之意義與推進辦法
嚴格訓練	各項運動練習	8	
	衛生常識演習實習	8	
	音樂	8	國歌及其他重要歌曲之練習
工作時論與業務演習	各項業務之設計演習	8	

　　中等學校教員的訓練，由臺灣省地方行政幹部訓練團辦理，分別於 1946 年 1 月、5 月辦理兩次。第一次就甄選合格的 58 人，施以為期三周的訓練。第二次受訓人數達 207 人，訓練時間亦延長為三個月，訓練的課程有：精神講話每周兩小時，「三民主義」、國父遺教、總裁言論每周六小時，國音國文每周十八小時，習作（造句作文）每周三小時，應用文每周四小時，教育法規每周二小時，中等教育每周一小時，本國近百年革命史每周四小時，歌詠每周二小時，軍訓每周一小時，國父紀念周每周一小時，小組討論每周十二小時。

　　在加強對本地教師培訓的同時，教育當局對於從大陸招聘及徵選來臺的教師，也專門開設講習班進行培訓。如對先後三批從廈門赴臺任教的國民學校教員 96 人，分別於 1946 年 1 月 9 日至 2 月 8 日、3 月 2 日至 16 日舉辦了兩期講習班，第一期 24 人參加，第二期 44 人參加；講習科目有國語推行概

論、國語教學法、國音練習、國語發音學、國語與閩南語之比較。講習結束後，派任國民學校教員及國語推行員。對從上海招考及徵聘來的中等學校教員，於 1946 年 3 月 25 日起舉辦講習一周，參加人數有 80 人，講習科目與教員訓練的課程相同，只增加了「臺灣教育概況」課程，以增加對臺灣教育現狀的瞭解。講習結束後，分別派往各省立中等學校任教。不過每校僅能分配到 1 至 2 名。

三、教師（校長）任用制度的建立

　　光復初期教師隊伍改造的另一個重要方面，體現在教師與校長任用制度的建立上。儘管應急補充教師數量不足超越了制度建設的迫切性與執行的嚴肅性，但當局還是在國民學校教師與校長任用制度建立上做出了努力，對於促進教師隊伍結構變化起到了一定的推動作用。

　　光復之初，臺灣面臨著教師嚴重短缺現象，也面臨著校長選派難的問題。日據時代各級學校的校長中，除了國民學校有一、二人是臺灣籍的外，其餘都是日本人。接收時，行政長官公署根據國民學校數量眾多的情況，責成各州廳接管委員會選派臺灣省籍人士接收，並代理校務，其資歷相當者，即派任為校長。中等學校的校長根據下列原則選派；在重慶、福建兩個地方約好的，並已到臺灣者；臺灣中等學校教職員中資歷較深者；在臺北登報徵求的教員中，其資歷較深者；各方介紹的校長經審查合格者，均即派任為校長。但是，臺灣與大陸之間的交通尚未暢通，原先特約的人員多未能如期到達臺灣，本省教職員中堪任中等學校校長的又為數不多。於是，不得不再作以下補充的規定：校址相距不遠的，得以 1 人暫兼兩校校長，學生全部為日本兒童的學校，其校長均由同地或鄰近的校長兼任，並得徵用原校長（日本人）為服務員暫行負責；校長人選未能足額時，得先派臺灣籍的教務主任暫行代理校長職務。

　　為規範有關國民學校教員及校長的任用，臺灣行政長官公署於 1946 年 2 月頒佈了《臺灣省國民學校教員任用及待遇辦法》，規定任省立國民學校及省立師範學校附屬國民學校教員的，需具備規定資格之一為：師範大學、教育學院教育系、高等師範學校本科、大學或獨立學院畢業者；專科以上學校畢業，曾任教員一年以上者；高等師範專修科、高中師範科、舊師範學校本科或舊高等學校高等科畢業，曾任教員一年以上者；高級中學畢業，曾任教員

三年以上，成績優良者；舊制中學或同等學校畢業，曾任教員五年以上，成績優良者。任縣市立國民學校教員的，除了具備任省立國民學校資格之一者外，其需具備規定資格之一還可以為：大學、獨立學院、專科學校、高等師範專修科、高中師範科、舊師範學校本科或舊高等學校高等科畢業者；簡易師範學校畢業，曾任初級小學教員二年以上，成績優良者；高等中學畢業，曾任教員一年以上，成績優良者；舊制中學或其他同等學校畢業，曾任教員兩年以上，成績優良者；曾任國民學校教員或本省書房教師三年以上，成績優良者。該規程還規定，教員均應專任，不得兼任任何有給職務。對於違反「三民主義」者，違背中華民國教育法令者，行為不檢、有損校譽者，妨害校務、有顯著事實者，身心缺陷、不堪任事者五種情況，經校長或主管教育行政機關查實，可隨時停止其職務。

　　行政長官公署還頒佈了《臺灣省國民學校校長任用及待遇辦法》。根據這一辦法，擔任省立國民學校或省立師範附屬國民學校校長需符合以下資格之一：即師範大學、大學教育學院教育科系或高等師範學校本科畢業者；大學或獨立學院畢業，曾任教育職務兩年以上者；專科學校畢業，曾任教育職務三年以上者；高等師範專修科、高中師範科、舊師範學校本科或舊高等學校高等科畢業，曾任教育職務三年以上者。擔任縣（市）立國民學校校長需具有符合這樣幾種資格之一：即具有前條各款資格之一者；大學獨立學院或專科學校畢業者；高等師範專修科、高中師範科、舊師範學校本科或舊高等學校高等科畢業，曾任教育職務兩年以上者；高級中學畢業，曾任教育職務三年以上，成績優良者；舊制中學或其同等學校畢業，曾任教育職務五年以上，成績優良者。省立及附屬國民學校校長，由教育處遴選合格人員，報請長官公署任用。縣市立國民學校校長，由縣市政府或教育局遴選合格人員，檢齊資歷證件及最後卸職證明文件，報請教育處呈請長官公署任用。辦法規定，國民學校校長除依法不得任用者外，有這樣幾種情形的，經主管教育行政機關查實，得隨時解除其職務。即指：違反三民主義者；違背中華民國教育法令者；辦學不力，無法改進者；操守不謹，侵蝕校款者；行為不檢，有損校譽者；身心缺陷，不堪任事者。國民學校校長為專任職，不得兼任其他任何有給職務，但附屬國民學校校長不在此限。省立及附屬國民學校校長，應負輔導地方國民學校之責。國民學校校長，每日在校時數，不得少於 8 小時，並應以住校為原則。

經過一段時間的實踐，上述兩個辦法存在的脫離臺灣實際的問題很快就暴露出來，特別是原來設想的從大陸徵選教師和校長的實際到位情況遠沒有達到預定目標，無法滿足需要。當局不得不立足實際，放寬標準，擴大選人用人範圍。1947 年 1 月，在頒佈的《臺灣省國民學校校長教職員任用及待遇辦法》中，將國民學校教員資格由 5 種情況擴大為 8 種情況，即師範學校普通科、舊制師範學校本科、高級中學師範科，或特別師範科畢業，服務國民教育一年以上具有成績者；高等師範學校、師範專科學校，或大學師範專修科畢業者；國內外大學教育學院教育科系，師範大學，或師範學院畢業者；師範學校體育科、藝術科、幼稚師範科，或體育師範、幼稚師範學校畢業，服務國民教育一年以上，具有成績者（以擔任所習專科教員為限）；師範學校普通科、舊制師範學校本科、高級中學師範科、特別師範科，或鄉村師範學校特科畢業者；師範學校體育科、藝術科、或幼稚師範、體育師範學校畢業者（以擔任所習專科教員為限）；鄉村師範學校本科，或簡易師範學校本科畢業者（以擔任初級兒童班為限）；經小學教員檢定合格，或經本省教員甄選委員會甄選合格者。省立師範附屬小學及國語推行委員會附設實驗小學教員，以具備第一至第四條件之一者。國民學校教職員不敷作用時，得以具有檢定資格未經檢定者暫充代用教員，代用期定為一學期。國民學校教員聘任期間，初聘以一學期為原則，以後續聘任期為一學年，任期屆滿，如無過失，仍應續聘。國民學校教員，不隨校長或主管教育行政人員之更迭為進退，非有下列情形之一者不得解職，即違犯刑法證據確鑿者；行為不檢或有不良嗜好者；任意曠廢職務者；成績不良者；身體殘廢或身有痼疾不能任事者。國民學校教員為專任職，不得兼任其他任何有給職務。在這一辦法中對於國民學校校長的任用資格也作了調整，將原來規定的 5 種情況擴大為 9 種情況，即師範學校普通科、舊制師範學校本科，高級中學師範科畢業服務國民教育三年以上，對於國民教育確有研究並具有成績者；高等師範學校、師範專科學校，或大學師範專修科畢業服務國民教育兩年以上，具有成績者；國內外大學教育學院教育科系、師範大學或師範學院畢業服務國民教育一年以上，具有成績者；師範學校各科，舊制師範學校本科、高級中學師範科，或特別師範科畢業，服務國民教育一年以上，對於國民教育確有研究，並具有成績者；高等師範學校、師範專科學校，或大學師範專修科畢業者；國內外大學教育學院教育科系，師範大學或師範學院畢業者；鄉村師範特別科畢業，服務國民

教育兩年以上,著有成績者;鄉村師範本科,簡易師範科或簡易師範學校本科(四年制)畢業,服務國民教育三年以上,著有成績者;經小學教員檢定合格,或經本省教員甄選委員會甄選合格之教員,並曾服務國民教育三年以上,著有成績者。省立師範學校附屬小學,及國語推行委員會附設國語小學,以合於前項第一至第三各款資格之一者為限。這一辦法的頒佈與施行,標誌著國民學校教師及校長任用制度的建立,為推動教師隊伍結構的轉型奠定了基礎。

光復初期,臺灣當局還在中等學校的教師及校長任用制度上作出了努力。行政長官公署在 1945 年 11 月頒佈了《臺灣省中等國民學校教員甄選辦法》,1946 年 8 月頒佈了《臺灣省公立及私立中等學校校長任免規程》,1947 年 2 月頒佈了《臺灣省中學及師範學校教員試驗檢定辦法》。臺灣省教育廳在 1949 年 5 月頒佈了《臺灣省中等學校教員檢定辦法》。對於高等學校教師及校長的任用,則主要依據教育部的有關規定實施。

四、大陸教師多渠道赴臺任教

大陸教師赴臺任教交流的渠道與形式多樣,除了臺灣教育當局及相關地方政府部門從大陸徵選、聘約國民學校國文、國語、史地科教師外,還有不少是逃亡到臺灣進入學校任教的,也有部分是因多種原因到臺灣參加教育文化重建工作而轉入學校,主要是在高等學校任教。多渠道、多形式的大陸教師赴臺任教,是推動臺灣光復初期教師隊伍整體結構,尤其是高等和中等學校教師隊伍結構變化的一個重要途徑。

光復後,一批大陸文人出於各種原因和目的到臺灣參加文化建設活動。「二二八事件」後,他們中的不少人轉到學校任教。許壽裳在編譯館被撤後到臺灣大學中文系任教授,范壽康卸任教育處長職務後到臺灣大學哲學系任教授,魏建功後來也到了臺灣大學任教。黎烈文應陳儀聘請任《臺灣新生報》中文總編輯及後接任副社長,在「二二八事件」後到臺灣師範學院任教。李何林、李霽野、袁柯等等知名文化人士後來到臺灣大學及其他高等學校從教。這些人士對於充實和提升臺灣高等教育教師隊伍水平有著很大的作用。

當國民黨軍隊在內戰中敗局顯現,國民黨統治區域不斷縮小時,部分教師或者是受國民黨的長期教育,或者對中國共產黨的政策有較深的誤解,而逃亡到臺灣任教。李敖在其回憶錄中寫到:1948 暑假後,「國民黨在北方的局面江

河日下，北京岌岌可危，爸爸這次學乖了，決定全家逃難。」〔註14〕先是流亡到了上海，後來在 1949 年 5 月上海解放前再次逃亡到了臺灣。在朋友的幫忙下，「爸爸終於找到了一個職業——臺中一中國文教員」，「當時一中師資集一時之盛，其中剛從大陸逃難來臺的老師不少，這些人有的在大陸『此馬來頭大』，但是逃難到臺灣，求食而已，一切也就沒話說。例如程東白老師，四十五歲，遼北開原人，學歷是日本明治大學法學士，經歷是遼北省教育廳長，但在一中，只能混到個夜間部教員！他如做過外交官的郭大鳴老師、都本仁老師，也都纖尊降貴，混起窮教員來。」〔註15〕教師中，還有一些是因為其他原因到臺灣的。如何兆武是因姐夫參加了國民黨政府對臺灣的接收在教育廳工作、姐姐在女子師範學校教書，為探望生病的母親而到臺灣並留在建國中學任教了一段時間。後因為「『二二八』的時候我也感到了不安，當地人對外省人好像心裏總有個疙瘩，老讓我覺著自己是個外人，加之天氣和語言的原因，所以我在臺灣待了半年，1947 年春天就和母親一起回老家了。」〔註16〕

　　國民黨政府在敗退大陸之際，一直注意脅迫或誘逼高級知識分子南撤及赴臺。1948 年底北平被圍時，國民黨政府把計劃南撤的北平文教界人士分為四類，分批搶救。第一，各校、院、會負責首長；第二，中央研究院院士；第三，與官方有關之文教人士；第四，學術界有貢獻者。為數約三四百人。〔註17〕1949 年，敗局已定後，國民黨政府力圖動員一批知名學者、教授跟隨赴臺，但只有少數人前往。1949 年 4 月南京解放，隨後國民黨政府頻繁搬遷，5 月遷至廣州，10 月遷至重慶，11 月底遷成都，12 月初遷臺灣。在大陸戰場上節節敗退的過程中，教育當局曾組織動員院校師生隨之遷移，因而有一批教師跟隨赴臺任教。大多數知識分子看到了蔣介石及國民黨的窮途末路，選擇了留在大陸，而沒有跟隨到臺灣。據統計，國立中央研究院 14 個單位，整個建制遷臺的有管理機構中央研究院總辦事處、歷史語言研究所兩個單位，其餘 12 個自然科學研究所和社會學所全部留在了大陸。中央研究院有 506 人，遷臺的總辦事處 30 人，歷史語言研究所 50 人，共計 80 人，占總人數的 15.8%。1948 年選出的中央研究院第一屆院士共 81 人，1949 年去臺灣的只有 9 人，

〔註14〕 李敖：《李敖回憶錄》，中國友誼出版公司 2004 年版，第 33 頁。

〔註15〕 同上註，第 53～54 頁。

〔註16〕 何兆武口述、文靖撰寫：《上學記》，生活讀書新知三聯書店 2006 年版，第 248 頁。

〔註17〕 轉引自張善仁《1949 中國社會》，社會科學文獻出版社 2005 年版，第 203 頁。

去美國的只有 12 人，其餘 60 人都留在了大陸。〔註18〕中研院院士是當時中國知識界的頂尖人物，他們在社會劇烈嬗變時刻做出的選擇，反映了知識分子的人心所向。著名科學家竺可楨拒絕蔣經國的邀請留在大陸，據後人從他當年的日記和回憶來看，他在去留抉擇時毫不遲疑地選擇留下，主要有三個因素：一是對國民黨的腐敗、暴戾十分不滿，並深感絕望。二是對浙大和學生的深厚感情，使他不願離開。三是中共地下黨積極爭取，團結尊重他。〔註19〕由於國民黨不得人心，最終到臺灣的高級知識分子並不多。據《第三次中國教育年鑒》統計，到 1950 年底止，到臺灣的專科以上學校教授被遴選任教者 40 餘人；介紹任特約編纂者 80 餘人，任特約編審者 40 餘人。〔註20〕儘管總人數不多，但對於臺灣高等教育教師隊伍數量的充實和水平的提升起到了推動作用。

光復初期，大陸教師前往臺灣短期教學、講學等也比較活躍。這其中，既有知名學者、教授，也有一般教師。如時任廈門大學法學院院長的王亞南從 1948 年 12 月初至翌年 3 月底應國立臺灣大學之聘請前往講學。〔註21〕除在高等學校之間外，還有不少教師被應聘參與臺灣有關部門舉辦的培訓。1947年暑期，廈門大學教育系教授郭一岑、李培囿、陳景磐及中國文學系教授虞愚受臺灣省訓練團聘請前往臺灣講學。〔註22〕1948 年 8 月，廈門大學哲學教授虞愚應臺灣省政府之聘，赴臺爲該省舉辦的教育人員暑期講習會作專題演講，4 日至 14 日在臺北市講《中國人生哲學》8 小時，19 日在臺中市講《文化之意義》2 小時，22 日在臺南縣講《怎樣復興中國文化》2 小時，同日還在臺南市講《美學基本原理》2 小時。〔註23〕這種短期的教學、講學、培訓活動，對於促進臺灣教師隊伍文化結構的改變發揮了一定作用。

教師隊伍整體結構的轉型機制複雜多樣，既有當局的努力，也有民間的推動，更有形勢的逼迫。在多種因素綜合作用、治標與治本相結合的措施推動下，學校教師在數量方面的緊缺狀況逐步得到緩解，在素質方面整體上有所提高，特別是國民學校合格教師比例不斷提高（見表 6－2）。1949 年後不

〔註18〕 李揚：《解放前夕南京科技界反搬遷鬥爭》，《炎黃春秋》，1999 年第 3 期。
〔註19〕 傅國湧：《1949 年：中國知識分子的私人記錄》，長江文藝出版社 2005 年版，第 99 頁。
〔註20〕 熊明安：《中華民國教育史》，第 369～370 頁。
〔註21〕 福建省檔案館、廈門市檔案館編：《閩臺關係檔案史料》，第 774 頁。
〔註22〕 同上註，第 753 頁。
〔註23〕 同上註，第 769 頁。

少大陸教師進入臺灣，教師數量緊缺問題基本解決，重點轉為了注重教師質量的提高。因此，1949 年 6 月制定了《臺灣省提高各級學校師資素質辦法》，規定所有師範學校代用教員，一律限於 1949 學年度第一學期起（即 1949 年 8 月起）予以解聘，如再聘用不合格教員，該校校長將受議處，其所聘不合格教員之薪津不予以核銷。

（6－2）臺灣光復初期國民學校教員合格比例〔註24〕

ProPortion of Qualified Teaehers in Primary Schools during Taiwan Early Revival

學年度	教員人數（人）	合格教員		代用教員	
		人數（人）	百分比（%）	人數（人）	百分比（%）
1945	14914	3983	26.71	10931	73.29
1946	15356	6827	44.48	8529	55.52
1947	16088	7867	48.90	8221	51.10
1948	17369	7869	45.30	9500	54.70
1949	19000	13270	69.84	5730	30.16

需要指出的是，這一時期臺灣當局施政不得人心，致使不少本地教師的文化轉型自覺性大大降低，採取的一些促進教師文化結構轉型措施之成效大打折扣。如不少臺籍教師一直習慣於在教學中沿用日語，1947 年 9 月臺灣省教育廳再次發佈命令強調，以後凡講授功課，除用國語教學外，限暫酌用本省方言解釋；至於日常用語，應盡量採用國語，不准以日語交談，如各校教員對標準國語尚有不熟的，應從速補習，如有違背者，決予嚴懲。實際上，日語一直是臺灣本地教師間常用的一種交流語言。因此，臺灣光復初期教師隊伍文化結構轉型並未得到真正解決。

第三節　師範教育的轉型

國民黨當局在解決師資緊缺問題上，除努力從大陸延攬及在當地中甄選、考選教師外，還廢除日據時期舊的師範教育體制，根據國民政府教育法律重建了師範教育體系；同時，採取措施鼓勵學生報考師範院校，促進師範教育發展，力圖從根本上解決教師來源與培養問題。

〔註24〕臺灣省政府教育廳編：《十年來的臺灣教育》，臺灣書店 1955 年版，第 18～19 頁。

一、師範教育體制的變更

　　臺灣在光復前夕共有臺北、臺南、臺中三所師範學校，另有 1 所專為「皇民化」訓練而設的彰化青年師範學校。接收時，行政長官公署教育處將原臺北師範學校改為省立臺北師範學校；將原臺中師範學校改為省立臺中師範學校，其在新竹所設的預科改為省立臺中師範學校新竹分校；將原臺南師範學校改為省立臺南師範學校，其在屏東所設的預科改為省立臺南師範屏東分校；利用前臺北師範學校預科的舊址創辦了臺北女子師範學校。為加快國民學校師資培養，特別是為滿足臺灣東部地區國民教育發展需要，在省立臺東中學、省立臺東女子中學、省立花蓮中學、省立花蓮女子中學內各設簡易師範班一班。對於曾作為「皇民化」訓練機構的彰化青年師範學校，以無固定場所設施為由予以停辦。

　　接收時，行政長官公署將日據時代臺灣師範學校的學制更改，從專科層次變為與大陸一樣的中等學校層次。對於原有師範學生，1946 年 1 月，教育處頒發了《臺灣省師範學校舊制學生處理辦法》，總原則是師範學校各級舊制學生仍依照舊制維持至畢業為止。分別對 9 種情形做出具體的安排：本科女子二年級修畢者，得於 1946 年 3 月畢業；本科男子二年級修畢者，仍繼續其舊制至 1947 年 2 月畢業；本科男子一年級修畢者，仍繼續其舊制至 1948 年 2 月畢業；預科二年級修畢升入本科一年級者，得於 1946 年 2 月轉入新制普通科二年級；預科一年級修畢應升入二年級者，得於 1946 年 2 月轉入普通科一年級；三年制的講習科三年級修畢者，得於 1946 年 3 月畢業；三年制之講習科二年級修畢者，得於 1946 年 2 月轉入新制簡易師範班二年級，而於同年 6 月畢業；三年制之講習科一年級修畢者，得於 1946 年 2 月轉入新制簡易師範班二年級，而於 1947 年 2 月畢業；一年制之講習科得於 1946 年 3 月畢業。這樣，到 1948 年 2 月舊制學生才全部畢業，完成過渡。為緩和舊制師範生從專科層次降為中等學校層次引發的不滿，辦法還規定，師範學校舊制本科學生，畢業成績確屬優異者，其薪給比新制普通科畢業者，初任教職時之薪給提高一級支給（女子部除外）；為彌補當時中等師資的嚴重缺乏，師範學校舊制本科畢業生的成績優異者，可以投考數理化博物文史等師資訓練班，經錄取者，准予延緩服務時間。

　　1946 年 6 月，國民政府教育部制定了《戰後各省市五年師範教育實施方案》，規定師範教育發展的基本政策，要求師範學校獨立設置，側重擴充女子

師範學校，中學師範混合設立的，應限期獨立設置；師範教育應由政府統籌設置，師範學校增設應當與國民教育發展需要相配合，並要注意區域平衡。1947 年 4 月，教育部又頒佈了《第二次修正師範學校規程》，進一步規範師範學校的發展。1948 年 11 月，教育部通知要求各省市裁併簡易師範及短期師資培訓機構，簡易師範學校從下個學年度起停止招生，其他短期師資訓練班非有特殊需要不得再辦。臺灣當局於 1946 年 8 月將省立臺中師範學校新竹分校與省立臺南師範學校屏東分校，分別擴充改建爲省立新竹師範學校、省立屏東師範學校。1947 年 8 月，在臺東、花蓮兩地分別設立省立臺東師範學校及省立花蓮師範學校籌備處，一年後兩校正式成立，並將原附設於省立臺東、花蓮男女中學的簡易師範班進行歸併。1947 年 8 月，考慮澎湖島交通不便的特殊情況，在省立馬公中學附設簡易師範班，以培養該縣所需師資。經過這些努力，臺灣的師範學校有了很大的發展，不僅在規模上有了明顯擴大，在學科上做了改進。除了普通師範科外，還在部分師範學校設有藝術、體育、音樂、幼稚等科。

（6－3）臺灣光復初期師範學校基本情況〔註 25〕

Basic Statistics on Teacher Secondary Schools during Taiwan Early Revival

學年度	學校數（所）	學生數（人）	教職員數（人）
1944 學年度	3	2888	301
1945 學年度	6	3049	229
1946 學年度	6	2995	333
1947 學年度	8	3566	473
1948 學年度	8	4097	530
1949 學年度	8	5083	611

爲保證優秀且充足的生源，促進師範教育發展，教育當局制定了一些鼓勵優秀初中畢業生升入師範學校的措施。1946 年 1 月，臺灣行政長官公署教育處依據行政院制定的《全國師範學校學生公費待遇實施辦法》（1944 年 10 月），頒佈了《臺灣省師範生公費待遇辦法》。這一辦法最基本的內容是師範生不繳納任何費用，並且還有許多優厚的待遇，主要有每生每年發給制服費，每生每學期發給書籍費，每生每日發給糙米 0.6375 公斤（合 1 臺斤零 1 兩），

〔註 25〕汪知亭：《臺灣教育史料新編》，第 220 頁。

每生每月發給副食費。此外，畢業時還發給參觀旅費及派遣旅費。這裡，副食費的發給是按照物價指數逐年調整的。1948 年 8 月，臺灣教育當局確定以公教人員待遇委任十三級每月應領薪津總數的 1／4 計算師範生公費標準（初級中學畢業生由委任十三級起薪，而師範生大多數是初中畢業生）。公費制度的實行，在光復後臺灣經濟困難的情況下，吸引了不少低中收入與貧寒家庭子女報考師範學校，有效地促進了師範學校的發展。

　　為了保證生源質量，教育當局對師範學校的招生錄取工作予以高度重視。師範學校的招生辦法，每年皆由教育當局統一規定，全省各校於同一時日舉行入學考試並統一錄取標準。由於對師範教育的發展予以了很多優惠，因而學生總體上報名踴躍。以 1946 學年度第一學期的招生情況為例，報考人數較多的學校，竟超過千人，扣除保送名額外，其錄取比率僅為 6%、7%左右。〔註26〕為更好地培養高素質的國民學校教師，1948 年 3 月，省教育廳專門制定了《臺灣省縣市立中學保送初中畢業生升學省立師範學校辦法》。規定各縣市立中學，都應於每學年度結束時，將符合規定的初中畢業生三名，保送升學省立師範學校。保送條件為：身心健全志願服務國民教育者；畢業成績總平均在七十五分以上，操行及體育成績均在乙等以上者；年齡在十五足歲以上二十二歲以下者。保送生選定後，只需參加師範學校入學的口試及體格檢查，如有不合格者，保送學校應另選符合條件的畢業生遞補。保送生經核准入學後，不得升學其他中等學校，違者由教育廳勒令退學。為把好師範教育培養關，每年各師範學校的畢業考試均在同一時期舉行，並由教育廳派員赴各校監考。1949 年起，還規定國語文科由教育廳抽考，命題及評閱均由教育廳負責。

二、師範學校課程變革

　　臺灣當局將師範學校接軌為中等學校層次後，對教育內容進行了根本性地改造。在課程設置上，依據國民政府教育部 1941 年 7 月公佈的師範學校教學科目及各學期每周各科教學時數表（見表 6-4），結合當時臺灣的實際情況，做出了具體的規定。

〔註26〕黃士嘉：《臺灣光復初期的師範教育（1945～1949）》（下），《臺北文獻》，1997 年第 119 期。

　　這樣的課程安排，主要基於三個方面的考慮：一是針對從日據時期轉型而來的情況，對國語國文教育相應加重了教學時數，每周比教育部的規定多了兩學時。二是根據臺灣學生對於英語學習的強烈需求，每周開列了 2 小時的英文課，這是大陸許多師範學校沒有開設的課程。三是注重了專業訓練養成。根據臺灣師範教育的不同學制，制定有臺灣省師範學校普通師範科預科暫行教學科目及教學時數表，臺灣省師範學校四年制簡易師範科暫行教學科目及教學時數表，臺灣省師範學校二年制簡易師範科暫行教學科目及教學時數表。這些教學科目及時數表，於 1946 學年度開始實施。1946 年 2 月至 7 月，師範學校與其他中等學校一樣，未將國語文補習時間不列入規定的修業年限，其課程與其他中等學校相同。這一教學科目及教學時數表，一直延用至1950 年 6 月才重新修訂。

　　加強對師範學生的思想教育與思想控制，是光復初期臺灣師範教育的一個重點，為此臺灣當局制訂了詳盡的計劃。「在民國三十六年初，本省發生『二二八事件』時，不少曾受日本師範教育之學校參與此事，致使省教育處認為本省青年係深受日本毒化教育而有以致之」，「臺胞過去受日本殖民教育之毒害甚深，此次『二二八事件』更感覺到教育的重要。所以師範生除應加速學習本國語文外，特重本國歷史、地理、公民、倫理等功課，且要充分灌輸祖國立國思想即三民主義，使受師範教育的本省青年認識祖國之偉大，認識自身之責任，認識人生之真諦；如此畢業後，才能教育下一代臺灣同胞，成為真正認識祖國愛護祖國的新國民」。〔註27〕1947 年 4 月 22 日，頒佈了《臺灣省師範生訓練實施方案》和《臺灣省師範生訓練考覈辦法》。師範生的訓練分為精神訓練、學科訓練、生活訓練、專業訓練四個方面。精神訓練的重點是，要求堅定「三民主義」之信仰，發揚愛護國家民族之精神，注重為公服務，自覺自動自律良好品性之陶冶；學科訓練重點是，注重各學科均衡發展，充實學科內容供給課外材料以提高學生程度；生活訓練的重點是，勵行新生活教條，養成各種優良習慣；專業訓練重點是，注重教學技術之培養，培養師範生對教育事業之強烈信念。

〔註27〕葉龍彥：《臺灣光復初期的師範教育（一九四五～一九四九）》。

（6－4）1946 年臺灣省師範學校普通師範科暫行教學科目及各學期每
周教學時數表

Table of Interim Teaehing Subjects and Weekly Hours of Eaeh Term inNormal
Sehools′ Teaching Training Courses in Taiwan Provinee（1946）

學年\科目	第一學年		第二學年		第三學年	
	第一學期	第二學期	第一學期	第二學期	第一學期	第二學期
國文國語	7	7	6	6	5	5
數學	3	3	2	2		
地理	2	2	2	2		
歷史	2	2	3	3		
博物	3	3				
化學			3	3		
物理	3	3	3		3	3
體育	3	3	3	3	2	2
衛生			2			2
公民	2	2	1	1	1	1
美術	2	2	2	2		
音樂		2	2	2	1	
教育通論					3	2
教育行政					2	2
教材及教學法			2	2	2	2
教育心理	3	3				
測驗及統計			2	2		
地方自治					3	
農村經濟及合作						3
農工藝及實習	3	3	2	2	2	
家事及實習	（3）	（3）	（2）	（2）	（2）	
英文	2	2	2	2	2	2
選修時數			2	2	3	3
實習					5	7
每周教學總時數	34	34	34	34	34	34

注：選修科目從第二學年開始，共分三個組：甲組科目爲「社會教育」、「教育輔導」、
　　「地方行政」、「地方建設」，各科教學期限爲一學期；乙組科目爲「美術」、「勞
　　作」：丙組科目爲「音樂」、「體育」，各科教學期限爲一學年，各校可視地方情形
　　設置選修科目一組或三組，學生必須選修一組科目，中途不得變更組別。

三、師範學校師資問題的解決

　　爲發展師範教育，首先必須解決師範學校本身的師資問題。接管後，日
籍教師大多數被遣返回國，而內地與臺灣交通不便，師範學校本身的師資成
爲了問題。1945 年 11 月 22 日，行政長官公署在頒佈的《臺灣省中等國民學
校教員甄選辦法》中對師範學校教員的甄選資格做出了 4 條規定：師範大學、
師範學院本科或大學教育學院畢業者；大學各院系、或高等師範本科畢業、
有一年以上的教學經驗者；專科或專門學校本科畢業、有三年以上之教學經
驗者；曾任師範學校教員四年以上、經主管教育行政機關考覈、認爲教學成
績優良者。〔註28〕後又專門制定了《師範學校聘請教員之標準》，規定師範學
校教員須具有的條件爲：經省教育處檢定合格爲師範學校教員者；對於所教
學科確有研究者；熟諳教學法者；品行優良者；專任者；精通國文並能以國
語教學者；富愛國觀念，信仰「三民主義」者。〔註29〕

　　根據 1947 年 2 月臺灣行政長官公署頒佈的《臺灣省中學及師範學校教員
試驗檢定辦法》，規定凡現任曾任或願任師範學校教員，具規定資格之一的，
得依其志願，分別受師範學校教員試驗檢定。師範學校教員資格規定爲：國
內外大學各學院系畢業者；國內外專科學校（修業年限須在三年以上，並係
招收高中畢業者）專門學校本科或大學專修科畢業後，有一年以上之教學經
驗者；檢定合格之簡易師範學校教員，在檢定合格後有一年以上之教學經驗
者；曾任師範學校教員三年以上者；具有精鍊之藝術技能者（專適用於圖書
音樂教員）。檢定科目，共同應試科目有國語國文、教育概論、教學法、總理
遺教及總裁言論。試驗檢定合格的，給予合格證書，有效期間爲六年。在檢
定有效期間，教學成績特別優良，經省視導人員查報有案者，期滿後，仍給

〔註28〕 薛月順編：《臺灣省政府檔案史料彙編——臺灣省行政長官公署時期》（三），
　　　　第 360～361 頁。
〔註29〕 臺灣省文獻委員會：《臺灣省通志卷五‧教育志教育設施篇》（三），1970 年版，
　　　　第 194 頁。

予有效期間六年之合格證書，連續得兩次合格證書者，期滿後給予長期合格證書。對於「敵僞」設立的專科以上學校畢業生，或曾任「敵僞」師範學校教員，得申請試驗檢定，但試驗檢定合格後，須受短期訓練，經考覈認可，始發給檢定合格證書，並予以錄用。凡試驗檢定合格者，必要時，予以三個月至六個月之短期訓練。訓練期間，現任教員准予帶薪並酌給旅費，非現任教員，費用自備。訓練期滿，分發服務時酌給旅費。根據檢定辦法，1947 年 7 月 20 日至 24 日，臺灣省教育廳辦理了師範學校教員試驗檢定。10 月 7 日公佈檢定結果，計錄取 4 人。〔註30〕1948 年 11 月 24 日至 26 日，又辦理了一次師範學校教員試驗檢定，爲鼓勵現任代用教員參加試驗檢定，規定凡應試者在考試期間各校均應給予公假，照支薪給。

　　1949 年 5 月，臺灣省教育廳在公佈的《臺灣省中等學校教員檢定辦法》中，對於無試驗檢定與試驗檢定的教員資格作了規定。受師範學校教員無試驗檢定的資格爲：國內外師範大學或師範學院畢業者；國內外大學研究院所研究期滿得有碩士或博士學位者；國內外大學教育學院畢業，或其他各院系畢業，曾修習教育學科二十學分以上有證明者；國內外大學各院系高等師範本科或專修科畢業，有一年以上之教學經驗者；國內外專科學校、專門學校本科或大學專修科（修業年限均須在三年以上並係招收高中畢業者）畢業後，有兩年以上之教學經驗者；具有精練之技術並曾任中等學校教員三年以上，經本省教育廳考覈認爲成績優良者（專適用於圖書音樂勞作體育等科教員）。受師範學校教員試驗檢定的資格爲：國內外大學各院系畢業者；國內外專科學校、專門學校本科或大學專修科（修業年限須在三年以上並係招收高中畢業生者）畢業後，有一年以上之教學經驗者；檢定合格之簡易師範學校教員，在檢定後有一年以上之教學經驗者；曾任師範學校教員三年以上者；具有精練技術並曾任中等學校教員兩年以上者（專適用於圖書勞作音樂體育等）。

四、臺灣師範學院的創辦

　　日本殖民統治時期，臺灣師範教育只限於培養國民小學師資，所需中學師資均由日本本土高校培養、從日本本土聘請。光復後，日籍中學教師遣返，加之中等教育急速發展，使得中等學校教師急需補充。當局爲此採取了一系

〔註30〕黃士嘉：《臺灣光復初期的師範教育（1945～1949）》（上），《臺北文獻》，1996
　　　年第 118 期。

列措施加緊補充中學教師，但是囿於歷史條件，這種補充並不能滿足需要，加快發展高等師範教育成爲了一個突出問題。因此，光復不久，臺灣行政長官公署即創辦了臺灣師範學院。這標誌著師範教育體系的完善，更標誌著師範教育轉型沒有停留在原來層次上，而是提高了一個層次。

1946 年春，行政長官公署教育處在省立臺中農專附設了博物師範專修科，在省立臺南工專附設數理化師資專修科，招收日制師範學校或專門學校本科畢業生，修業年限各爲兩年。爲培養中等學校文史學科師資，原擬籌設省立文史專科學校，繼而有設立省立文學院的計劃，最後又有創辦省立師範學院的計劃。1946 年 6 月，創辦臺灣省立師範學院，利用日據時期在臺北市所設的高等學校舊址。對於臺灣省立師範學院，行政長官公署教育對其辦學做出了具體的規定，主要內容有：（1）學院對於不通國語、國文新入學學生，爲謀教學上之便利計，應設置先修班，暫定修學期限爲一年，予以本國語文之教學，併兼授本國史地等有關本國文化之重要學科。（2）學院本科暫設國文學系、英語學系、歷史學系、地理學系、教育學系、物理化學系、博物學系、音樂系，修業期限暫定爲三年。（3）學院爲適應光復後的迫切需要及培養技能科師資，設立各種專修科：國語專修科、歷史專修科、地理專修科、數學專修科、理化專修科、博物專修科、公民訓育專修科、體育專修科、音樂專修科、圖書專修科、勞作專修科、家政專修科，各專修科的修業期限暫定爲一年半。（4）爲提高中小學老師教學效能，並使認識本國文化，熟習本國語文，設立各種進修班：高級中學教員進修班、初級中學教員進修班、國民學校教員進修班，進修班修業期限暫定爲一年。（5）學院對於以往本省外出求學的失學學生，及將來準備赴省外各國立專科以上學校升學學生學習本國語文，應負輔導責任。（6）學院各系科班學生一律予以公費待遇。（7）學院除面向臺灣省招生外，並得在其他各省招收有志於爲臺灣省教育服務的學生，對於考入學院的其他省學生酌發赴臺旅費，並予以交通上的便利。（8）學院定於 1946 學年度第一學期正式成立，並於最短期間內招收學生，先行補習國語、國史等科。

1946 年 8 月 5 日至 7 日，省立師範學院首次在臺北本院及臺南工專舉行招生考試，9 月開學。初設國文、英語、歷史地理、教育、數學、物理化學、博物等 7 個系，修業三年，加上一年的先修班（專門學習國語文、本國史地等有關本國文化的重要學科），共四年。爲適應迫切需要，及培養技能科師資

的各專修科有：國文、英語、史地、數學、理化、博物、公民訓育、體育、音樂等九個專修科，修業年限為一年，並繼續招四年制的博物、公民訓育、體育三個專修科。1947 年暑期，師院與工、農三個學院聯合招生，考試由師院負責，臺灣省立師院招收國文、英語、教育、史地、數學、博物、理化、公民訓育等 8 個系，修業年限為 5 年（包括 1 年實習）。並另外招收音樂、體育 2 個專修科（招收初中畢業生，修業 5 年），增設四年製圖畫、勞作專修科各一班及一年制、二年制先修班各一個班。1948 年，又增設體育、音樂、藝術 3 個系，並改公民教育專修科為教育專修科。除國語專修科（於 1952 年春季停辦）外，其餘各專修科及先修班，均於各該科班第一屆學生畢業後，分別改系或停辦。在課程方面，與師範學校一樣普遍加強國語文的訓練，加強中國史地的教學。1949 年 6 月，師範學院第一屆四年制專修科學生畢業，陳誠專門到校主持致詞。這屆畢業生共有 231 人（其中女生有 12 人）。

　　臺灣師範學院創辦過程，由於無辦學基礎，遇到的最基本問題是經費不足，教學設施不足，辦學條件差。師範學院本身的師資嚴重不足、水平不高，教授不足，助教占全體教職員的 1／3，1949 年新聘了 50 名教員後才有所緩解。學生報考達不到要求者較多，1949 年暑期新生招考時，決定錄取名額為外省籍占 30%、本省籍占 70%，兩主科國文、英文分數，相加須達到 100 分，且總平均分數，外省考生須 49 分以上，本省考生 45 分以上始予以錄取。結果第一次考試僅 150 名合格（原定名額為 250～300 名）。後又於 9 月與工、農學院進行第二次招收新生工作。〔註31〕

　　光復初期，臺灣師範教育發展遇到了一些困難，但是師範教育體系的建立與逐步完善是教育轉型過程中的一個重要方面，也是比較有成效的一個方面。由於師範教育固有的周期性，師範教育的發展儘管對於當時教師緊缺問題的解決不能起很大作用，但是為日後臺灣教師質量提升奠定了比較好的基礎，在推動教師總體文化結構轉型方面起到了很強的促進作用。

〔註31〕葉龍彥：《臺灣光復初期的師範教育（一九四五～一九四九)》。

第七章　臺灣光復初期教育語言及內容的轉換與教育轉型

　　學校的基本語言文字及教育內容，不僅是教學活動的內容與媒介，更是體現和實現教育方針的手段與方法，是標識教育轉型進展的一個重要方面。日本殖民統治者在臺灣大力推行「皇民化」政策，將學校語言文字及教育內容全部「日本化」。光復後，當局按照國民黨統治意志和教育法律法規，推進學校的教育語言文字由「日本化」向「祖國化」轉型，教育內容由「日本化」向「國民黨化」轉型。

第一節　國語推廣運動與教育語言轉型

　　光復前，民眾的日語普及率超過了 70%，而學校教育語言則完全被強制使用日語。光復後，臺灣社會開始了以日語為「國語」向以漢語為國語的轉型，這是臺灣面臨的一場深刻的社會變革。在這場社會變革進程中，國民黨當局強力推進臺灣各級各類學校語言文字轉型，並將之作為促進教育方針、教師隊伍和教育內容轉型的基礎，以此引領全社會語言文字的轉型。

一、國語推廣運動的展開

　　日本殖民統治者在對臺灣人民實行「皇民化」教育中，強行將日語作為「國語」。在長時期的強制下，到光復時相當部分的臺灣同胞已經在語言上「日本化」了，日語成了他們的思想工具。光復後出任行政長官公署教育處副處

長的「半山」人士宋斐如，從大陸回到臺灣參加接收工作後，發現臺灣同胞的語言問題是一個嚴重的問題，這和他在重慶時所想像的相差太多。「當時我以為臺灣一光復，臺胞都有漢文根底，一下子就可以恢復我們文字，殊不知經過最近十幾年日本政府嚴禁漢文與獎勵日語的結果，臺胞大部分只知日語而不識漢文，甚至只知日語的意思，不知漢字的意思，有很多人看漢字不懂意思，聽日語音始能瞭解漢字的意思，如日本人一樣，如一部分日人看報紙、雜誌然。現在禁止用日語日文（當然我是贊成的），許多臺胞竟然變成了文盲。」〔註1〕1947年4月19日，許壽裳在寫給許廣平的信中就說道：「此間辦事困難，其最大障礙是在語文的隔閡，因臺胞均說日語，看日文，對於國語、國文程度太低。現雖注力於此，收效尚甚少也。」〔註2〕由此可見，順利實現語言轉換，對臺灣社會轉型具有重要性和艱巨性。

光復後，臺灣民眾「首先感覺到的是，我們是中國人，不會中國語文是一種奇恥大辱，於是不約而同的掀動學習中國語文的浪潮，不管是文言還是白話，國語還是方言；實際上也不清楚什麼是標準國語，只要是中國語文就喜歡學。」〔註3〕一時間各種形式的國語講習班在臺灣出現，有人甚至在街頭巷尾掛起黑板就開始講授國語，大量的有關學習國語的書籍在臺灣出現。在日本殖民統治時期被迫停辦的書房不少又恢復起來，由原來的塾師講習漢語。各種報刊逐步開始出現中文版面與欄目，10月份開始除少數報紙外，多數報刊以中文版為主、日文版為輔。有的完全是中文報刊，如《民報》在1945年10月10日誕生時就是一份完全中文的報紙。大陸不少報紙也開始進入臺灣，上海《大公報》增刊了臺灣航空版，《中央日報》、《新聞報》、《申報》等在臺灣設立了經銷處。這些，對於民眾自發的學習國語運動起到了很好的促進作用。

國民黨政府較早注意到國語推廣問題，在臺灣光復前就進行了準備。1945年上半年，國民黨中央訓練團在舉辦的「臺灣行政幹部訓練班」中，邀請了魏建功等到重慶為訓練班的教育組人員講授國語課，還著手邀約準備到臺灣從事國語推廣的專家與教師。臺灣行政長官公署對推行國語運動相當重視。

〔註1〕深圳臺盟主編：《宋斐如文集》（卷二），海峽學術出版社2006年版，第109頁。
〔註2〕倪墨炎、陳久英編：《許壽裳文集》（下卷），百家出版社2003年版，第809頁。
〔註3〕張博宇編：《臺灣地區國語運動史料》，臺灣商務印書館1974年版，第131頁。

1945 年 9 月 26 日，陳儀在重慶舉行的外國記者招待會上發表「治臺施政方針」時提出：收復臺灣後，第一要考慮的是教育問題，恢復國語和歷史教育，促進臺灣人自由發展自己的能力。〔註4〕陳儀在赴臺前就普及國語問題進行了籌劃。正式接收後，特別是 1946 年 4 月臺灣省國語推行委員會成立後，臺灣行政長官公署制定了有力的政策，採取了相當多的措施，主導推進國語推廣運動。即使如此，臺灣民眾依然是推行國語運動的主體力量，各種社團及民眾的自發學習熱情極高。據統計，從 1946 年 1 月到 1947 年 5 月 7 日，在《臺灣新生報》上報導的各種有關國語講習會的消息，共有 173 次，其中國語比賽就有 45 次之多。〔註5〕以臺灣省國語推行委員會成立為標誌，國語推行運動從民眾自發轉為了政府主導與民眾自發相互結合、相互促進的軌道，一場影響廣泛、涉及全社會的國語推廣運動全面展開。這期間，不僅有官方的重視與努力推動，而且民眾異常踴躍、積極學習，自發促進，官方與民眾兩者並行，互相呼應。儘管「二二八事件」消解了臺灣民眾的部分民族感情，但是，省政府加大了力度，強力推動國語推廣運動，絕大多數臺灣民眾還是努力學習國語，國語推廣運動在臺灣得到了深入發展。

　　行政長官公署在推行國語上，最重要的措施的就是成立臺灣國語推行委員會，建立健全的國語推行網絡系統。完成接收後不久，行政長官公署就開始規劃國語推行工作。由於戰後交通不便，教育部所委派的魏建功、何容等，及行政長官公署自行邀約的國語推行人員到 1946 年初才到達臺灣，以政府全面主導的國語推行運動從 1946 年上半年全面展開。1946 年 4 月 2 日，臺灣行政長官公署正式公佈《臺灣省國語推行委員會組織規程》，成立國語推行委員會，作為全省國語推行的指導機關，隸屬公署教育處，並且由教育處負責政令的實施。國語會的主要職責除負責內務的總務組外，其他分為三個組，職責規定為：第一，調查研究組，主要負責關於國語及臺灣方言系統的調查，關於國語及臺灣方言的發音組織研究，關於臺灣語文教育的研究設計，關於高山族同胞語文教育的研究設計及其他有關國語及臺灣方言的調查研究；第二，編輯審查組，主要負責關於國語教材教法的搜集審查，關於國語教材的編輯，關於國語書報及字典辭書的編輯，關於國語書籍標準的審查及其他有關國語教材的編輯審查；第三，訓練宣傳組，主要負責關於各級學校國語師

〔註4〕曾健民：《1945 破曉時刻的臺灣》，第 90 頁。
〔註5〕同上註，第 187 頁。

資的訓練，關於各級學校語文教育的視導，關於高山族同胞語文教育的推行，關於民眾識字推行，關於推行國語指導考覈，關於利用社會教育方式傳播國語及其他有關國語訓練及宣傳事項。國語推行委員會由魏建功任主任委員，何容任副主任委員，設有常委 5 名、委員 16 名。臺灣省國語推行委員會一成立就著手編訂了《國音標準彙編》作爲推行標準國語的根據，由臺灣行政長官公署以政府法令形式公告公佈，要求今後關於一切注音讀物，都應以此書爲準。

1946 年 3 月 9 日，在國語會籌備過程中，臺灣行政長官公署教育處先行頒佈了《臺灣省各縣市國語推行員任用及待遇辦法》與《臺灣省各縣市推行國語實施辦法》。根據這兩個規定，國語推廣實行的體制是：在行政長官公署所在地設臺灣省國語推行委員會，在各縣市政府所在地設置分會或推行所，各鄉鎮區設置講習所工作站，負責推行各該地國語推行事宜。各縣市推行國語，由行政長官公署選派國語推行員，分發各縣市執行任務，經費在省教育經費項目下支付。由於延請從事國語的專家與教師遠不能滿足需要，到 1946 年底成立了 13 所國語推行所。1947 年 1 月，各縣市國語推行所奉令撤消，但仍然保留國語推行員在各縣市工作，由省國語推行委員會管理。

對於國語推行員的任用，規定要具有 4 種資格之一，即國內外大學教育學系，或文學系畢業者；師範或中學畢業，有教學經驗者；曾受中學以上教育，嫻習國語者；曾受國語訓練，或生長國語區域者；經省國語推行委員會審查國語技能合格給予證明者，由行政長官公署教育處核轉長官公署，以國語推行員任用。國語推行員的主要任務有六條，即傳習標準國語；解答國語疑問；協助各縣市成立國語推行委員會分會；協助政府推行政令；發佈本省國語推行委員會宣傳書刊；調查本省各縣市方言及流行之歌謠故事（自由工作）。國語推行員在被派往縣市工作前，須先經二至三周的國語教學技術講習。各縣市國語推行員待遇，比照國民學校教師待遇標準辦理，最高薪額得支二百二十元，其薪級由教育處依法核擬，呈請長官公署核定，就本省國語推行費項目下開支。

根據規定，各縣市推行國語的基本要求爲：第一，分期成立國語傳習班，先就國民學校教員實施傳習（國語史地教員應儘先傳習），次爲公務員（由縣市政府分期指定），再次推及民眾（自由報名參加）；第二，傳習班每班人數以四十人爲最高額；第三，傳習期間，定爲每兩個月爲一期；第四，每期班

數，由各所斟酌決定之；第五，上課時間，教員班日間上課，每日 4 小時，公務員或民眾班，得同時開辦，晚間上課，每晚 2 小時；第六，教材暫用民眾國語讀本，及教育處編行之其他課本。還要求，各縣市推行所門口應盡可能安置無線電收音機，收播國語節目，並張貼傳佈關於國語的書刊資料。

　　1947 年 6 月，省政府成立後，原公署教育處改為教育廳，臺灣省國語推行委員會的組織規程也進行了修訂，並重新組織了國語推行委員會。何容任主任委員、洪炎秋任副主任委員，魏建功為專門委員，新聘或調整了部分常委、委員。1948 年 1 月，臺灣省政府規定，各縣市國語推行員改為隸屬縣市政府，由各縣市長指揮，省國語推行委員會負責指導其工作。2 月，臺灣省政府核准了省國語推行委員會制定的《臺灣省各縣市國語推行委員會組織規程》，規定各縣市組織國語推行委員會，受省教育行政機關的監督，受省國語推行委員會的指導。規定主任委員由縣市長兼任，副主任委員由各縣市教育局（科）長兼任，委員除國語推行員為當然委員外，由縣市政府聘請熱心國語教育的人士擔任，經費由各縣市政府負擔。

二、大力推進臺灣各級學校國語教學

　　大力推進臺灣各級學校國語教學，促進臺灣學校語言文字轉換，是臺灣教育去殖民化、盡快實現「祖國化」的一個基本方面，也是國語推行運動的一個重要基礎。

　　所謂的國語，「包括代表意義的聲音叫『國音』，記錄聲音的形體叫『國字』，聲音形體排列組合表達出的全部思想叫『國文』。」〔註6〕在臺灣光復初期各級學校開展國語教育，面臨著一個如何進行國語教育的問題。實際上，這在當時是一個全國性、長期性的問題。1912 年中華民國建立，7 月 10 日在北京召開的「中央臨時教育會議」決議組織「讀音統一會」。1917 年，北京教育界人士推蔡元培為首成立了「中華民國國語研究會」。1918 年，教育部公佈了「注音字母」，在小學開始了注音字母的教學。1919 年，教育部成立專管國語的機構「國語統一籌備會」。1922 年，廢止舊的小學方言文教科書。國民政府教育部專門成立了國語推行委員會、中央推行注音識字運動委員會等機構。1944 年 3 月，教育部在重慶舉行國語運動周，印發了《國語運動綱領》。主要內容有：實行國字讀音標準化，統一全國讀音；推行國語，使能通行全

〔註 6〕張博宇編：《臺灣地區國語運動史料》，第 54 頁。

國，並爲外人學習我國語言的標準；推行「注音國字」，普及識字教育，以奠定民族基礎；推行注音符號，以溝通邊疆語文；研究國語教學法，以增進教育效率。其中，推行「注音國字」是民國政府推廣國語運動的重點。由於漢字本身字音難記、筆畫難寫，學習起來比較困難。1935 年，教育部在印刷的鉛字上，在每個字的右旁都把注音符號拼好的標準讀音配合在一起，這就是所謂的「注音國字」。用「注音國字」來印刷小學課本和民眾讀物，可以使學生和學習者「一面讀書、一面識字」，或者是「先讀書、後識字」。推行注音符號，則是專門針對少數民族邊遠地區指的。如當時的「四行課本」，就是國語國字的正文寫在第一行，國字用「注音國字」；注音符號排在國字的右旁爲第二行；少數民族語翻譯出來的正文爲第三行；少數民族語的音也要用注音符號拼出來，排在少數民族語的左旁或下方爲第四行，並且這第四行最爲重要，是溝通少數民族語與國語之間的「橋梁」。抗日戰爭勝利後，這一《國語運動綱領》成爲國民政府推廣國語運動的基本政策。

臺灣各級開展國語教學與開展國語推廣工作一樣面臨著難題：第一是「誰來教」，即如何解決國語推廣教師嚴重不足問題，第二是「怎麼教」，即如何針對實際制定科學有效國語教學、推廣方案，第三是「教什麼」，即如何解決國語推廣教材及國語普及讀物問題。這三個基本問題的解決，都以必須有相應的專家及大批從事國語推廣的教師爲前提條件。因此，從大陸多方聘請國語推廣專家與教師就成了臺灣光復後推廣國語運動的一個重要方面。同時，國語推行運動把學校作爲主要陣地，國語推行委員會把工作重點放在推進學校語文教育上，「官方在此一階段籌劃國語運動的主要舉措乃在於『學校』和『學者』兩個方面」〔註7〕。

臺灣行政當局在延請大陸一些著名的語言學者及從事國語推廣教師上頗下了一番功夫。除在教育部支持下魏建功、何容等一些語言學家專門到臺灣從事國語推廣工作外，還致力於聘請大批從事國語推廣工作的教師。行政長官公署教育處一方面著手進行機構規劃，另一方面進行人員組織。根據估算，爲保證省縣市三級國語推行機構工作正常開展，全省在 1946 年 3 月至少要補充 156 名國語推廣教師。〔註8〕籌劃補充人員的渠道主要考慮三種：一是商邀

〔註7〕 汪毅夫：《魏建功等「語文學術專家」與光復初期臺灣的國語運動》，《東南學術》，2002 年第 6 期。

〔註8〕 張博宇編：《臺灣地區國語運動史料》，第 38 頁。

曾從事國語運動的人，提請行政長官公署延聘；二是呈請教育部，准調部辦
的三個國語專修科的學員，來臺服務；三是考選訓練。儘管臺灣行政長官公
署教育處、國語推行委員會想了很多辦法，總體上從大陸補充國語推行人員
的情況不理想。如呈請教育部調國語專修科學員，當時徵調國立西北師範學
院 20 名，實際到臺 6 名；國立女子師範學院 27 名，實際到臺 18 名；國立社
會教育學院 6 名，實際到臺 5 名。因交通及學業未告一段落等原因，有部分
等到畢業時，即 1946 年 8 月間才到臺灣。〔註9〕為了補充國語推廣教師，除
了從到臺服務的大陸教師中考選或在當地徵選外，國語推行委員會還專門到
大陸主要是北平招考國語推行員。1946 年 10 月，臺灣省國語推行委員會主任
委員魏建功親自在北平開展這項工作，他在北大文學院設立了「臺灣省行政
長官公署教育處招考國語推行員辦事處」。此次招考第一批到臺的有 21 人，
於 1947 年 1 月 22 日至 2 月 1 日接受短期訓練後，分配到省國語會或縣市國
語推行所服務。1948 年暑假，臺灣省國語推行委員會，又到北平教育局，聘
到了北平市立師範學校暑假畢業生 18 名，他們大部分分配到國語委員會設立
的國語實驗小學和臺北女子師範附小，從事在臺灣的國語教學改革實驗。〔註
10〕實際上，在光復初期臺灣推行國語運動中，承擔了大量具體工作的是廣大
服務於國民學校的教師。他們一方面直接面向學生，推行國語；另一方面不
少人熱心於社會服務，在各種機構或民間組織中推行國語。為解決急需師資，
臺灣行政長官公署教育處除先後向北平、廈門徵聘國語教員 200 多人分發國
民學校服務外，於 1946 年 8 月 15 日在臺北考選國民學校國語教員 103 人，
短期培訓後分發服務。同時，以各縣為主，由國語推行委員會協助，加強國
民學校及中等學校教員的國語訓練。到 1946 年 5 月，已辦有臺北市國民學校
國語師資講習班、各地來臺中小學教員講習班、臺北市國民學校教員講習會
等。隨著國語推廣運動的深入，山地教師的國語訓練逐步引起了重視。從 1947
年 9 月開始，臺灣省政府民政廳即有調訓山地教師的計劃，其課程設計委託
省國語推行委員會負責。1948 年 4 月，省教育廳及民政廳委託幹部訓練團負
責辦理山地教師訓練班，其語文課程由省國語推行委員會設計及派員講授，
上課 24 周，受訓人數達 120 餘人。〔註11〕

〔註 9〕張博宇編：《臺灣地區國語運動史料》，第 38 頁。
〔註10〕同上註，第 39 頁。
〔註11〕臺灣省文獻委員會：《重修臺灣省通志》（卷六文教志社會教育篇），1993 年版，
　　　　第 648 頁。

　　1946 年初，行政長官公署在教育改革中，明確提出了要加強國文、國語教育，禁止在學校中用日語進行教學（特定專業除外）。國語推行的重點在學校。臺灣行政長官公署決定自 1946 年度上學期起，各級學校一律用國語教學。省教育處規定，1946 年 2 月間各中學所招收的新生，應以半年為補習教育的時間，不列入規定的修業年限之內。在補習時間內，每周國語文達 14 個小時。教育處還制定了《省立中等學校利用暑假舉辦語文補習班辦法》，規定各校應視需要，辦理國語文補習班，授課時間以 1 個月為度，每日授課時數以 3 小時為原則。

　　教育當局和國語推行委員會加強了國語教育的實驗，探索適合性強的教育教學方法。1946 年 8 月 1 日，省國語推行委員會接辦了省立臺北國民學校，並將其改為「臺灣省國語推行委員會附設國語實驗小學」，選派能操標準語並熟悉注音符號的教員任教，希望在一學期內養成兒童聽說基本國語及有運用注音符號的能力，並在兩年內學習 3516 個常用漢字。為此，省國語會在實小進行了說話教材和注音符號教學法兩項實驗，並將實驗結果彙集印成國語說話教材及教法、綜合法注音符號教學法、初級小學注音符號教學法、初級小學注音符號課本使用法總論、注音符號教學節要等書。1948 年 3 月，臺灣省教育廳為輔導中等學校國語文教學，提高教學效果，專門組織成立了「臺灣省中等學校國語文教學輔導委員會」，先在臺北市中等學校實施。從 3 月 25 日至 4 月 1 日，由省國語推行委員會常委齊鐵恨和省立師範學院高鴻縉教授擔任輔導委員，先後到省立臺北女師、成功中學、工業職校、臺北市立大同中學、私立大同工業職校、泰北中學等 6 所學校，輔導語文教學。輔導方式包括參觀教學、召開座談會、隨時解答問題等。1949 年 6 月，教育廳實施臺灣省立各師範學校應屆畢業生國語文統一考試，凡國語文不及格的不准畢業。

三、廣泛開展全社會的國語推廣運動

　　加強公務員隊伍的國語培訓，是推進國語推廣運動中一個重要方面。對於全省行政人員的國語訓練，由國語推行委員會派員至臺灣省行政幹部訓練團講授。對行政長官公署員工的國語訓練，由國語推行委員會委員講授。自 1946 年 2 月 8 日到 3 月 30 日，參加講習者有 129 人。1947 年 2 月 1 日，教育當局頒佈了《臺灣省各機關公務員國語國文補習班設置辦法》，目的是加強對不熟悉國語國文的公務員進行語文的補習。該辦法規定，各機關所設的語

文補習班，定名爲某某機關公務員語文補習班，如聯合數機關合設一班者，應冠以各聯合機關的名稱。各機關補習班應設班主任 1 人，由設置機關的主管長官或主任秘書兼任，綜理班務，數機關聯合設一班者，班主任由聯合機關互推一人兼任。各機關語文補習班，每班人數以 35 人至 50 人爲原則，每一機關補習人數逾 50 人以上的，得分組補習，不滿 35 人的，得聯合鄰近其他機關合設一班。各機關應補習語文人員，視其程度分編爲初、中、高三級，每級每期補習時間，定爲四個月，補習期滿考覈及格者，除發給證明書，初級及中級分別予以升級補習，不及格者，應令重讀，高級期考覈成績優異者，得由原機關視其學資歷，遇有相當缺額，優先依法陞用，以示鼓勵。語文補習，每日定爲 1 小時，每周 12 小時，上課時間，以在辦公時間內爲原則，時間之分配，由各班自定之。各機關語文補習班教師，以由各機關在此前選派參加師資講習及格人員擔任爲原則，如無此類人員，應報由教育處商同有關機關決定之。各機關公務員在擔任語文補習班老師期間，除每日應授課 4 小時外，得停辦其他工作，薪津照支，擔任時間以一年爲原則，必要時得改爲擔任一期或二期。各機關語文補習班成立時，應將班主任及職員姓名，參加補習人員名冊，分組分級情形，教師人數及其簡歷，報送教育處備查。各機關語文補習班各科課本應用臺灣省編譯館暨國語推行委員會合編者爲限。各機關語文補習班經費，由各機關辦公費項下開支。

　　爲使國語推廣運動能夠儘快達到成效，行政當局採取眾多的措施，運用各種形式，全方位地推動民眾學習、使用國語。首先是充分利用廣播這一媒介。1946 年 3 月 1 日，行政長官公署教育處在臺灣廣播電臺設置了讀音示範節目，使用教育部的「社會教育留聲片」，一張爲趙元任發音的注音符號及注音符號歌，另兩張爲社會教育唱片，選其中注音符號部分，作爲發音示範。同年 4 月，改由柯遜添發音，5 月 1 日起再改由齊鐵恨發音，播《民眾國語讀本》（四冊），並由林紹賢以閩南語翻譯。播完該書四冊後，又續播《國民學校暫用國語課本》，由幹事林良翻譯，在每周六解答國語問題，兼講省國語推行委員會編印的《初級國語會話》。1947 年 1 月，臺灣廣播電臺發行《臺灣之聲》月刊，將此項國語讀音字範列入，排定周數，連續播講教育部審定的標準本——初級小學國語常識課本及高級小學國語課本，每逢周六解答問題兼講省國語推行委員會編印的初級國語文。1948 年 4 月，講完初級國語常識課本與高級國語，仍選定高級歷史課本爲主，輔之以省國語推行委員會編的注

音讀物，並於周六播講民眾語文課本、國語會話，繼續進行。據林忠回憶，「為著臺胞將來能利用廣播迅速學會國語，本人於八月十五日，日本正式宣佈無條件投降時，就開始編寫『國語廣播教本』，內容是將國音字母『ㄅㄆㄇㄈ』二十一個聲母和十六個韻母均用閩南音（即臺灣音），又運用羅馬拼音和日本音加以注解的『國音字母發音表』等，由內人協助編日常用語及普通生活常用會話，漢字旁邊均有注音符號，另又編常用課本共四冊。從此以後，就以本人所編著的國語廣播教本，在廣播電臺按日教授國語，後來為配合全省民眾（聽眾）需要全省電臺乃以聯播教導國語，一時全臺同胞（包括林獻堂在內）都掀起了學國語的熱潮；進而又進行國臺語雙語教學，使不能說臺語者亦藉此機會迅速學習到兩種通用語言。」〔註12〕根據《重修臺灣省通志》卷六文教志社會教育篇記載：臺灣省國語推行委員會，在 1946 年 10 月間，將全省鐵路、公路站名表、民營公司公路站名表，臺北市街巷名稱表標注完畢，鐵路站名更換加有注音符號之名牌。1945 年、1946 年間，臺北市、花蓮市街路名牌，都以注音符號漢字譯符三行寫出，使學會注音符號的民眾，到處都有使用機會，並藉以學習漢字。1946 年，還舉辦了全省國語文競賽，當時只限於演說一項。依所訂辦法，參加競賽者都限於臺灣省籍，分為國民學校、中等學校、專科以上學校、社會甲（曾受過中等以上教育的民眾）、社會乙（未受過中等教育的民眾、公務員）等組。以縣市暨專科以上學校為單位，各縣市先自行預賽、選定代表四人（每組一人）參加，專科以上學校組亦選拔代表二人參加。1947 年 12 月，還舉行了全省第二屆國語朗讀及演說競賽，比第一屆增加了朗讀項目。

國語推廣運動的全面開展，不僅是服務於光復後的政治經濟文化轉型，更是直接服務於教育轉型，對於教育語言轉型起到了很大的推動作用。

四、正確認識臺灣光復初期的國語推廣運動

臺灣光復初期的國語推廣運動不是一個孤立的事件，是與祖國大陸國語統一運動的發展，及當時國民政府國語推廣政策密切相關。首先，臺灣的國語推廣運動是抗日戰爭勝利後國民政府推廣國語運動的一個組成部分。在1944 年 3 月教育部舉行的國語運動周期間，國語推行委員會與中央推行注音

〔註12〕 《林忠先生口述記錄》。見魏永竹、李宣峰主編：《二二八事件文獻補錄》，第138 頁。

識字運動委員會舉行了聯席會議，除議決推行注音識字計劃綱要外，並議決請教育部指定國立西北師範學院（位於甘肅蘭州）、國立女子師範學院（位於四川白沙）、國立社會教育學院（位於四川璧山），增設國語專修科，培養高級國語師資。同年 5 月，教育部同意這一計劃，並要求國語推行委員會協助辦好國語專修科。正是因為有此推動，在全國都需要國語師資的情況下，還是有部分專修科畢業生到臺灣參加國語推廣運動，為國語推廣做出了貢獻。1947 年 12 月，國民政府教育部要求臺灣大學設立國語專修科，這也是針對統一佈局安排的。抗戰勝利後，教育部針對高等學校復員工作情況，對國語專修科的設置進行了調整。國立西北師範學院和國立女子師範學院停辦國語專修科，國立社會教育學院復員蘇州繼續設立國語專修科。國立北平師範學院復校、國立中山大學和國立臺灣大學三校附設國語專修科。臺灣大學的國語專修科設在文學院內，學制為二年，面向閩臺兩省招生。後考慮臺灣大學為普通大學，沒有師範學院的設置，1948 年 8 月，改由臺灣省立師範學院接辦。可見，臺灣光復初期的國語推廣運動是整個中國國語推廣運動的一個有機組成部分。

其次，臺灣國語推廣運動出現的困難與問題也與祖國大陸國語推廣運動密切聯繫在一起。中華民國成立到抗日戰爭結束前，大陸戰亂頻仍，軍閥混戰、國共內戰、抗禦外敵入侵等，極大地破壞了政治、經濟、文化建設的順利進行。在這一背景下，國語統一運動與其他事業一樣受到極大的影響，不可能正常發展。因此，戰後大陸不僅不能派出大批國語推廣工作人員到臺灣幫助推行國語，而且從大陸到臺灣工作的官員本身就存在著國語極欠標準問題。「臺灣光復後，外省來到臺灣的人，雖然都是說國語，可是大多是說藍青官話﹝註 13﹞，並不是標準國語。例如當時的社會處長某先生是廣東梅縣人，有一次在電臺上廣播，有人聽完了他的講話就說：『國語就是苗栗話嘿！』來到臺灣的人，所說的國語彼此都不同，不用說本省人不懂，就是彼此間用藍青官話打起交道來也不能完全懂，因此，使本省人發生困惑：『國語有這麼多種。讓我們學那一種呢？』」。﹝註14﹞這種現象嚴重地影響了國語推廣工作。

最後，臺灣行政當局在國語推廣運動上執行錯誤政策逐步使國語問題政

﹝註13﹞ 方言地區的人說的普通話，夾雜著方音，舊時稱為藍青官話。藍青：比喻不純粹。

﹝註14﹞ 張博宇編：《臺灣地區國語運動史料》，第 139 頁。

治化。第一，將語言作爲臺灣同胞愛國或出任公職的標準，嚴重地傷害了臺灣同胞。1946 年 11 月 25 日，陳儀就記者問臺灣何時可能實行縣長市長民選時答道：「臺胞有良好技術及苦幹精神，但許多人尚用日語、日文。爲建設中國的臺灣，首先要使臺胞學習國語、國文。目前實行縣長、市長民選，種種俱感困難。」〔註 15〕在光復之初，就是以臺灣同胞不會國語、國文爲由而阻塞了臺灣同胞出任公職的渠道。第二，沒有顧及臺灣同胞的語言傳統與社會基礎，致使政府官員與臺灣同胞隔閡加劇。據汪彝定回憶，「到臺灣的第一件不便就是語言不便，連文字也不通。臺灣沒有幾個人會說國語、讀漢文。他們在日本書化中長大，只會日文，而閩南語又是中國最難懂的方言之一。我們既不懂閩南語，也看不懂日文，等於是一群文盲和另一群文盲在一個社會裏相遇，隔閡之深毋寧是必然是。」在這種情況下，臺灣行政長官公署不顧現實，採取強硬措施，造成了「欲速則不達」的後果。「當民國三十四年冬收復臺灣時，臺灣事實上所有的知識分子都只會使用日文。討論正式問題時也必須使用日語。閩南語只有在家庭和鄉村地區使用。當時不許臺灣人說日語、用日文，甚至不許說臺灣話，就差不多等於剝奪了他們在公眾場合發表意見，接收信息，甚至討論問題的權利」，「嚴格禁止日文、日語的使用，除了造成臺灣人的不便之外，更有封鎖自己信息來源的反效果」，「當時臺灣還有一份報紙，發行中日文對照的新聞，但也只發行到三十五年爲止，電臺廣播完全禁止閩南語和日語。結果我們政府想告訴老百姓的事情，也缺少一個適當的管道。老百姓開著收音機聽一大堆完全不懂的語言，翻開報紙，就像我們今日許多人讀日文報一樣，憑一些漢字去猜測內容，誤會之產生，哪裏能夠避免。」〔註 16〕在日語遭到禁止、日文作品遭到壓制的情況下，以日語、日文作爲溝通、接觸工具的臺灣民眾，頓時成了文盲、啞巴、失語的一代。由此，在政治、經濟、文化、教育等生活中失去了發言權，這逐步演變爲政治問題的一部分。

國民黨當局強力推進學校及社會語言文字轉型是時代的需要，是主權回歸後必然要開展的事業。臺灣當局爲此採取了一系列的措施，也取得了一定的成效。但是，由於全國國語推廣的局限，採取的語言文字轉型過度政治化

〔註 15〕陳鳴鐘、陳興唐主編：《臺灣光復和光復後五年省情》（下），第 571～572 頁。
〔註 16〕汪彝定：《二二八以前的臺灣》。見魏永竹、李宣峰主編：《二二八事件文獻補錄》，第 638～646 頁。

的錯誤，及其實施封建專制統治背離臺灣民眾的意願，因此光復初期教育語言文字的轉型受到了很大影響，到 50 年代初仍有不少臺灣師生保留使用日語習慣，轉型呈現出不徹底性。

第二節　教育內容的轉換

　　教育內容的根本變化，是臺灣光復初期教育轉型的一個重要體現。教育內容的變化，可以從課程的變化及教材的變化兩個方面來考察。課程作為集中體現教育思想、教育觀念和教學內容的載體，是實現教育目的和目標的手段或工具。課程的變化常常最終體現出是一個政治影響與控制的過程。課程的構成通常包括課程標準、教材等，教材是課程標準的具體化。光復之初，行政長官公署有意識地組織編寫與「國定本」有所區別的臺灣當地中小學教材，並為此作出了努力。「二二八事件」後，這一努力被中止了，全部採用了國民政府教育部制定的課程標準及「國定本」教材。

一、臺灣省編譯館的存廢與教育內容的轉換

　　行政長官公署教育處於 1945 年 n 月初成立了中等學校、國民學校教材編輯委員會，制定了《臺灣省中等國民學校教材編輯委員會組織規程》。規定臺灣省中等學校、國民學校教材編輯事宜，由教育處組織臺灣省中等學校、國民學校編輯委員會辦理。委員會設主任委員 1 人，委員 6 人至 8 人，由教育處聘任。委員會的任務為：關於臺灣省中等學校及國民學校教材之編輯事項；關於臺灣省中等學校及國民學校各科教授用書之編輯事項；關於臺灣省中等學校及國民學校教員，及學生參考用書之編輯事項；關於會外專家編輯教材之委託事項；關於印訂技術上各項具體問題（如紙張之種類、版本之大小、字體之種別等）之規定事項；其他與中等學校及國民學校教材編輯有關事項。委員會成立後先後編輯、由教育處出版了《初級小學常識》、《初高級小學國文》、《高級小學歷史》、《高級小學地理》等；對於國定本小學各科課本，能適用於臺灣的，選定翻印；對於數理及實用科目，沿用日據時期的舊課本，擇要翻成中文並酌予增刪。1946 年 6 月召開的全省教育行政會議，決定採用部頒課程標準後，教育處即公佈了由教育處所編及國定本教科書一覽表，將全部教科書加以統一。

　　陳儀對教育處趕編出來的教材並不滿意，認為不能適應臺灣實際需要，希望能編寫出符合臺灣實際的有特色的教材。因此，行政長官公署專門設立了臺灣省立編譯館，引進大陸人才，準備編寫出一套適合臺灣中小學生的教科書。同時，致力於為普及中華文化編寫民眾讀本，加強文化建設，推動文化光復。陳儀設立編譯館的意圖非常明確。1946 年 5 月 1 日，他從臺灣打電報給時在南京任國府考試院考選委員的許壽裳，稱「為促進臺胞心理建設，擬專設編譯機構，編印大量書報，盼兄來此主持」。在得到許壽裳允諾前往臺灣後，同月 13 日，陳儀又從臺灣發出親筆信，稱：「兄願來臺工作，很高興。臺灣經過日本五十一年的統治，文化情況與各省兩樣。多數人民說的是日本話，看的是日本書，國語固然不懂，國文一樣不通，對於世界與中國情形也多茫然。所以治臺的重要工作，是心理改造，而目前最感困難的，是改造心理的工具——語言文字——須先改造。各省所出書籍報紙因為國文程度的關係，多不適用。臺灣的書報在二、三年內，必須另外編印專適用於臺灣人的。第一要編的是中小學文史教本（國定本、審定本全不適用）；第二要編的是中小學教師的參考讀物，如中學教師、小學教師等月刊；第三為宣達三民主義與政令，須編適於公務員及民眾閱讀的小冊；第四一般的參考書如辭典等。這是就臺灣的應急工作而言。此外弟常常感覺到中國現在好書太少了，一個大學生，或者中學教師要勤求知識，非讀外國書不可，不但費錢，而且不便。我常有『譯名著五百部』的志願，我以為中國必須如以前的翻譯佛經一樣，將西洋名著翻譯五、六百部過來，使研究任何一科的學生，有該科一、二十本名著可讀」。〔註17〕

　　許壽裳，當時已是 64 歲的老人，與陳儀既是同鄉又是留日同學，雖然所學不同，經歷迴異，但一直有書信往來，私交甚好。陳儀對許壽裳寄予了很大希望與信任，在 13 日致許壽裳的信中提出「這樣的工作，為臺灣、為全國，都有意義，望兄化五年工夫來完成他」。6 月 25 日，許壽裳抵達臺北。7 月 8 日，臺灣行政長官公署正式任命許壽裳為編譯館館長，將原屬長官公署教育處的教材編輯委員會和編審室併入編譯館。8 月 2 日，行政長官公署頒佈了《臺灣省編譯館組織規程》，規定臺灣省編譯館主要編譯下列各項圖書：關於本省

<hr>

〔註17〕 轉引自黃英哲：《臺灣省立編譯館研究（1946.8～1947.5）——陳儀政府臺灣文化重編機構研究之一》。見張炎憲等主編：《二二八事件研究論文集》，財團法人吳三連臺灣史料基金會 1998 年版，第 96～97 頁。

各級學校教科及參考需用圖書；關於本省一般民眾需用圖書；關於辭典類之書籍；關於世界學術名著；關於本省史地物產風俗及其他各種文獻；關於其他文明文化及高深學術者。同時，還承擔根據行政長官公署要求審查下列各種圖書及其他教育用品：關於本省各級學校教科及參考應用之圖書；關於本省社會教育及一般民眾應用之圖書；關於本省各級學校應用之儀器標本及其他教育用品。爲此，編譯館設立了學校教材組、社會讀物組、名著編譯組、臺灣研究組等內部機構，設有圖書審查委員會、編輯委員會等組織。〔註18〕8月7日正式成立編譯館。

對於主持臺灣省編譯館工作，許壽裳表現出了極大的熱情，也有宏偉的目標，希望籍此成就一番事業，不僅要服務於臺灣光復，還要服務於全國的文化進步。他曾說：「編譯館的要旨，不外一方面要使臺胞普遍地獲得精神食糧，充分地接受祖國文化的教養，因爲臺灣的教育雖稱普及，可是過去所受的是日本本位的教育，尤其對於國語、國文和史地，少有學習機會，所以我們對於臺胞有給以補充教育的義務和責任。本館的使命就是要供應這種需要的讀物。另一方面要發揚臺灣文化的特殊造詣，來開創我國學術研究的新局面。」〔註19〕在許壽裳力邀下出任編譯館編纂兼臺灣研究組組長的楊雲萍在後來的回憶文章中寫道：「我們計劃研究臺灣的先史、歷史、社會、民俗以及原住民的文化，和校刊、影印有關臺灣的希見資料」，「當時『編譯館』的目標很大，很高，計劃不僅僅爲臺灣一地方編輯、翻譯，或作研究，而是要爲整個中國。例如編出來的『學校教本』，是計劃要供全國採用的。」〔註20〕

許壽裳一到臺灣，就重點致力於教科書的編輯工作，這是陳儀所要求的。陳儀在對編譯館工作的指示中明確要求，「編譯館雖分四組，雖然四組工作都很重要，但在明年，尤其在上半年，希望特別注重中小學教科書一類。過去教育處所編中小學教本，據一般試用的結果，多半嫌太深，教學都覺困難，希編譯館就已編各書檢討一下，或修改，或另編，務使適合於國語國文程度尚不及各省學生的本省學生，此種新教本望於暑假前編竣，俾暑假後可以應用。一面望編教本的參考書，或教學法，以供教員之用。至於編輯人員，各

〔註18〕薛月順編：《臺灣省政府檔案史料彙編——臺灣行政長官公署時期》（三），第96～97頁。

〔註19〕倪墨炎、陳九英編：《許壽裳文集》（下卷），第961頁。

〔註20〕楊雲萍：《許季茀先生的回憶》。見倪墨炎、陳九英編：《許壽裳文集》（下卷），第1031頁。

學校教員中如有富有教學經驗，及編輯能力的，亦可請其參加。」〔註21〕

　　對於編寫教材，許壽裳卻有著更深一層的想法，那就是不僅希望編輯出一套切合光復後臺灣實際的教科書，還希望能編輯出一套與教育部部頒教科書有本質區別的教科書。長期以來，蔣介石極力實施經他改造的「三民主義」教育方針，在學校推行黨化教育。1943 年 3 月，蔣介石的《中國之命運》一書出版，系統地闡述了他的政治、經濟、歷史、倫理等思想，確立了在抗日戰爭勝利後「中國的命運和前途」應為繼續維持國民黨統治、消滅共產主義勢力、建立國民黨一黨專制國家的方向，為鞏固國民黨的統治、維持蔣介石個人獨裁提供理論基礎。在這本書中，蔣介石要求將「四維八德」作為中華民族文化核心和立國之綱的思想觀念，要求用傳統倫理道德中的「忠孝仁愛信義和平」等「八德」和「禮義廉恥」等「四維」教育民眾。蔣介石《中國之命運》一出版，立即受到共產黨的嚴厲批判以及愛國進步人士的廣泛批評。因此，南京政府教育部以蔣介石思想為指導組織編寫的學校教材自然也引起進步人士的批評。許壽裳就是對此表示不滿的進步人士之一。許世瑋回憶道：「他認為最要緊的是編一套中小學教科書以及教員參考書，因為國內出版的教科書不適合於剛剛光復的臺灣。他計劃這套書在一年內完成，他對編譯人員說：『我們的編譯研究工作，要適合時代潮流，要有進步觀念和民主思想，不能落後倒退，甚至違反人民的利益。我們不要忘記人民』。」〔註22〕1947 年1 月 11 日，許壽裳在參加編譯館學校教材組組務會議時，宣佈編輯教科書「應注意下列三大要點：（一）要進化的；（二）要有互助精神的；（三）要為大眾的。」〔註23〕李何林回憶道：「一九四七年一、二月間，上海《大公報》在社論刊出一篇批評『國定本』中小學教科書的文章，作者的姓名我已經忘記，它嚴厲地指責了這些教科書的落後、倒退、反動，以至法西斯的思想和內容；（那時的《大公報》『小罵大幫忙』，對這類小問題是要表示它的『進步』的。）許先生看過後，把它剪下來，送給全體人員傳觀，說『以供參考』」，「許先生在編譯館時，有一次在紀念周上向全體人員鄭重地宣佈：『我們編中小學教科書，要有人民大眾的立場，要合乎科學和民主，我們不能開倒車、復古、或

〔註21〕黃玉齋主編：《臺灣年鑑》（4），第 1125 頁。
〔註22〕許世瑋：《憶先父許壽裳》。見陳漱渝主編：《現代賢儒——魯迅的摯友許壽裳》，臺海出版社 1998 年版，第 382～383 頁。
〔註23〕許世瑛：《先君許壽裳年譜》。見倪墨炎、陳九英編：《許壽裳文集》（下卷），第 1105 頁。

落後！』」〔註24〕由此可以看出，許壽裳組織臺灣學校教材編寫，除了要積極服務於光復後的臺灣外，還要以此與國民黨的教育方針有所區隔，也正是因此潛伏了臺灣省編譯館和組織編寫教材工作的命運。

　　當時，臺灣省編譯館擬定了一個詳細的計劃。擬計劃編寫的學校教材有：光復初小教科書，光復高小教科書，光復山地國民學校教科書，光復初中教科書，光復高中教科書，光復師範教科書，光復職業學校教書，國民學校成人班及婦女班教科書等 8 類。編寫工作方案為：（1）初高小教科書及教學法之編訂全部由本館編譯人員擔任。（2）初中教科書及教學指引之編訂除本館人員認定一部分外，餘擬用就地特約辦法給予稿費。（3）高中教科書及教學指引，除本館同仁已認編者外，因地方性較小，擬向省外約稿，給予稿費。（4）師範學校教科書，除本館同仁已認編者外，擬約本省師範學院教育系特約編寫。（5）職業學校教科書擬盡量採取翻譯辦法，如日文書內容有不適當處則加增刪或改編。翻譯人員分別由本館同仁及特約館外人員擔任。（6）前列各級學校教科書，內容方面以本省情形特殊，為求適應學生學習能力減輕其學習負擔，字數不宜過多，材料力求精簡，並一律用語體文，各書編輯體例亦均由本館分別訂定。（7）各教科書形式方面，務求一律，且同時顧及學生之衛生及學習興趣，版式一律由本館自行設計。（8）除小學部分由本館自編外，預計初中 90 冊，每冊平均 2 萬字，高中 40 冊，師範及職業學校共 40 冊，每冊平均 3 萬字。依照內地稿費標準，計算每千字 2 萬元，共需稿費 8400 萬元，折合臺幣 240 萬元。（9）各書之修訂以每年一次為原則，有必要時加以改編。〔註25〕這一計劃詳盡而宏大，但是起步並不順利，「八月編譯館正式成立，但人手不夠，書籍缺乏，到一切就緒的時候，已經是年底了」〔註26〕。不久，又爆發了「二二八事件」，因此教材編寫計劃就無法完成。

　　許壽裳在主持編譯館工作時，除了編寫教科書外，還推動《光復文庫》編輯出版。編印《光復文庫》的目的，許壽裳明確說明：「臺灣省編譯館是為了要普遍地供應本省同胞一種精神食糧，使他們能夠充分地接受祖國文化的

〔註24〕李何林：《提供許壽裳先生兩年前在臺灣被殺是政治性暗殺的種種事實》。見
　　　　陳漱渝主編：《現代賢儒——魯迅的摯友許壽裳》，臺海出版社 1998 年版，第
　　　　422～423 頁。
〔註25〕黃玉齊主編：《臺灣年鑒》（4），第 1126～1127 頁。
〔註26〕憬之：《追念許壽裳先生》。見倪墨炎、陳九英編：《許壽裳文集》（下卷），第
　　　　1034 頁。

教養而成立的。所以除了編印中小學教科書以外，還要編選許多社會讀物來供應本省的一般民眾（包括中小學教師，大中學學生，公務員以及家庭婦女，農工商各界在內），使他們對於祖國的文化、主義、國策、政令等一切必需的實用的知識，明白瞭解，這就是本館現在編印的《光復文庫》的旨趣。」〔註27〕許壽裳根據急需在臺灣推廣國語、國文的實際情況，專門編寫了《怎麼學習國語和國文》一書，作為《光復文庫》第一期的第一本出版。臺灣編譯館被撤銷時，真正完成出版的讀物也就是《光復文庫》及翻譯的名著 20 餘本。

　　1947 年 5 月 16 日，新任省政府主席魏道明剛到臺灣第二天，在召開的省政府第一次政務會議上，就宣佈撤銷臺灣省編譯館。臺灣省編譯館突然被撤銷，許壽裳事前一無所知。他在 5 月 17 日的日記中寫道：「新生報及省政府公報載，編譯館經昨日第一次政務會議議決撤銷，事前毫無所聞知，奇怪。在我個人從此得卸仔肩，是可感謝的，在全館是一個文化事業機關，驟然撤廢，於臺灣文化不能不說是損失。」〔註 28〕編譯館被撤，許壽裳的希望與努力付諸東流，原來計劃編寫的有較新觀點能適合臺灣需要的中小學教材半途而廢，成了一堆廢紙。《光復文庫》計劃出版第一期 21 本也未完成就停止了。許壽裳在 6 月 25 日的日記中寫道：「來臺整整一年矣，籌備館事，初以房屋狹窄，內地交通阻滯，邀者遲遲始到，工作難以展開。迨今年一月始得各項開始，而即有『二‧二八』之事，停頓一月，而五月十六日即受省務會議議決裁撤，如此匆遽，莫解其由，使我表見未遑，曷勝悲憤！館中工作專案移交者近三十件，現款專案移交者百五十餘萬。知我罪我，一切聽之！」〔註29〕由此可見，許先生對於編譯館被撤的心頭之痛，正如 6 月 15 日他在給朋友的贈詩中所感歎的：「豈知江海橫流日，坐看前功付陸沉。」〔註30〕

　　許壽裳主持教科書編輯工作被迫中斷，表面上看是魏道明政府撤銷編譯館的後果。實際上，這是祖國進步文化在臺灣傳播上遭到的挫折。光復後，進入臺灣的祖國文化並不是完全一致的。一種是國民黨當局所認同的所謂的「三民主義」文化，本質上是蔣介石所謂的「四維八德」文化。這是當時的強勢文化。一種是許壽裳等進步人士所持有的代表「五四」以來中國大陸進

〔註27〕倪墨炎、陳九英編：《許壽裳文集》（下卷），第 564 頁。
〔註28〕同上註，第 1106 頁。
〔註29〕同上註，第 1107 頁。
〔註30〕同上註，第 689 頁。

步的文化、批判的文化、大眾的文化。臺灣省編譯館存廢及編寫學校教材停止，是這兩種文化衝突在教育領域的直接反映。「二二八事件」後，臺灣全面實行國民政府教育部頒佈的課程標準與「國定本」教材，這表明，光復初期教育內容本質上是「國民黨化」了。

二、國民學校、普通中學課程改革

行政長官公署在接收時即廢止日據時代的三號課表之分，並根據國民政府的教育目標，參酌臺灣特殊情況，1946 年 1 月 8 日頒佈了臺灣省國民學校暫行教學科目及教學時間表（表 7－1）。

（7－1）1946 年臺灣省國民學校暫行教學科目及教學時間

Table of Interim Teaching Subjects and Teaching Times of Primary Schools in Taiwan Province（1946）

科目＼年級	低年級		中年級		高年級	
	第一學年	第二學年	第三學年	第四學年	第五學年	第六學年
團體訓練	120	120	120	120	120	120
音樂	80	80	80	80	80	80
體育	80	80	120	120	120	120
公民				80	80	80
歷史				80	120	120
地理					80	80
國語	480	480	560	560	480	480
算術	80	120	160	200	160	160
常識	120	160	160	120		
自然					80	80
農業 工業 商業 水產					男 80 女 40	男 80 女 40

科目＼年級	低年級		中年級		高年級	
	第一學年	第二學年	第三學年	第四學年	第五學年	第六學年
圖書	40	40	40	40	40	40
勞作	40	40	40	40	男 80 女 40	男 80 女 40
家事（烹飪裁縫）					女 80	女 80
合　計	1040	1120	1280	1440	1520	1520

　　這一教學時間表的特點是：增加國語、歷史、公民等科目教學時數，較部頒標準略有增加，主要考慮光復後的特殊需要；臺灣國民學校舊課程表列有農、工、商業水產及家事等科目「為舊制之優點仍予保留」，農、工、商、水產四科男女得任選一科學習；舊制課程表的修身改為公民，理科改為自然，習字併入國語科，工作改為勞作，「武士道」一科廢除；舊課程表國語、國史、地理等科目名稱仍舊，惟課程內容徹底改變，改授本國語、本國文、本國史地；團體訓練包括訓育與衛生訓練兩部分，訓練時間為每以 20 分鐘為準（可併入朝會等集會中）；國語科包括說話、讀書、作文、寫字；低中年級常識科包括社會、自然和衛生的知識部分，第四學年加授歷史、公民（衛生的習慣部分納入團體訓練中）；高年級自然科包括動、植、礦、人體生理、簡易理化和衛生的知識部分（衛生的習慣部分納入團體訓練中），等等。

　　上述教學科目和教學時間安排表只實施了半年即停止了。在 1946 年 6 月 25 日至 29 日召開的臺灣第一屆全省教育行政會議上，會議代表認為臺灣與內地並無特殊地方，應統一採用部頒標準，以加速臺灣與內地學生程度趨於一致。決議頒佈後，臺灣行政長官公署教育處即編發了國定本教科書一覽表，將全部教科書統一起來。1946 年 8 月起，臺灣實行了改用部頒課程標準，廢止了原暫行課程標準。這裡所說的部頒，是指教育部 1932 年公佈的《小學課程標準》，1936 年曾作了修訂，調整並合併了某些科目內容，適當減少了教學總時數。1942 年又作了修訂，變為《小學課程修訂標準》。教育部於 1945 年 9 月組織力量對 1942 年的小學課程標準進行重新修訂。經過三年時間，1948 年 1 月頒佈了《小學課程二次修訂標準》。這一標準規定，初年級的課程為：

公民訓練、音樂、體育、國語、算術、常識、美術、勞作；高年級的課程為：
公民訓練、音樂、體育、國語、算術、社會、自然、美術、勞作。同時，教
育部還制定了《小學課程標準實施辦法》。

　　在中學課程方面，首先廢止了中學的修身、日語、日本歷史、地理、武
士道等科目，代之以「三民主義」、國語、國文、中國歷史、地理等。為了適
應這一課程變化，1945 學年度第二學期新招的學生，一律補習一學期，至 1946
學年度第一學期開始編入一年級，並制訂了新招學生課程時數表，注重語文，
史地及基本學科的教學。自 1946 年度第一學期開始，由教育處規定各訓導主
任必須選聘學識優良、思想純正、對於「三民主義」確有研究者當任，各級
導師必須聘請優良教員、且瞭解「三民主義」者充任，並制訂了關於訓導的
實施方案通令各校切實遵照執行。對於中學課程標準，國民政府教育部於 1929
年 8 月頒佈了暫行標準，分初中、高中分別規定。1932 年，教育部頒佈了正
式課程標準，1936 年又對正式標準作了修訂。1948 年，教育部為所謂的配合
「行憲」，再次修訂了中學課程標準。光復初期，臺灣普通中學執行的就是教
育部規定的課程標準。

三、職業學校課程改革

　　光復初期，臺灣職業學校課程與教材內容的轉變，是以加強語言、語文
教育與史地、公民教育為主，偏重思想的強化與改造。1946 年初，教育處頒
佈了《三十四學年度第二學期本省省立各職業學校舊生教學科目及每周教學
時數調整綱要》，重點規定了共同必修科目及時數，以適應臺灣回歸祖國的需
要。不久，又制定了《編寫職業學校教學科目及每周教學時數表原則》，規定
了每周語文科目、實習科目的基本時數，其餘則由各校依照原則自行確定各
科各年級教學科目及每周教學時數表。兩個文件都明確規定要求國語文每周
教學時數必須在 12 小時以上。1946 年 8 月，教育部制定了各類科職業學校教
學科目及每周教學時數表 15 種，包括修正高級農業職業學校農藝科、製造科、
園藝科、森林科、畜牧科。

　　在職業學校教材問題上，教育當局採取了與國民學校不同的做法。這是
由於當時大陸的職業教育並不發達，在職業教育的課程與教材建設上並無多
少規範及經驗可借鑒。在刪除「奴化教育」內容後，不少學校沿用了日據時
代的職業教育教材。行政長官公署教育處在 1946 年 12 月制定了《職業學校

各科教材編印辦法》，確定了 4 條原則：由教育處商請省立編譯館或特約專家，從速編著或翻譯；獎勵生產機關及技術研究機關、建設機關的技術人員、專科以上學校教授、講師，及其他對職業學科具有研究者，翻譯或著述；由教育處聘請專家組織職業學校各教材審查委員會，審查各校老師所編訂之講義及綱要，擇優發給獎金，並通飭其他各校採用；通飭各職業學校專科教師，自行編訂講義或綱要，呈請教育處核定。由於教材建設需要大量的人力、物力、財力與時間，並非一時之功能完成的，特別是職業學校課程與教材門類眾多，因此，職業學校教材一時無法解決。爲此，教育處又很快制定了補充辦法，作爲應急措施，主要有：盡量翻譯可適用的日本課本；採用國內可適用課本；獎勵教師專家貢獻講義出版課本；編譯臺灣省專科課本。計劃在三年後完成這項工作。1947 年 5 月，在省教育廳下設置編審委員會，延續原省立編譯館業務，負責各級學校及一般民眾應用圖書的收集、編輯、審查及修訂事項，再交由臺灣印刷紙業公司承印。在職業學校教材建設上，依然以翻譯日據時期的課本或書籍及各校自編講義爲主。1949 年，省教育廳曾訂有「編印職業學校技術科教材」計劃，擬分期編印農、工、水產等科教材 80 種，除一部分由編審委員會編寫外，並約請專家分別編著。從 8 月至 11 月底爲止，編輯完成建築材料學等 8 種，尚在編輯中的其他如作物學等還有 12 種。實際上，職業學校的多數專業教材還是以翻譯日據時期教材或自編教材爲主。

在教育內容轉換上，屬於意識形態部分的內容與屬於自然科學技術部分的內容會呈現出不同的軌跡，兩者可能出現適當分離的狀況。由於職業教育的特殊性，以及當時臺灣經濟發展水平對職業教育技術要求拉動無力的特定時代背景，臺灣光復初期職業教育內容的轉換，明顯地出現了兩者分化的情況。在職業教育方面，當局嚴格操控著意識形態方面內容的轉型，而對於技術方面的內容，卻沒有推動與科學技術進步相適應的內容轉型，出現了明顯的不同步。這是研究臺灣光復初期教育轉型時得注意的一個方面。

第八章　臺灣光復初期教育轉型的
　　　　分析與思考

　　社會轉型是一個包含著裂變、痛苦和危機的發展過程。在這一過程中，社會利益結構失衡，社會階層分化與重構，社會運行機制轉變，會產生很多矛盾與衝突。「二二八事件」發生前，臺灣社會動蕩不安，矛盾與衝突顯現，危機四伏。之後，在強權與武力壓制下，矛盾與衝突蟄伏、隱匿。在這一背景下的教育轉型，不可避免地存在著許多其自身難以克服與解決的問題，影響著此後臺灣教育的發展。深刻分析與研究臺灣光復初期的教育轉型，既可以加深對教育轉型的理論認識，也可以對當前推進祖國和平統一提供有益的現實啟示。

第一節　內在機制探究

　　光復初期，由於國民黨政府的錯誤政策及腐敗統治，臺灣社會的主要矛盾由民眾與日本殖民統治之間的矛盾，很快就轉化為所有在臺灣工作和生活的民眾與國民黨反動統治之間的矛盾。臺灣光復初期的教育轉型由抗日戰爭勝利而啟動後，其主導推動力量、依靠力量、轉型政策制定，都受制於政治上的矛盾與衝突的強烈制約，都是由國民黨專制統治所決定。因此，對於臺灣光復初期教育轉型不能僅僅停留在一般意義上的「祖國化」的認識，還必須深入到其轉型發生的內在機制進行全面分析。

一、臺灣光復初期教育轉型的主導力量

　　蔣介石及國民黨反人民的本質及其極權統治政治體制、強權治理專製作風，決定了其「政治權力組織對社會全面滲透與『泛政治化』，體現出一種全能主義控制的特徵，其結果是，各種社會活動和生活都不免於政治的干預」﹝註1﹞；「極權政體有一排他性的、占支配地位的主導意識形態體系，並且利用它作爲政策，或者政權合法性的基礎」﹝註2﹞。國民黨對包括臺灣在內的國統區採取的都是殘酷鎮壓、封建專制的統治手段，全面清除反對力量，鉗制異己，全力推行「一個黨，一個主義」的政治意志。蔣介石及國民黨的主要精力都在與共產黨軍隊作戰，一切爲了戰爭，一切服從於戰爭，一切妨礙國民黨戰爭需要的言行都要受到控制和打擊。中國絕大部分地區（包括臺灣）基本上處於戰爭狀態。戰爭狀態最典型的特徵就是，一方面統治者對於社會採取嚴格控制，另一方面社會秩序不穩定。由於臺灣地域的特殊性，《中華民國憲法》及附屬的「動員戡亂時期臨時條款」成爲維護國民黨在臺灣統治的重要工具。

　　從整個光復初期的發展歷程看，從日本殖民統治下解放出來的臺灣民眾對國民黨政府的統治，經歷從歡迎到反抗再到沉默的轉變。光復初期，令臺灣民眾不滿的是，當局一開始就實行了歧視性的不公正政策，在光復不到半年的時間裏，就引起了人民的反感。然而，當局因持有臺灣民眾已經被「奴化」的錯誤觀點，聽不進也不願意聽取民眾意見，反而變本加厲，實行殘酷的軍事鎮壓，一意孤行，「二二八事件」後本土精英遭到屠殺，一批赴臺參與經濟文化重建的大陸進步人士被殺或被迫離開，臺灣社會已經很難形成與國民黨抗衡的力量了，民眾基本上沒有了發言權，對於關係自身政治經濟文化利益的制度變更設計沒有參與的機會。國民黨政府則擁有強大的政權優勢和軍事實力，對於光復後整個臺灣社會轉型可以採取強權推動，不需要而且拒絕民眾的主動參與，很少顧及並且是打壓民眾的政治訴求和情感表達，僅僅需要民眾順從、被動地接受。確定臺灣作爲逃亡基地後，國民黨更是採取了軍事封鎖和政治高壓手段。因此，自接收後，國民黨政府成爲推動臺灣光復初期社會轉型的唯一主導力量。「在經歷了日本殖民者對政治反對運動的嚴酷鎮壓和『二二八事件』的洗禮後，臺灣人民普遍對政治產生恐懼感，以及由

〔註1〕 孫代堯：《臺灣威權體制及其轉型研究》，中國社會科學出版社2003年版，第3頁。
〔註2〕 同上註，第4頁。

此而來的對政治的冷漠和疏離。他們把出路寄託在經濟和教育上，自求多福。」
〔註3〕

　　教育作為培養人的社會活動，無不帶有各個時代和特定社會的特點和要求，無不體現一定的社會性質。在臺灣光復初期的教育轉型中，國民黨關心的重點在於控制教育、控制教師與學生的言行，在學校大肆實行黨化教育，進行專制思想的強制灌輸，鎮壓學生運動，以保證政治、社會穩定。無論是在教育方針政策的制定，教育管理力量的建立，還是教育內容的選擇等方面，都是以服務並服從於國民黨的統治及維繫國民黨的統治為目的。民眾的教育要求得不到有效反映，民眾對回歸祖國後的教育發展的推動力被極大地弱化，失去了應有的主導力量。當局在推動教育轉型中，主要依靠的是跟隨赴臺的大陸教育官員，以及通過各種渠道從大陸赴臺的教師，本地教師不僅不能成為推動教育轉型主體力量，還成為了需要被轉型的對象。並且，對於大陸赴臺的教育人士，國民黨採取了一種「順我者昌、逆我者亡」的高壓手段，其中的進步人士逐步被清除。

二、臺灣光復初期教育轉型的路徑依賴

　　當局在推動教育轉型的依賴路徑上，不言而喻地是以國民黨的意志強制推動為基本路徑，而沒有依據臺灣社會內在因素與民眾的內在意願，去促成臺灣社會形成教育轉型的內在推動力。

　　當局推動光復初期教育轉型的依賴路徑，總括起來主要有以下幾條：第一，強化黨化教育。國民黨政府對於國統區進行著思想與言論的嚴格控制。接收臺灣後，從教育方針的確立，教育政策的制定，學生運動的鎮壓，課程標準和教材內容的統一，以及對進步文化的遏制，都使用了和大陸國統區一樣的做法，突出了用國民黨意志和思想強制灌輸給臺灣民眾的特徵。第二，重建教育制度。掌握著政權的統治階級必然要掌握教育權，對教育的要求除了體現在確定的教育方針上，還體現在教育制度的設計上，而且必須借助教育制度加以保障和實現。當局依據所制定的教育法律法規，將日據時代的臺灣教育制度全部轉換成了與國統區一致的教育制度。各級各類教育機構與組織的體系，及管理規則，都全部按照國民黨的意志進行了安排；基於臺灣的

〔註 3〕 孫代堯：《臺灣威權體制及其轉型研究》，第 53 頁。

特殊性，甚至還對臺灣教育實行了更加高度制度化的安排。第三，轉換教育主體。光復後臺灣教育對象——學生群體，隨著遣返日籍人員很快就轉換為民眾子女及隨赴的大陸人士子女，後者的人數隨著國民黨的敗退而大量增加。為了推進臺灣青年學生對國民黨統治的認識，當局實施了鼓勵臺灣學生求學大陸的政策，力圖促進臺灣學生思想的轉變。光復初期，限於當時的具體情況，教育發展受到了限制，但總體上還是有一定的發展，教育體系有所完善，各級各類學校數量有所增加，針對臺灣學生的歧視政策被廢除，臺灣學生受各層次的教育機會有所擴大。為了保證其教育方針的實現以及對臺灣教育的控制，教育行政管理層、學校管理層及學校教育的主導力量，在接收後也很快地轉換到了跟隨赴臺的大陸官員和校長、教師上，從而牢牢掌握著臺灣教育發展的主動權。同時，不斷強化對包括赴臺大陸教師和臺灣教師的培訓，牢牢掌握著臺灣教育的思想主導權。光復初期，教育管理人員及教師的主導力量也基本實現了國民黨政府希望的轉換。第四，推進語言文字轉型。語言是文化的載體，是教育思想與教育內容的體現。當局重視臺灣學校教育語言與民眾日常生活用語的轉換，採取各種措施著力推行各級學校的國語、國文教學與向民眾的普及。通過語言的轉換，將國民黨希望達成的思想灌輸給臺灣學生與民眾。在這場深刻的社會變革中，由於國民黨的統治不得人心，光復初期的語言轉換並沒有得到真正的實現，特別是未深入到臺灣學生及民眾的日常生活中。

當局在推動教育轉型時所依賴的路徑中，缺乏對臺灣民意的尊重，在具體推動上制定了不少有違臺灣實際的政策。「二二八事件」發生前，當局一方面高喊要清除日本殖民統治，清除臺灣民眾受「奴化教育」的影響，廢除日本殖民教育制度；另一方面，又沿用了日本殖民統治時的一些做法，包括留用日籍教師、繼續使用日據時期職業學校教材等。這不僅本身是矛盾的，更主要的是造成民眾的困惑，產生對國民黨統治的失望。因而，所推行的一些政策起到的是相反的效果。在選送到大陸學習的學生中，部分學生經過對祖國大陸形勢有了進一步瞭解後，毅然投入到反對國民黨統治的鬥爭中。再有，國民黨政府對學生運動進行殘酷鎮壓後，在臺灣留下反抗國民黨統治的社會心理，對臺灣政治發展產生深遠的影響。因此，對於國民黨政府在推進臺灣光復初期教育轉型時所依賴的路徑，只有在進行具體分析後，才可以更加清楚地認識到其實質。

三、臺灣光復初期教育轉型的實質

　　從對臺灣光復初期教育轉型的主導力量和路徑依賴兩個方面的具體分析中，可以清楚地看出，無論是當時臺灣當局用「祖國化」來概括其教育改造與發展的主張，還是現今不少研究者在一般意義上理解的臺灣光復初期教育「祖國化」，都不能確切表徵這一時期臺灣教育轉型的本質。臺灣光復後回歸祖國，成為中國的一個省份，其真正意義是成為了國民黨統治區的一部分。隨著形勢的變化，大陸最終全部為共產黨所解放，實現了社會制度的根本轉換；臺灣最終成為了國民黨敗退逃亡基地，成為其所牢牢控制的區域。因此，對光復初期教育轉型的理解，既要認識其總體趨向是「祖國化」，又要認識到其核心主導是「國民黨化」。這樣，才能全面把握臺灣光復初期教育的實質。

　　臺灣光復初期教育「祖國化」，客觀上使臺灣人民在回歸祖國後接觸到了中華文化及歷史傳統，是兩岸分離半個世紀後難得的融合，也是兩岸再次長時間人為分離前難得的融合，這是歷史的客觀事實，具有極為重要的現實意義。但是，不能因此就對國民黨臺灣當局扼殺「五四」以來新文化、進步文化在臺灣的傳播視而不見，對其鎮壓稍作反抗或有不同意見的臺灣學生視而不見。臺灣學生接受到的中華文化及歷史傳統的教育，都經過了「國民黨化」，是為蔣介石所認同的，為國民黨政府所能容忍的。超出這一限度，就會遭到無情打擊和壓制。蔣介石及國民黨政府所代表的並不是中國廣大人民群眾的利益，因而遭到唾棄。蔣介石及國民黨政府對臺灣民眾的態度，並不能等同於大陸人民對於臺灣民眾的態度，他們對臺灣民眾所犯下的罪行是由其階級本質所決定的。只有揭示出臺灣光復初期教育轉型「祖國化」的核心主導是「國民黨化」，才能將光復初期臺灣教育與當時大陸政治、軍事、經濟、文化與社會的變化緊密聯繫起來，才能將光復初期臺灣教育作為國民黨統治區教育的特徵顯現出來。有臺灣學者已經注意到了「祖國化」的本質問題，認為「戰後的國民政府仍有很深的官僚、腐化與顢頇的成份，在臺灣教育去殖民化、祖國化、平等化的進展中，一旦落實到學校教育的現場，這種落後的成份便成為學生對學校或老師的不滿矛盾之根源。」〔註4〕若將臺灣光復初期教育轉型僅僅定位為「祖國化」，不僅不能全面揭示其本質，還容易為臺獨分子和別有用心的政客所利用。部分臺獨分子將這一時期國民黨當局執政對臺灣

〔註 4〕曾健民：《光復初期臺灣的教育》。見黃俊傑編：《光復初期的臺灣：思想與文化的轉型》，第 29 頁。

民眾所造成的傷害，有意識地泛化爲或嫁接到「祖國」、「中國」上來。即把少數國民黨統治者對臺灣人民犯下的罪行有意識地轉嫁到「祖國」、「中國」上去，把國民黨統治者允許在臺灣存在的文化視爲中國傳統文化的全部或者是精髓，惡意造成「祖國」、「中國」與臺灣的對立。這是在研究臺灣光復初期教育歷史時，我們必須時刻警惕的問題。

我們既不能用單純的「祖國化」來遮蓋「國民黨化」，也不能用「國民黨化」來取代「祖國化」。因爲用「國民黨化」取代「祖國化」，將造成對臺灣光復初期教育轉型的認識完全以政治化爲標準，容易形成對這一時期兩岸教育融合中的共同文化認同的忽略；將造成認識完全以制度化爲視角，容易產生對這一時期教育「祖國化」進程中民眾的努力與作用的忽視。同時，也可以防止少數臺獨立場的學者將光復初期的教育轉型與祖國大陸割裂開來，在「去蔣化」過程中惡意排除祖國大陸教育與文化對臺灣教育發展的淵源關係。

因此，我們應當全面認識和把握臺灣光復初期教育轉型的實質，客觀認識「祖國化」與「國民黨化」的辯證關係，使光復初期教育轉型與祖國大陸教育的內在聯繫和與光復後臺灣教育發展的內在聯繫歷史地、客觀地呈現出來。

第二節　歷史局限

一個時代與社會的教育轉型總是受制於當時的政治、經濟、文化的轉型。教育不同層面的轉型並不是同步的，深層次的教育觀念要獲得廣大教師和民眾的認同需要一個長時期的過程。臺灣光復初期的社會轉型是一個非常特殊的形態，政治生態不斷惡化，社會矛盾由公開的激烈衝突轉變爲隱蔽的心理對抗，短短的幾年間臺灣社會被撕裂。因此，光復初期的教育轉型是一種特殊歷史狀態的轉型，存在著明顯的歷史局限性。

一、準備不足

臺灣光復初期的教育轉型不是一個內生漸進過程，而是一個外發突變過程，存在著「先天」的不足。首先是對於接收準備不充分。蔣介石及國民黨政府對於世界反法西斯戰爭的形勢估計不足，對於抗日戰爭勝利的到來缺乏足夠的準備。在大陸，國民黨政府明顯表現出了對收復區的接收工作沒有充

分的準備，對臺灣也同樣表現出收復的各種準備明顯不足。如在接收臺灣的幹部準備上，1945 年上半年才開始進行。接收時任高雄警備司令的彭孟緝後來回憶認為：「無可否認的，由於勝利來得太快，我們事先對於勝利後應做的事，諸如：受降、遣俘、接收、復員等工作，事先都沒有詳密的計劃，都沒有周到的準備，以致無法做到盡善盡美，一切都是因利乘便，發生了許多不應有的弊竇。對於一個初光復的地區，我認為政治接收和經濟接收只是形式的接收，而最重要的應是人心的接收」，「臺灣是個久離祖國的地區，在日本長時期的侵佔之中，人民在低沉的氣壓下，度著被榨取、被豪奪、受凌虐、受殘害的殖民地生活，多年來臺胞對祖國的懷想熱愛，夢寐以求的人權和自由，一旦天日重光，桎梏盡除，其內心的愉悅，自然是不可想像，然而我們並沒有善於把握和珍惜這種熱望和崇仰的心理」。〔註 5〕實際上，光復後的臺灣教育轉型準備不足，不僅表現在國民黨政府的接收方面，也表現在臺灣社會的客觀基礎與文化心理方面。前者主要體現在政治體制、教育制度的設計上，後者主要體現在民眾對於祖國大陸、中華文化傳統的認識上，對於蔣介石及國民黨政府執政施政本質的認識上。

其次是對於清除日本殖民統治影響的思想準備不足。日本侵佔臺灣時間長，影響了近兩代人，對於臺灣文化及社會心理都產生了深刻的影響。侵華戰爭尤其是太平洋戰爭爆發後，臺灣被迫納入了日本帝國主義的圈子裏，成為南侵東南亞、華南地區的基地，民眾、資源、經濟、文化等都被動員成為侵略戰爭的一部分。日本殖民者以戰爭動員的方式，強化了對臺灣社會的控制，力圖對臺灣存留的中華文化傳統進行徹底摧殘。「作為日本帝國殖民地的臺灣，難逃成為日本侵略戰爭工具的悲慘命運，不但被動員成世界反法西斯勢力的敵對地區，而且還被動員去敵視祖國，蔑視中國，造成同民族敵對的狀態。在『本島決戰』的口號下，日本軍國主義者榨盡了臺灣的人力、物力、財力，以及人命，作為其遂行侵略戰爭的力量。隨著日本的敗降，留給臺灣的，除了滿目瘡痍的都市、停廠的工廠，以及衰退的農業外，便是部分潛在的皇民化意識。這些都成了戰後臺灣沉重的負債，社會動盪的原因之一。」〔註 6〕抗日戰爭勝利後，大陸政治不穩定、經濟瀕臨崩潰，國民黨政府將主要精

〔註 5〕 彭孟緝：《臺灣省二二八事件回憶錄》。見魏永竹主編：《二二八事件文獻續錄》（修訂版），第 582 頁。
〔註 6〕 曾健民：《1945 破曉時刻的臺灣》，第 3～4 頁。

力放在了搶佔勝利果實、發動內戰、挽回敗局、維繫統治地位上。對於臺灣的接收與恢復、重建，不僅無力解決其面臨的重重困難，而且還因其大陸的失敗將臺灣進一步推向了更困難的境地。這些狀況，極大地影響其政治、經濟、文化及教育的轉型與發展。

日本殖民統治的影響還表現在，臺灣人民在與祖國長期隔絕後回歸，對於清末割臺後的大陸的社會發展情況長期不瞭解，對於執政的蔣介石及國民黨的本性缺乏應有的認識。丘念臺後來說道：「光復前和光復後的臺人有祖國的觀念，無祖國的實感；〔註7〕這是很深刻的實情」。葉榮鍾也有類似的回憶：「臺人對祖國的實情，所可能入手的資料皆是經過日人剪裁、染色的加工品，戰爭中連帶收聽南京廣播也不可得，遑論其他，外國的報刊雜誌，也要受嚴密的檢閱。緣此臺人對於近代祖國全國統一以後的情形尤爲隔膜」。〔註8〕光復後，民眾印象中，祖國是第二次世界大戰的勝利國、是世界五強之一的強國，是代表世界先進與進步力量的。但是，接收後的事實與臺灣人民的期盼存在著極大的反差。臺灣人民對蔣介石及國民黨政府統治的專制獨裁、落後腐朽，可以說沒有心理上的準備。因此，對於國民黨政府的治臺行爲，對於國民黨軍隊在臺灣的所作所爲，很快就失望了。1964年，丘念臺回憶道：「派遣接收臺省的官與兵，都很不適當，這是失卻初光復的臺省民心的第一步。虐待在沿海各省的臺灣僑民，這是失卻初光復臺省民心的第二步」。〔註9〕這種失望很快就彙聚成爲一種與國民黨政府抗爭的力量。由於特殊地理位置，人民的抗爭遭到了國民黨的殘酷鎮壓，政治精英和抗爭力量遭到了毀滅性的打擊，相對於國民黨的統治力量，難以有力地進行抵制。

二、畸形失衡

在一般情形下，當社會轉型時，最先變化的是經濟結構，即物質層面的文化；其次是政治制度，也就是制度層面的文化；最後才是精神、心理層面的文化，這不是透過物質形態與制度形態顯現出來的，而是透過民眾的日常生活行爲流露出來的，是最深刻、最艱難的轉型。臺灣光復初期的社會轉型

〔註7〕 丘念臺：《讀〈臺灣省光復前後的回憶〉文後》。見葉榮鍾：《臺灣人物群像》，第436頁。
〔註8〕 葉榮鍾：《臺灣人物群像》，第421頁。
〔註9〕 丘念臺：《讀〈臺灣省光復前後的回憶〉文後》。見葉榮鍾：《臺灣人物群像》，第436頁。

是一個非常態的轉型，情況極為複雜，其精神與心理層面的轉型，除了本身具有的艱難性特徵外，國民黨的專制和腐敗的政治統治加劇了這種轉型的艱難性，模糊了這種轉型的方向性。也就是說，國民黨的統治行為培育了臺灣民眾的抗爭精神，使他們產生了抵抗心理，制約了或阻礙了國民黨推動教育轉型目標的實現。

臺灣回歸祖國後面臨著激烈的文化衝突。在強權和武力的壓制下，光復初期的文化衝突消解方式，是以一種「文化函化」的方式進行的。所謂文化函化，就是「一種文化強迫另一種文化接受自己的過程，這種接受非自願所為，面對比自己強大的文化，他們除了接受沒有別的選擇」。〔註10〕實際上，這種方式是依靠外在力量強制進行的，不僅不能真正解決文化衝突，反而會將這種衝突隱存下來，在以後或者是一直沒有機會而隨時間的流逝逐漸消磨，或者是存在著某種機會使這種衝突得以更激烈地爆發。其直接後果，是出現政府主導文化與民眾承繼文化的斷裂，導致社會畸形失衡。

日本統治時期，殖民當局採取了禁止人民出境、嚴密封鎖民眾與外界接觸等種種方式，離間海峽兩岸人民的感情，沖淡同胞的民族意識，這些對部分臺灣民眾的影響是至深的。日據時期的「這一輩人是臺灣受到現代化教育的第一代人，然而所接受到的卻是日本殖民式現代化教育，日語是他們現代化的思想工具，也成了他們此後一輩子的思想語言」。〔註11〕日本殖民統治不僅造成語言的差異，還造成兩岸隔閡，形成了對「中國」的不同認識。「『二戰』後臺灣有個嬰兒潮，我們這一代人就是這前後出生的。這時祖父輩的『唐山』與父母輩的『支那』都已變成了『中國』，而且不只是中國，還是一個新的中國，一個經過辛亥革命、五四運動、北伐統一、八年抗戰之後的新的中國。然而有著這麼一段充滿著奮鬥與掙扎歷史的新中國，對他們兩代人而言卻都是陌生的，必須趕緊補課認識。戰爭末期，大家預期日本即將戰敗，開始偷偷學習英語與北京話，父親還曾因此被日本憲兵拘禁多日。我父母那一輩人心裏明白要迎接來的將是一個新的中國，不是過去的唐山了」，「光復後，臺灣家庭的一件大事就是將祭拜列祖列宗的神主牌位請回來。因為這在『皇民化時期』曾被壓制禁止。不過他們卻發現從唐山過來的新唐山人家裏竟然沒有神主牌位，不拜祖先公媽。這是一批受過中國現代化革命影響的大陸人，

〔註10〕李慶霞：《社會轉型中的文化衝突》，第 45 頁。
〔註11〕鄭鴻生：《臺灣的大陸想像》，《讀書》，2005 年第 1 期。

對仍有著舊唐山記憶的臺灣人而言確實有點不一樣了」。〔註12〕日據時期，殖民統治者故意採取「對岸政策」離間兩岸人民，「即利用臺灣莠民與流氓等浪人，群派往我沿海一帶，在敵寇庇護之下專事走私販毒，開娼設賭下流職業，並幹殺人放火作奸犯科之無恥勾當，以引起祖國同胞對臺胞不良之印象，而同時島內臺胞亦因祖國同胞對彼等之歧視與誤會而心灰意冷」〔註13〕。在抗日戰爭後期，日本徵用臺籍青年充當炮灰，服務於侵略戰爭，更使一些大陸民眾對於臺灣同胞產生了誤解。從光復初期的臺灣社會情況看，部分兩岸同胞彼此間出現了嚴重誤解，這對於臺灣教育轉型也產生了很大影響。

抗日戰爭勝利後，蔣介石確定的「以德報怨」政策，不僅使日本殖民統治在臺灣的影響未得到有效的清除，反而在某種程度助長著這種影響，搞亂了民眾的思想認識，混亂了民眾的價值判斷，這給臺灣社會發展留下了極大的隱患。「光復初期國民政府治臺之基本政策，乃是以兩個形式上具有衝突意涵的政策來表現，一方面意欲使臺灣強行『中國化』，完全忽視臺灣社會、文化與中國大陸的不同，以及其本身的傳承。另一方面則在『脫日本化』的同時，卻仍延續日本殖民統治時期強力『統制』政策，以遂行國民政府的治臺理念」。〔註14〕重視延用日籍人士，不重視起用臺灣本土人士，引起了臺灣民眾的極大反感。接收過程中，不僅僅是臺灣，而且連同臺灣民眾也處於一種被接收的地位，不少大陸赴臺接收官員及人士就有居高臨下的感覺。

日本殖民統治，對於臺灣民眾的影響不可低估。在整個光復初期，民眾的生活中還保存有大量的日本生活習俗。包天笑在1949年9月7日的日記中，錄一首臺北打油詩云：「也是書房也臥房，碧紗帳子最風光。雞聲催得春眠起，席地看書跪曉妝」。注曰：「臺灣為日人統治以後，改變我的善良起居，至於席地坐臥。他們無所謂臥房，一間屋子，到了臨睡時，在壁櫥中取出衾枕臥具之類，席地而臥了。起身後，即將臥具塞入壁櫥，便成為讀書寫字之地。大陸上來的太太們，大為不慣，房中僅有一張桌子，要跪在那裡作曉妝，殊為苦之」。〔註15〕他又在12月9日日記中記著，「臺灣雖已為我國光復，一切起居生活，仍襲著日本的風俗。上海太太到臺灣來，甚為不便。有的因守中

〔註12〕 鄭鴻生：《臺灣的大陸想像》。
〔註13〕 福建省檔案館、廈門市檔案館編：《閩臺關係檔案資料》，第366頁。
〔註14〕 歐素瑛：《光復初期臺灣經建計劃與職業教育之改造》。
〔註15〕 包天笑：《釧影樓回憶錄續編》，第932頁。

國舊風習的，有的已經半西化的，忽然換了這一個環境，於是便鬧出種種笑話來了」。〔註16〕這裡有自然生活習俗的慣性作用，更有國民黨統治不能有效改善民眾生活所致，也有當時兩岸分隔發展上差距的影響。需要指出的是，回歸後國民黨政府執行的是封建、落後的統治，在某種程度上促使部分民眾「留戀」著日本書化。國民黨當局又以其專制統治強行推行封建意識形態，殘酷鎮壓民眾，甚至打壓臺灣民間傳統文化。1949 年 4 月 19 日，包天笑在日記中記道，「昨日為舊曆三月廿一日，臺灣人謂媽祖誕辰，有此祭典。此間有媽祖廟，信奉者甚眾，本有迎神賽會之舉，今已禁止」。〔註17〕這些做法，顯然讓民眾在與祖國融合上產生了障礙。在這一背景下，光復初期教育轉型的「祖國化」與「國民黨化」都呈現出明確的不徹底性，並沒有也不可能使得這一時期當局所實施的教育在社會心態和民眾心理層面上實現轉型。

三、支撐乏力

一般而言，社會轉型的基本路徑是經濟發展——制度改變——社會變遷。由於特殊的歷史背景，臺灣光復後社會轉型的基本路徑是制度改變——社會變遷，缺少了經濟發展的推動。在臺灣光復初期教育轉型中，經濟發展的推動表現得相當乏力。

由於戰爭的破壞，光復時臺灣工業廠礦、港口、船塢毀壞過半，電力設施處於半癱瘓狀態；農田水利、交通運輸體系也都受到不同程度的破壞，鐵路基本處於癱瘓狀態。全線鋼軌磨損長達 150 公里，枕木腐朽過半，橋梁載重不足者計 926 孔，銹蝕彈穿者 486 孔，站場設備及行車保安裝置殘缺不全，損毀停用機車占全數的 48%，破損待修客貨車輛約占全數的 20%，蓬貨車漏雨的達 80%。〔註18〕1945 年，臺灣稻米產量只有 64 萬噸，比全省最低消費量還少 22 萬噸，出現了嚴重米荒。工業生產只能勉強維持，發電量以及肥料、水泥產量都只能達到以往的 1／3。據預測，如果 1937 年臺灣產值為 100，到1945 年，農業產值只剩 34.2，漁業只剩 14.9，工業只剩 2.7，礦業只剩 44.3，總指數只剩 24。〔註19〕這一時期，臺灣與日本的經濟聯繫斷裂，原來出口日

〔註16〕包天笑：《釧影樓回憶錄續編》，第 983 頁。
〔註17〕同上註，第 844 頁。
〔註18〕臺灣省文獻委員會編：《臺灣史》，第 851 頁。
〔註19〕林長華等編著：《戰後美臺經濟關係概論》，九州出版社 2001 年版，第 21 頁。

本市場的臺灣產品頓時失去了市場，對外貿易陷於停頓狀態。由於缺乏完整的工業體系，幾乎全部的零部件和有些主要原材料（如原油）原先要仰賴日本或其他國家。隨著日本敗退，不少工業發展所需的零部件和原材料無從補充。日據時期發展起來的工礦企業，主要的管理人員和技術人員大都是日本人，日本敗退，大陸技術人員不足，留用日本人維持企業生產的做法遭到美國及臺灣民眾的反對。此外，抗日戰爭結束後，被迫參軍的臺灣青年紛紛回到臺灣，他們中的大多數人處於失業狀態。

　　光復後，臺灣的經濟體系轉而與大陸經濟接軌。然而，由於八年抗戰大陸經濟瘡痍滿目無法自濟，戰後又爆發內戰，幾乎沒有復興的時機與資源，經濟處於崩潰境地。在這種情況下，臺灣經濟不能不受到大陸經濟惡化的影響，儘管在國民黨政府的支持下，採取了與大陸經濟相對脫離的政策，但是鉅額的戰爭費用還是消耗了大量的臺灣財政收入。光復時，當局通過接收日產將臺灣全部的近現代產業和基礎設施機構都變成了官營企業，形成了龐大的國家資本，控制了工業、金融、貿易部門，並嚴加控制，使之成爲進行內戰籌集軍費的有力手段。由於當局採取統制經濟的手段，引起了臺灣人民的極大不滿，社會動蕩不安，經濟恢復重建缺乏必要的環境與制度保證，極大挫傷了民眾發展經濟的積極性與主動性，極大地影響了臺灣經濟的恢復和發展。時任主管國營工礦的行政院資源委員會委員長翁文灝，於 1947 年 11 月 25 日在南京舉行的國貨展覽會所設資源電臺發表題爲「臺灣的工礦事業」廣播講話，對於資源委員會在臺灣經辦的十種工礦事業，從接收、整理、修復到正式開工作了簡單介紹，並評價說，「在臺灣工礦事業方面，目前這一些成績也還完全是以過去敵人所經營的事業基礎爲基礎的，而且目前已經恢復重建的程度，也不過以往全盛時期的百分之三十。」〔註 20〕隨著內戰的惡化，臺灣官營企業的利潤不可能用於自身的再投資，幾乎全部用於龐大的軍費支出。1949 年，在經濟還沒有恢復到戰前水平的時候，龐大的國民黨黨、政、軍、特等大批人馬逃往臺灣，人口劇增，且都是非生產性人口劇增，造成物資供應不足，需求擴大，供求矛盾進一步惡化，使本來就已經困難的臺灣經濟雪上加霜。

　　光復初期教育轉型不僅沒有比較強的經濟基礎作爲支撐，也缺乏經濟社

〔註20〕翁文灝：《臺灣的工礦事業》，見中國社會科學院近代史研究所：《近代史資料》（總 106 號），2003 年。

會發展的拉動。教育發展最突出的問題是，學校容量不足，設施欠佳，民眾子女受教育的機會擴大與接受教育的水平提高都受到了很大的影響，使接受教育表現出意願偏低的狀況。1948 學年度，臺中縣的 177 所國民學校畢業生共 14432 人中，以閒居者最多，共 5767 人，占 39.96%；就業者居次，共 4875 人，占 33.78%；升學者最少，僅有 4845 人，占 33.57%；升學者中又以升初中爲最多，有 2709 人，占 55.91%；初職者次之，有 1115 人，占 23.01%。〔註21〕在這一時期的教育發展中，還出現了嚴重的不平衡現象。以職業教育爲例，省立與縣市立職業學校存在著明顯差別，省立學校經費有較好的保障，而縣市立職業學校多數是在補習學校基礎上創辦，基礎薄弱，經費不足，又看不到良好的就業前景，招生情況極不理想。臺北市立工商職業學校，1948 學年度第一學期入學考試，電機科報名 465 人，錄取 120 人；機械科報名 450 人，錄取 120 人。〔註22〕但是，多數鄉村的職業學校卻招不到學生。這一時期，臺灣教育發展受到了經濟恢復與發展的很大限制，在接收與重建的過程中，許多計劃停留在紙上，得不到有效實施。

四、難以充分

教育轉型需要以深刻的社會變革作爲基礎，教育轉型並不僅僅體現在制度文本的轉型上，更重要的是體現在新的教育內容能爲教師與學生自覺接受、當局新的教育方針政策能爲教師與社會理解與自覺遵行等。或者說，必須表現爲在教育主體的社會心理層面上實現教育轉型。這需要有一個過程，需要一個循序漸進的過程，需要一個主導力量與主體力量相互融洽的過程。因此，教育轉型需要有一個比較長的歷史過程，需要有比較穩定的政治社會環境，才可能深入徹底。

光復後，由於國民黨政府逆歷史潮流而動，違人民意願而行，短短的幾年就在大陸遭到了徹底的失敗，潰逃臺灣，使得臺灣由中華民國的一個省份轉變爲國民黨偏安的基地，其對於蔣介石及國民黨政府的作用與地位發生重大變化。從 1945 年 10 月 25 日正式接收臺灣到 1949 年底，在國民黨腐敗統治、軍事快速失敗等因素影響下，臺灣教育轉型不僅沒有深度謀劃的策略，也不具備從容推進的條件，必然是難以充分的。

〔註21〕歐素瑛：《光復初期臺灣職業學校學生之來源與出路》。
〔註22〕同上註。

一是教育政策的實施不能完全到位。除了教育政策本身存在的錯誤外，在社會動盪不安的狀況下，不少教育政策的實施受到經濟不振、財政困難、人力匱乏、民心喪失、師生抗爭等因素影響而得不到有效實施。如各級各類學校教師的緊缺問題就一直難以得到有效解決。國民黨政府敗退時，處於驚魂未定狀態，大批國民黨黨、政、軍及家屬湧入臺灣，使臺灣社會結構發生了重大變化，缺乏保證教育政策實施的政治保障與社會基礎。

二是教育體系的不完善。有臺灣學者評判道：「光復初期，臺灣教育屬於新舊交替、青黃不接的過渡時期，受到日治、中國大陸及臺灣自身因素等三方面不同程度的影響，在教育政策和制度上，初期偏重接收、整理，維持及因襲，尚未完全建立中國式的教育制度」。〔註23〕這一評判總體上是妥當的。光復初期的政治、經濟、文化狀況對於教育體系的完善沒有產生強大的推動力，也沒有提供現實的可能。客觀上，光復時臺灣只是作為國民黨統治區的一個省份，其教育體系的完善不能孤立來看，敗退之時國民黨當局並沒有精力也沒有能力去構建完整的教育體系。

三是教育習慣轉變存在著困難。學校用語轉型，經歷了三年的國語推廣工作，取得了一定的成效。但是，日語在學校校園內仍是一種常用的語言工具。一則1949年6月28日的臺灣大學布告說明這一點：「臺灣光復，業已三年有半，本校學術用語有時不得已沿用日本書，尚有其故，當逐年改革。至於諸生入大學有年，情意之傳達，實無用日語作為壁報或傳單之必要。尤可異者，主持用日語之壁報或傳單之學生多為其他省籍人士，其中不少意在煽惑之處，此事決不容坐視」，「自即日起，除學術用語得於文中引用日語外，凡有以日文為壁報或傳單者限三日內自行除去，以後如再發現，當即行開除學籍。其為廣告性質用日文者，亦須預得訓導處許可方可張貼。」〔註24〕這充分說明，教育語言的轉型並沒有深入到學生的日常行為生活中去。

四是教育方向不明。蔣介石及國民黨在大陸敗局已定的情況下，儘管還在垂死掙扎，但是對於臺灣作為最後反攻基地能堅持多久心中無數。特別是，美國明確表示出對蔣介石及國民黨政府失去了信心。在這種背景下，教育轉型的方向就無從談起，呈現一種盲然狀態。1949年4月，傅斯年在《國立臺灣大學三十七學年度第一次校務會議校長報告》中無可奈何說道：「在目前大局不定、社會動盪之下，不特『高調』無從談起，即此『低調』，若努力擔負

<hr>

〔註23〕歐素瑛：《光復初期臺灣經建計劃與職業教育之改造》。
〔註24〕歐陽哲生主編：《傅斯年全集》（第五卷），第257頁。

起來，也是極其吃力的。目下請教員，是很不容易的事情。增經費，盡有省政當局的好意，然而臺灣銀行目下的擔負是太重的。究竟大局與環境能允許我們做到幾成，總在未知之數」。〔註25〕

　　五是教育固有周期制約。教育的基本特性之一就是周期性長。光復初期，舊教育制度的過渡，新學制的接軌，以及師範畢業生充實隊伍等等，基本上是在 1948 年才得以實現的。因此時間跨度僅有 4 年多的光復初期，客觀上不能保證教育轉型充分推進。

　　臺灣從日本殖民地回歸祖國，在光復初期的教育轉型中最根本的應是一個殖民性的消解和民族性的生成過程。然而，由於專制思想控制和武力鎮壓，不僅殖民性的消解不徹底，其民族性的生成也遭到了扭曲。因此，臺灣光復初期教育轉型的最大歷史局限性，在於其轉向了形成符合維繫國民黨政府偏安臺灣，及建立「反共復興」基地所需要的教育體系、體制、結構及教育內容。「祖國化」進程在「國民黨化」的核心主導下受到嚴重的扭曲。

第三節　現實啓示

　　臺灣光復初期教育轉型，是一個非常特殊的形態。通過加以研究，可以豐富對民國教育史的認識，豐富對臺灣教育史的認識。同時，還極具理論價值和現實意義。既可以深化對教育轉型理論的認識，也可以爲促進祖國和平統一提供有益的啓示。

一、對於教育轉型理論認識的啓示

　　啓示之一，順利推進教育轉型，必須有符合時代發展要求與社會進步方向的指導思想及方針政策。

　　教育轉型是一個歷史的過程。在一定條件下，教育轉型的方向、進程、成效，往往不是自然產生的，而是由人力主導的。因而，以什麼樣的指導思想來推動，對教育轉型將起著至關重要的作用。教育發展的指導思想，是處於社會統治階級的政治、經濟、文化發展的指導思想在教育上的體現。是否適應民眾的願望，是否代表了時代發展的要求，對於當時教育轉型的順利推進將有重要的促進作用。

〔註25〕歐陽哲生主編：《傅斯年全集》（第五卷），第 70 頁。

光復初期的教育轉型之所以矛盾叢生、困難重重、衝突不斷，最主要的原因在於推進教育轉型的指導思想具有反動性。當局在臺灣推進標榜「三民主義」的教育方針，實質是借用「三民主義」外殼推行其封建專制、腐朽思想的教育方針，不符合 20 世紀以後中國社會發展的時代潮流，不能促進民族獨立、國家富強，必然遭到人民唾棄或者是抗爭。也因如此，蔣介石及國民黨政府只能依靠專制統治和武力鎮壓，只能依靠對學校師生進行「黨化」教育及嚴格的思想控制，才能推進其所需要的教育轉型。

由此，我們認為研究歷史上的教育轉型或者是推動現實中的教育轉型，必須牢牢把握指導思想中體現出的反映時代發展方向的先進性和社會進步要求的代表性。

啟示之二，順利推進教育轉型，必須正確處理好歷史與現實的關係。

教育轉型，作為深刻的社會變革，必然對其所依存的政治文化傳統進行重大變革。但是，歷史的積澱、傳統的因素、習慣的勢力，是不會自動退出歷史舞臺的。在暴力或非暴力的對抗中，新的力量不斷戰勝舊的力量，並最終在社會佔據主導地位。在這個過程中，新舊力量落差的程度與狀況就決定了轉型歷程。新舊制度的差異較之新舊文化的差異更好縫合，但新舊制度的轉型沒有文化轉型的最後實現是不完全的、不穩固的。

臺灣光復，在歷史與現實兩者之間存在明顯的差異性。這種差異性形成的影響是深刻的，絕不是短期內可以消除的。尤其是在日據時期形成的以語言為基礎的文化上的不同更是一時難以消除。臺灣籍作家鍾肇政的回憶值得深思。他七歲時進入公學校，「即被迫學習日語」，「到了進中學時校內日常所用語言已全部是日語，迨至中學時代，讀寫不用說，連思考也全是日文」。滿二十歲那年，戰爭結束，臺灣光復，他「從此積極做放棄讀慣寫慣講慣的日文的準備，並和大家一樣，瘋狂地投入中文的學習」。然而，鍾肇政說道：「進入 1960 年代，以筆者自身經驗而言，從『人之初，性本善』，而ㄅㄆㄇㄈ等等，辛勤學習，已過五、六年歲月，自覺略有心得，便漸漸萌生了用中文來表達的意念，尤其筆者志在文學創作，用中文寫作便也成為頗為熱切的期望。起始，用日文思考、起草，然後自譯為中文；繼而，思考仍用日文，日文句子既成形，即在腦中譯為中文，免去寫下日文草稿的手續。這也是像我這種今日在臺灣文學史上習稱為『戰後第一代臺灣作家』所共通的學習經過，亦早已是周知的事迹，而在這中間，筆者有一感觸，簡言之，即：寫作在我是

一項『翻譯』的工作。」〔註 26〕這種寫作即翻譯的狀況，生動地說明了語言不同的影響及轉換的艱難。

　　對這種差異性的認識，往往在本土人士與域外人士間是不同的，彌合這種分歧也是不易的。「二二八事件」後臺灣文學界的一場爭論可以說明這一問題。創刊於 1947 年 8 月 1 日的《橋》（《臺灣新生報》的副刊，創刊於《文藝》停刊之後），開展了關於「臺灣新文學」的辯論，省內外作家紛紛發表意見，不同觀點昭然若揭。如對於當時臺灣新文學的特殊性，《橋》的主編在舉辦的第二次作者茶會中指出臺灣新文學的特殊性在於語文及形式的技藝上與國內的作家產生距離，除了日文外，中文仍停留在「五四」時代，或更早於「五四」的語文法；由於受日本統治五十一年，使臺灣的文學參雜日語、臺灣鄉土的俗語、口語，造成語彙的混雜；由於文藝工作者受反日歷史經驗的影響，因此作品帶有濃厚的傷感主義與低沉氣氛；臺灣作家的成功作品的共通點是民間的文藝形式與現實化。對於這種特殊性，省內外作家卻存在著不同的認識。概括地說，外省作家雖然認為臺灣新文學有其特殊性，但這是受日本殖民統治的影響，作為中國新文學一部分的臺灣新文學，在中國化的過程中，這種特殊性必須要有所「揚棄」，要「求新與改進，原有的傳統與精神則要保有與發揚」，如此才能「使臺灣文化能與國內文化早日異途同歸」。臺灣籍作家則認為，臺灣新文學的特殊性不只是受日本統治的影響，是因為「臺灣的地理位置，地形地質，氣候產物——就是自然的環境才會造成，被西班牙與荷蘭人竊據，以及淪陷於日本——的歷史過程，並且這些歷史過程，在和她的自然環境互相影響而造成臺灣的特殊，而這種特殊，使得臺灣需要建立臺灣新文學」。〔註27〕

　　顯然，如何看待歷史、如何對待歷史形成的文化傳統，直接影響著對現實社會轉型的推動。臺灣光復初期教育轉型的歷史局限性產生的一個重要原因，就是當局不能正確、客觀地對待臺灣社會歷史。要順利推進教育轉型，除了要充分挖掘有利的歷史資源外，對於不利的一面，也應當慎思對策，妥善處置，不可簡單行事。

　　啟示之三，順利推進教育轉型，必須有穩定的政治局面與和諧的社會環境。

〔註26〕轉引自汪毅夫：《臺灣社會與文化》，海峽文藝出版社 1994 年版，第 158 頁。
〔註27〕楊若萍：《臺灣與大陸文學關係簡史（一六五二～一九四九）》，上海文藝出版社 2004 年版，第 202～206 頁。

　　教育轉型本身處在一個有可能動盪的社會轉型過程中，順利推進教育轉型急迫需要的是一個穩定的社會環境，動盪的社會很可能會中斷或破壞教育轉型。從歷史發展的長期性來看，教育轉型的長遠方向必然會隨著經濟發展、社會進步、科技進步而推進，但在短期間出現某種程度上的後退是有可能的。

　　光復初期的教育轉型處於激烈的政治動盪及不穩定環境中，一些矛盾與問題並不是由教育內部產生的，而是外部政治、經濟、社會因素影響所致。如教育方針的制定，教育制度的設計，教育內容的選擇及管理隊伍、教師隊伍的建設等等，都深受歷史條件的制約，並且深刻地影響著教育自身發展的軌迹，深刻地影響教育內部的穩定。教育本應體現政治民主、經濟發展、文化進步及科技水平提高的要求得不到體現，教育得不到正常的發展。尤其是在政治激烈動盪和社會明顯失衡的情況下，當政治利益訴求不能代表廣大民眾要求時，政府強制推進的教育轉型便可能受到學校管理者、教育者及受教育者有形或無形的抵制。光復初期，教育表面上的「祖國化」轉型而實質上的「國民黨化」轉型受到的抵制，就有一個以「二二八事件」發生為標誌的，從有形抵制到無形抵制的變化軌迹。因此，穩定的政治局面和社會環境，是順利推進教育轉型的必要前提和基礎。

　　啟示之四，順利推進教育轉型，必須對正式教育制度與非正式教育制度予以同等關注與重視。

　　教育轉型，作為一場深刻的變革，只有深入到學校的課程與教學中，滲透到受教育者日常的生活、學習中，才能表明其真正起到了作用。這些往往不是表現在正式教育制度的建立上，而是通過非正式教育制度表現出來的。

　　「非正式教育制度所要考察的活動都是發生在國家正規學校教育體制以及教育家『理性化』教育思想與實踐之外的民間社會生活領域」。「當正式教育制度與非正式教育制度（以及民間日常生活）關係密切時，整個社會的穩定與文化的認同就顯得容易實現些，相反，如果正式教育制度與非正式教育制度關係過於疏遠，則社會與文化的一體化程度自然就會降低，從而維持社會穩定與文化統一的風險也會加劇。」〔註28〕從這一視角去分析光復初期教育的轉型，就會發現當時臺灣的正式教育制度與非正式教育的關係是疏遠的。如在教學語言使用中，儘管教育當局一再強令在學校不得使用日語，但現實中臺籍教師還

〔註28〕　丁鋼主編：《歷史與現實之間：中國教育傳統的理論探索》，教育科學出版社2002年版，第128頁。

是難以將學習、教學、生活用語完全轉到普通話上來。同時，正式教育制度與非正式教育的轉型是不同步的。往往正式教育制度的構建較容易，通過政府的有計劃行爲就能完成，而非正式教育制度的形成需要經過一個相當長的時期，是一個需要民眾理解認同的過程，是一個潛移默化的過程。如果政治訴求能代表民眾的利益，正式教育制度的民眾認同度高，則非正式教育制度的轉型會更順利、更快速、更深入，這又會反過來促進正式教育制度的轉型。因此，考察教育轉型必須將非正式教育制度作爲一個重要內容。

當前，我們正處於一個教育轉型時期。對此，不同視角可以有不同的理解。如，可以理解爲是一個從傳統教育向現代教育轉型的進程，也可以理解爲一個在傳統計劃經濟條件下發展教育，向在建立社會主義市場經濟條件下發展教育的轉型過程，等等。來自光復初期臺灣教育轉型的啓示，對於我們研究當前正在進行的教育轉型有著一定的借鑒意義。

二、對於促進祖國和平統一大業的啓示

啓示之一：應當充分認識光復初期教育轉型對於當今臺灣政治、經濟、文化發展的深刻影響。

光復初期的歷史，是一段承上啓下的歷史過渡時期，對於當今的臺灣社會仍有著深刻的影響。光復初期的教育轉型，具有鮮明的歷史特徵，在其特定性上有著重要意義。在某種程度上促進了臺灣與祖國的交融，推動了民眾對祖國傳統文化的認識。尤其是在清除日本殖民統治文化，保存中華傳統文化上有著重要作用，推動臺灣從主權回歸到文化回歸上做出了重要貢獻。這一時期的臺灣教育發展儘管受到具體的限制，但在體系構建、教育內容與語言轉換等方面爲 20 世紀 50 年代後的臺灣教育發展奠定了基礎。有研究者在研究了這一時期的臺灣職業教育後說：「光復初期，臺灣職業教育植基於日治時期，然其影響力在國民政府強力的『中國化』政策之下，逐漸消退；在國民政府漠視臺灣自一八九五年以來社會、文化的發展，以及臺灣本身特殊性未受重視的情形下，得以強力主導的方式在臺灣推行三民主義式的教育制度與體制，並持續加強其控制力至教育各層面，爲日後臺灣職業教育發展和經濟起飛奠立良好基礎，實具承先啓後之歷史意義」。〔註29〕這基本上也可以適用於對整個臺灣光復初期的教育評價。

〔註29〕歐素瑛：《光復初期臺灣經建計劃與職業教育之改造》。

　　很長一段時間裏，在國民黨高壓政治下，這一段歷史被無情地遮蔽了。自上個世紀 90 年代後，這一段歷史在臺灣逐步成爲了歷史研究的顯學，無論是對這一段歷史的研究，還是這一段歷史的本身，尤其是「二二八」事件披露與研究所出現的政治意義高於歷史意義的現象，都深刻影響了民眾對於臺灣歷史與現實的看法，影響了現今臺灣的政治、文化。相比之下，大陸學界對於光復初期歷史的研究顯得比較薄弱，更多的還是以往的政治性研究，沒有及時轉軌到加強對光復初期臺灣歷史的社會、教育、文化轉型及民眾心理變化等的研究上。光復初期，大陸處於國共兩黨進行激烈較量的時期，也是國民黨在大陸從軍事佔優勢地位到全面敗退的轉折時期。在這一背景下，臺灣民眾對於回歸祖國遭遇到的反映，絕不能僅僅從政治上去認識，還必須從文化承續、心理變化等更具有「人性化」角度去看。面對大批親人被殘殺，民眾怎麼能不仇視國民黨呢？怎麼能在有機會時不爆發出憤怒呢？由於民眾對大陸的情形不能得到眞切的瞭解，少數民眾將對國民黨的認識泛化成爲對大陸人民的認識，也應是可以理解的。國民黨依靠專制統治，通過教育灌輸、文化強制，欲使民眾服從統治，進一步加深了對臺灣民眾造成的精神傷害。這些都深深地影響著現今臺灣民眾，也必然深刻影響到促進和平統一祖國大業。對此，我們必須予以充分認識，加強與臺灣學者的對話交流，共同探討，共同研究，辨析歷史，消除隔閡，著眼未來，增進理解。

　　啓示之二，應當高度重視兩岸一度分治對於臺灣社會與教育的深刻影響。

　　日本殖民統治臺灣 51 年，將臺灣與祖國大陸分隔，影響了臺灣兩代人對於祖國的認識。對此，我們不能不引起重視，不能不注意到日本殖民統治對光復後臺灣本土文化所造成的影響，所產生的兩岸文化上的差異，以及認識彌合出現的困難。一位臺灣學者說：「他們致力於研究 40 年代後期的臺灣文學歷史，乃因這是一個祖國統一、兩岸文化交匯的時期，後來兩岸雖暫時分割，但中國總有一天要實現統一。40 年代後期發生的事，無論對於臺灣同胞或是大陸同胞，都可作爲一種經驗或教訓，使他們對統一到來時可能發生的情況有思想準備，避免歷史的重演。」〔註30〕的確，本書研究其中目的之一也在於此。

　　上個世紀 50 年代後，臺灣與祖國大陸存在著一個較長時期的隔絕，這種隔絕對於臺灣人民認識祖國產生了很大的影響。當然，這種隔絕與日本殖民

〔註30〕轉引自朱雙一、張羽著：《海峽兩岸新文學思潮的淵源與比較》，第 315 頁。

統治時期的隔絕性質是完全不一樣的。國民黨當局堅持「一個中國」的立場，但對大陸進行醜化，進行惡毒攻擊，將其認同的中國傳統文化灌輸給臺灣人民，並隔絕兩岸人民的交流。對於這種分治的影響，我們不能低估。正如有人所指出的，「這個文化共同體的中國概念卻大半只能是個概念，一九四九年之後兩岸的分治敵對完全隔絕了人的往來，而這種斷絕情況比日本據臺五十年間還要嚴重。日據時期即使有海禁，兩岸的人還是可以往來，尤其是在閩南語區的泉州、漳州、潮州與臺灣之間的親族往還，如今連親族往還都不可得了。在這種極端的情況下，作為文化共同體的中國概念遂缺乏很重要的人的具體接觸與互動」。〔註31〕上個世紀 80 年代後期以來，兩岸人民的交流總體上朝著越來越密切、越來越自由的方向發展，臺灣人民對於祖國真實情況的瞭解有了明顯的增進。近年來，民進黨執政時期不承認「九二共識」，大力推行「去中國化」，又在另一種語境下詆毀祖國大陸，希圖隔絕與大陸的親緣關係。儘管這一企圖遭到了海峽兩岸人民的反對，但對於兩岸的文化交流必然造成一定的影響。同時，民進黨執政時期利用政權力量，在文化與教育領域加速「去中國化」步驟，擴大「去中國化」範圍，對臺灣青少年產生的影響不可忽視。由於兩岸長期分隔，教育差異以及所處的政治、文化、社會環境的差異，在許多問題上，兩岸人民存在著不同認識。對此，我們必須予以充分的評估、高度的重視，一方面，要堅決反對臺灣當局實行的「去中國化」教育政策，深刻揭露與批判這一陰謀的實質；另一方面，對於兩岸人民在一些問題上存在的不同認識，應立足促進祖國統一，著眼長遠，在相互交流、增進瞭解中達成理解。

臺灣終將回歸祖國。在「一國兩制」方針的指引下，無論具體回歸方式如何，只要回歸，就必然要正視臺灣與祖國大陸客觀存在及人為製造的政治、經濟、文化、社會的差異，就必須充分尊重臺灣人民當家作主的主人翁意識與權利。在這一背景下，廣泛開展教育交流與合作，有助於增進相互瞭解與理解。

啟示之三，應當持續深入推進兩岸教育交流與師生往來。

臺灣光復初期教育轉型的歷程表明，要增進兩岸融合，就必須大力促進兩岸教育交流與師生往來。這一啟示，在當今推動祖國和平統一大業進程中仍是極為重要。自上個世紀 80 年代國民黨解除戒嚴以來，兩岸的教育交流逐

〔註31〕鄭鴻生：《臺灣的大陸想像》。

步展開。隨著祖國大陸經濟持健康發展，人民生活水平逐步提高，市場經濟體制改革深入推進，加上香港、澳門順利回歸且更加繁榮，兩岸教育交流在層面、形式、內容等方面都得到了極大地拓展，其在促進兩岸總體交流中的地位與作用得到了越來越重要的顯現。2005 年 4 月 29 日，中國共產黨中央委員會總書記胡錦濤與中國國民黨主席連戰會談後，兩岸教育交流進一步深入。臺胞子女到大陸求學，與大陸學子同等對待，承認學歷，允許在大陸就業等一系列的政策措施，與經濟上對臺優惠政策相互配合，增強了兩岸交流的凝聚效應。2007 年 4 月 28 日至 29 日，在北京舉行的由中共中央臺灣工作辦公室海研中心與中國國民黨國政研究基金會共同主辦的第三屆兩岸經貿文化論壇結束時發表的《共同建議》中，明確提出：「積極促進兩岸教育交流與合作。全面開展兩岸幼兒教育、基礎教育、職業技術教育、高等教育、繼續教育等領域的交流。鼓勵、支持兩岸校際交流與合作，加大互派講學、合作研究、研修學習等多層次專業交流力度，推動雙方在辦學、科研等方面的合作，豐富交流合作的形式與內容。加強兩岸學生交流。在教育領域重視兩岸血脈相連的史實，加強中華民族歷史和文化的傳承。大陸方面歡迎臺灣大專院校來大陸招生，並為此提供便利。繼續擴大臺灣學生在大陸就業的渠道。呼籲臺灣方面儘早承認大陸學歷。」〔註 32〕這充分顯示了兩岸教育交流的地位與作用日益得到彰顯，交流的內容與層次日益深化。

在祖國大陸經濟持續發展、社會日益和諧的情況下，教育交流及其所帶動的文化交流，對於臺灣社會具有的影響將更加深刻、更加長遠。著眼未來，必須把教育交流置於與經濟交流同等重要的地位，甚至是更加重要的地位。一是必須把教育交流的重點放在拓展深化青少年學生的交流上。在信息化、全球化背景下，世界範圍內青少年學生關心話題的共同程度越來越高，更何況是有著割不斷親緣關係的兩岸青少年學生。要加強對兩岸青少年學生共同關心話題的研究與挖掘，既要著眼於全球性的環境問題、人口問題、戰爭問題等，又要著眼於兩岸間的共同發展問題、和平統一問題、民族復興問題等。在共同的話題探討中，在相互的往來中，求同存異，增進瞭解。二是必須把教育交流的重點放在共同引領中華文化的發展上。中國經濟正在崛起，中華民族偉大復興事業正在推進，中華文化的價值日益為世人所重視。在信息化、

〔註32〕《第三屆兩岸經貿文化論壇共同建議（2007 年 4 月 29 日）》，《光明日報》，2007 年 4 月 30 日。

全球化進程中，解決好當今世界面臨的一系列重大全球性問題，是兩岸中國人共同的責任。兩岸教育界彙聚了許多優秀人才，應當在中華文化的繼承與創新方面進行密切交流與合作，共同引領中華文化發展。三是必須把教育交流的重點放在抵禦「去中國化」政策的影響上。民進黨執政時期，一直時隱時現地推行「去中國化」政策，不斷在教育領域裏使出一些花招。2007 年，臺灣地區投入使用的新版高中歷史課本第二冊《中國史》，將過去慣用的「我國」、「本國」、「大陸」等用詞全部改為「中國」，冠在孫中山前的「國父」一詞消失了，漢朝「征伐」或「征討」匈奴改為「攻擊」匈奴等等，對中國歷史和文化進行惡意歪曲，大幅增加激化統「獨」對立的篇幅。面對日益猖獗的臺獨行為，面對日益明顯的「去中國化」教育政策，我們既要旗幟鮮明地進行批駁與揭露，又要採取有效措施予以抵制，將「去中國化」教育的影響力降到盡可能低的程度。加強兩岸青少年的交流，增強臺灣青少年對於中國歷史的認知與認同，是一個關鍵性的措施。

啓示之四，應當切實加強臺灣教育史研究。

臺灣光復初期教育史是整個臺灣教育史的一個重要組成部分。臺灣學者對於光復初期教育史研究的重大分歧，不得不讓人注意到已經出現的在「臺獨」史觀作崇下的臺灣教育史研究。這種研究本質上就是將臺灣作為「孤島」的歷史假想進行研究，即所謂「孤島式」研究。具體地說，是指割裂臺灣與祖國大陸聯繫，或者將臺灣與祖國大陸對立起來，以所謂「國家認同」的「臺獨」史觀指導下的臺灣史研究。上世紀 90 年代以來，「孤島式」研究突出表現在對臺灣光復初期發生的「二二八事件」的研究上。如有學者指出：「由於今日的『二二八』歷史真相的追究，大多由追求『新而獨立的國家』的政治黨派或其文化人所主導，因此有被導向『孤島式』研究的隱憂；從史料的收集、文件解密、人物證言到論述，絕大部分局限在島內的小範圍，或者只把精力、焦點放在國民黨政府如何進行鎮壓行動的小細節，而完全看不到事件與當時的整個世界潮流或全中國局勢的關聯；這種看不到臺灣島以外的歷史世界，看不到事件的『前因與後果』的『二二八』研究，自然會一直停留在像犯罪事實的刑事調查層次，而很難上昇到『歷史研究』的範疇。」〔註 33〕臺灣光復初期的歷史，是祖國大陸從抗日戰爭取得勝利到新中國成立的歷

〔註33〕曾健民：《導論：為了前進的紀念》，見曾健民：《新二二八史相──最新出土
　　　事件小說、詩、報導、評論》，第 6～7 頁。

程。在這一歷史階段，國民黨政府違背民意，悍然發動內戰，並實行反動統治和腐敗政治，最終被人民推翻。就抗日戰爭勝利後國民黨政府及軍隊在收復區的接收情況，其「劫收」程度不亞於在臺灣發生的情況。因此，「就實質而言，此次事件還是因為對國民黨統治的無能和腐敗的不滿，對於臺灣光復後省當局實行的高度統制政策的不滿而引起的」〔註 34〕這是一個國家內統治階級與被統治階級矛盾激化造成的，僅僅局限在臺灣是永遠難以認識歷史發展的本質的。

「孤島式」研究，在臺灣教育史的研究上也有所表現。少數臺灣學者將臺灣教育史與大陸教育史對立起來。有臺灣學者認為：「回顧三、四百年來的臺灣教育制度及教育政策之演進，充滿了曲折與血淚，但大體說，定居臺澎的人民都是樂觀而進取，關心教育制度，批評不當的教育政策。該爭的教育權爭到底，應有的人格尊嚴及國家地位絕不放棄。研究臺灣教育制度者，如果不能肯定此底流所隱含的立國精神和氣質，那就很難向臺灣文化認同。」〔註35〕還有學者更是直接地明確其臺灣教育史研究，就是要「敘述四百年來的教育演變中，『臺灣國家』定位由無到有的坎坷過程」。〔註 36〕面對這些論調，目前大陸教育史學界缺乏應有的回應。總體上看，大陸學界對於臺灣教育史的研究，力量薄弱、分散，且無規劃，多憑研究者個人的興趣及興奮點所致，處於自發狀態。這種狀況應當儘快改變，整合力量，做出規劃，搭建平臺，加強與致力於推進祖國和平統一大業的臺灣教育史學者的溝通與交流，攜手推進正確、客觀的臺灣教育史研究。

臺灣教育史的研究任重道遠。本書對於臺灣光復初期教育轉型的研究，僅僅處於起步階段，無論對歷史事實的認識，還是對其理論價值與現實意義的闡發，都需要進一步深化，需要兩岸教育史學者進行系統客觀的多視角的研究，需要在加強溝通、合作中共同推進研究水平的提高與研究價值的呈現。

〔註34〕 汪朝光：《中華民國史》（第三編第五卷），第 279 頁。

〔註35〕 徐南號主編：《臺灣教育史》（增訂版），第 217 頁。

〔註36〕 林玉體：《臺灣教育史》，自序二。

主要參考文獻

（按作者姓氏筆畫爲序）

1. 丁鋼主編：《歷史與現實之間：中國教育傳統的探索》，北京：教育科學出版社，2002 年版。

2. 毛澤東著：《毛澤東選集》（第四卷），北京：人民出版社，1991 年版。

3. 王炳照、閻國華主編：《中國教育思想通史》（第七卷），長沙：湖南教育出版社，1994 年版。

4. 王曉波編：《二二八眞相》，臺北：海峽學術出版社，2002 年版。

5. 王曉波編：《國民黨與二二八事件》，臺北：海峽學術出版社，2004 年版。

6. 王曉波編：《陳儀與二二八事件》，臺北：海峽學術出版社，2004 年版。

7. 王曉波編：《臺盟與二二八事件》，臺北：海峽學術出版社，2004 年版。

8. 王曉波編：《臺灣的殖民地傷痕新編》，臺北：海峽學術出版社，2002 年版。

9. 中國第二歷史檔案館整編：《中華民國史料長編》（第 70 冊），南京：南京大學出版社，1993 年版。

10. 中國第二歷史檔案館編：《臺灣光復紀實》，南京：江蘇人民出版社，2005 年版。

11. 中國社會科學院近代史研究所：《近代史資料》（總 106 號），北京：中國社會科學出版社，2003 年版。

12. 《中華民國實錄》編委會編：《中華民國實錄》，長春：吉林人民出版社，1998 年版。

13. 包天笑著：《釧影樓回憶錄續編》，太原：山西古籍出版社、山西教育出版社，1999 年版。

14. 寧可、汪征魯著：《史學理論與方法》，北京：中央廣播電視大學出版社，1991 年版。

15. 矢內原忠雄著：《日本帝國主義下之臺灣》，周憲文譯，臺北：海峽學術出版社，2002 年版。

16. 臺灣省教育廳編：《十年來的臺灣教育》，臺北：臺灣書店，1955 年版。

17. 臺灣省文獻委員會編：《臺灣省通志》（卷五教育志），臺北：眾文圖書股份有限公司，1970 年版。

18. 臺灣省文獻委員會編：《重修臺灣省通志》（卷六文教志），南投：臺灣省文獻委員會編印，1993 年版。

19. 臺灣省文獻委員會編：《臺灣省通志稿》（教育志），臺北：海峽學術出版社，2002 年版。

20. 臺灣省文獻委員會二二八事件文獻輯錄專案小組：《二二八事件文獻輯錄》，臺中：臺灣省文獻委員會編印，1995 年修訂版。

21. 臺灣省文獻委員會編：《臺灣史》，臺北：眾文圖書股份有限公司，2004 年版。

22. 葉榮鍾著：《臺灣人物群像》，臺北：時報文化出版企業有限公司，1995 年版。

23. 葉曙著：《閒話臺大四十年》，臺北：傳記文學出版社，1989 年版。

24. 「行政院研究二二八事件小組」：《二二八事件研究報告》，臺北：時報文化出版企業有限公司，1994 年版。

25. 劉登翰著：《中華文化與閩臺社會——閩臺文化關係論綱》，福州：福建人民出版社，2002 年版。

26. 孫雲主編：《臺灣研究 25 年精粹·政治篇》，北京：九洲出版社，2005 年版。

27. 孫代堯著：《臺灣威權體制及其轉型研究》，北京：中國社會科學出版社，2003 年版。

28. 全國臺灣研究會編：《臺灣問題實錄》（上、下），北京：九洲出版社，2002 年版。

29. 全國十二所重點師範大學聯合編寫：《教育學基礎》，北京：教育科學出版社，2002 年版。

30. 許倬雲著：《從歷史看時代轉移》，桂林：廣西師範大學出版社，2007 年版。

31. 朱雙一、張羽著：《海峽兩岸新文學思潮的淵源和比較》，廈門：廈門大學出版社，2006 年版。

32. 朱宗震、陶文釗著：《中華民國史》（第三編第六卷），北京：中華書局，2000 年版。

33. 莊明水：《日本侵華教育全史》（第四卷），北京：人民教育出版社，2005 年版。

34. 莊明水、謝作栩、黃鴻鴻、許明著：《臺灣教育簡史》，福州：福建教育出版社，1994 年版。

35. 陳鳴鐘、陳興唐主編：《臺灣光復和光復後五年省情》（上、下），南京：南京出版社，1989 年版。

36. 陳漱渝主編：《現代賢儒——魯迅摯友許壽裳》，北京：臺海出版社，1998 年版。

37. 陳孔立主編：《臺灣歷史綱要》，北京：九洲出版社，1997 年版。

38. 陳宏編著：《解讀臺灣問題》，北京：新世界出版社，2004 年版。

39. 陳國慶主編：《中國近代社會轉型研究》，北京：社會科學文獻出版社，2005 年版。

40. 陳晏清著：《當代中國社會轉型論》，太原：山西教育出版社，1998 年版。

41. 陳振明主編：《政治學》，北京：中國社會科學出版社，1999 年版。

42. 何兆武口述、文靖撰寫：《上學記》，北京：生活讀書新知三聯書店，2006 年版。

43. 李敖編：《二二八事件研究三集》，臺北：李敖出版社，2000 年版。

44. 李華興主編：《民國教育史》，上海：上海教育出版社，1997 年版。

45. 李慶霞著：《社會轉型中的文化衝突》，哈爾濱：黑龍江人民出版社，2004 年版。

46. 李園會著：《臺灣師範教育史》，臺北：南天書局，2001 年版。

47. 李海績、鄭新蓉主編：《臺灣教育概覽》，北京：九洲出版社，2003 年版。

48. 李祖基主編：《臺灣研究 25 年精粹·歷史編》，北京：九洲出版社，2005 年版。

49. 李敖著：《李敖回憶錄》，北京：中國友誼出版公司，2004 年版。

50. 連橫著：《臺灣通史》，上海：華東師範大學出版社，2006 年版。

51. 蘇新著：《永遠的望鄉——蘇新文集補遺》，臺北：時報文化出版企業有限公司，1994 年版。

52. 汪知亭著：《臺灣教育史料新編》，臺北：臺灣商務印書館，1978 年版。

53. 汪朝光著：《中華民國史》（第三編第五卷），北京：中華書局，2000 年版。

54. 汪毅夫著：《臺灣社會與文化》，福州：海峽文藝出版社，1994 年版。

55. 蕭成著：《日據時期臺灣社會圖譜——1920～1945 臺灣小說研究》，北京：九洲出版社，2004 年版。

56. 楊若萍著：《臺灣與大陸文學關係簡史（一六五二～一九四九）》，上海：上海文藝出版社，2004 年版。

57. 張同新、何仲山主編：《從南京到臺北》，武漢：武漢出版社，2003 年版。

58. 張博宇編：《臺灣地區國語運動史料》，臺北：臺灣商務印書館，1974 年版。

59. 張仁善著：《1949 中國社會》，北京：社會科學文獻出版社，2005 年版。

60. 張亞群著：《科舉革廢與近代中國高等教育的轉型》，武漢：華中師範大學出版社，2005 年版。

61. 張承鈞編著：《誓不臣倭——臺灣人民抗日史》，北京：臺海出版社，2002 年版。

62. 張炎憲、陳美蓉、楊雅慧編：《二二八事件研究論文集》，臺北：財團法人吳三連臺灣史料基金會，1998 年版。

63. 林長華、趙玉榕、彭莉、林建新編著：《戰後美臺經濟關係概論》，北京：九洲出版社，2001 年版。

64. 林玉體：《臺灣教育史》，臺北：文景書局，2003 年版。

65. 歐陽哲生主編：《傅斯年全集》（共七卷），長沙：湖南教育出版社，2003 年版。

66. 洪宜勇主編：《臺灣殖民地史學術研討會論文集》，臺北：海峽學術出版社，2004 年版。

67. 顧明遠主編：《民族文化傳統與教育現代化》，北京：北京師範大學出版社，1998 年版。

68. 侯坤宏主編：《國史館藏二二八檔案史料》（上、中、下），臺北：「國史館」印行，1997 版。

69. 倪墨炎、陳九英編：《許壽裳文集》，上海：百家出版社，2003 年版。

70. 陶文釗主編：《美國對華政策文件集（1949～1972）》（第二卷上），北京：世界知識出版社，2004 年版。

71. 徐南號主編：《臺灣教育史》，臺北：師大書苑有限公司，2002 年增訂版。

72. 黃玉齋主編：《臺灣年鑒》，臺北：海峽學術出版社，2001 年版。

73. 黃俊傑編：《光復初期的臺灣：思想與文化的轉型》，臺北：臺灣大學出版中心，2005 年版。

74. 黃新憲著：《閩臺教育的交融與發展》，福州：福建人民出版社，2003 年版。

75. 黃靜嘉著：《春帆樓下晚濤急——日本對臺灣的殖民統治及其影響》，北京：商務印書館，2003 年版。

76. 黃德福著：《梁啟超與胡適——兩代知識分子學思歷程的比較研究》，長春：吉林人民出版社，2004 年版。

77. 教育部教育年鑑編纂委員會編:《第二次中國教育年鑑》,上海:商務印書館,1948 年版。

78. 深圳臺盟主編:《宋斐如文集》(共五卷),臺北:海峽學術出版社,2006 年版。

79. 蕭友山、徐玖二著:《臺灣光復後的回顧與現狀》,陳平景譯,臺北:海峽學術出版社,2002 年版。

80. 章輝美著:《社會轉型與社會問題》,長沙:湖南大學出版社,2004 年版。

81. 傅國湧著:《1949 年:中國知識分子的私人記錄》,武漢:長江文藝出版社,2005 年版。

82. 蔣永敬、李去漢、許師慎著:《楊亮功先生年譜》,臺北:聯經出版事業有限公司,1988 年版。

83. 謝維和著:《教育活動的社會學分析——一種教育社會學的研究》,北京:教育科學出版社,2000 年版。

84. 曾健民編:《新二二八史相:最新出土事件小說、詩、報導、評論》,臺北:臺灣社會科學出版社,2003 年版。

85. 曾健民、橫地剛、藍博洲合編:《文學二二八》,臺北:臺灣社會科學出版社,2004 年版。

86. 曾健民著:《1945 破曉時刻的臺灣》,臺北:聯經出版事業有限公司,2005 年版。

87. 福建省檔案館、廈門市檔案館編:《閩臺關係檔案資料》,廈門:鷺江出版社,1993 年版。

88. 藍博洲著:《尋訪被湮滅的臺灣史與臺灣人》,臺北:時報文化出版企業有限公司,1994 年版。

89. 熊明安著:《中華民國教育史》,重慶:重慶出版社,1990 年版。

90. 薛月順編:《臺灣省政府檔案史料彙編:臺灣省行政長官公署時期》(三),臺北:「國史館」印行,1999 年版。

91. 魏永竹、李宣峰主編:《二二八事件文獻補錄》,南投:臺灣省文獻委員會編印,1994 年版。

92. 魏永竹主編:《二二八事件文獻續錄》,南投:臺灣省文獻委員會編印,1995 年修訂版。

93. 貝原:《試論臺灣光復初期的師範教育》,《杭州師範學院學報(社會科學版)》,2006 年第 2 期。

94. 王崢萍:《二二八事件中的學生運動》,《臺灣文獻》第五十六卷第三期,2005 年版。

95. 鄧孔昭:《光復初期(1945～1949 年)的臺灣社會與文學》,《臺灣研究集刊》,2003 年第 4 期。

96. 葉龍彥：《臺灣光復初期的國民教育（1945～1949）》，《臺北文獻》，〔110〕，1994 年版。

97. 史習培：《光復初期臺灣教育重建與兩岸教育交流當議》，《臺灣研究》，2002 年第 1 期。

98. 葉龍彥：《臺灣光復初期的職業教育（1945～1949）》，《臺北文獻》，〔114〕，1995 年版。

99. 葉龍彥：《臺灣光復初期的師範教育（1945～1949）》，《臺灣文獻》，第四十四卷第一期，1993 年版。

100. 葉龍彥：《臺灣光復初期的合作教育（1945～1949）》，《臺北文獻》，〔95〕，1991 年版。

101. 葉龍彥：《臺灣光復初期的中等教育（1945～1949）》：《臺北文獻》，〔108〕，1995 年版。

102. 劉振倫：《臺灣母語與鄉土教學的文化意識——以宜蘭縣爲例》，《臺灣史料研究》，1995 年第 5 期。

103. 李正心：《光復時期臺灣教育祖國化鈎沈》，《教育評論》，1992 年第 4 期。

104. 李正心：《論光復時期臺灣高等教育祖國化》，《教育研究》，1999 年第 12 期。

105. 來新夏：《要多研究和編寫轉型期歷史》，《光明日報》，2004 年 9 月 21 日。

106. 蘇秋濤：《我所知道的莊長恭博士》，《泉州文史資料》第 11 輯，1982 年 6 月。

107. 汪毅夫：《魏建功等「語文學術專家」與光復初期臺灣的國語運動》，《東南學術》，2002 年第 6 期。

108. 吳仁華：《論抗戰勝利前夕收復臺灣的教育準備》，《福建論壇·人文社會科學版》，2004 年第 10 期。

109. 吳仁華：《臺灣光復初期教育改造透視》，《教育評論》，2005 年第 1 期。

110. 吳仁華：《論臺灣光復初期教育轉型的歷史定位》，《河北師範大學學報·教育科學版》，2005 年第 5 期。

111. 吳仁華：《試析臺灣光復初期的學生運動》，《福建農林大學學報·哲學社會科學版》，2006 年第 1 期。

112. 吳仁華：《宋斐如的臺灣光復初期教育改造主張淺析》，《教育評論》，2007 年第 2 期。

113. 張泰山、徐旭陽：《論抗日戰爭時期湖北的「計劃教育」》，《黃岡師範學院學報》，2003 年第 2 期。

114. 張海鵬：《關於臺灣史研究中「國家認同」與臺灣主體性問題的思考》，《新華文摘》（全文轉摘），2005 年第 10 期。

115. 林玉茹：《1945 年以來臺灣學者臺灣史研究的回顧——課題與研究趨勢的討論（1945～2000）》，《臺灣史料研究》，2003 年 9 月。

116. 歐素瑛：《光復初期臺灣經建計劃與職業教育之改造（民國 34 年～38年）》，《臺北文獻》，〔137〕，2001 年版。

117. 歐素瑛：《光復初期臺灣職業學校學生之來源與出路（民國 34 年～38年）》，《臺灣文獻》，第五十一卷第一期，2000 年版。

118. 歐素瑛：《戰後初期臺灣職業學校的調適——以課程變革與教材編印為中心（1945～1949）》，《臺北文獻》，〔146〕，2003 年版。

119. 鄭鴻生：《臺灣的大陸想像》，《讀書》，2005 年第 1 期。

120. 胡錦濤：《在紀念中國人民抗日戰爭暨世界反法西斯戰爭勝利 60 週年大會上的講話》，《光明日報》），2005 年 9 月 4 日。

121. 施志汶：《近十年歷史研究所臺灣史碩士論文考察（1993～2002 年）》，《臺灣史料研究》，2003 年 9 月。

122. 賈慶林：《在江澤民同志〈為促進祖國統一大業的完成而繼續奮鬥〉重要講話發表十週年紀念會上的講話》，《光明日報》，2005 年 1 月 28 日。

123. 賈慶林：《為推進祖國和平統一進程，實現中華民族的偉大復興而努力奮鬥——在紀念臺灣光復 60 週年大會上的講話》，《光明日報》，2005 年 10 月 26 日。

124. 黃士嘉：《臺灣光復初期的師範教育（上）（1945～1949）》，《臺北文獻》，〔118〕，1996 年版。

125. 黃士嘉：《臺灣光復初期的師範教育（下）（1945～1949）》，《臺北文獻》，〔119〕，1997 年版。

126. 黃軍甫：《俄羅斯社會轉型問題學術研究會綜述》，《當代世界與社會主義》，2001 年第 4 期。

127. 黃新憲：《1946 年～1949 年臺灣學生求學祖國大陸考》，《河北師範大學學報（哲學社會科學版）》，2004 年第 6 期。

128. 魯國堯：《臺灣光復後的國語推行運動和〈國音標準〉》，《語文研究》，2004 年第 4 期。

129. 樊浩：《現代教育的文化矛盾》，《北京師範大學學報（社會科學版）》，2005 年第 4 期。

福建教育版後記

　　本書是在博士學位論文基礎上修改而成。它不僅體現了我個人學習研究的階段性成果，更凝聚著導師和所有賜教老師的心血，還包含著所有給予幫助的親人、領導、同事、同學、朋友的關愛。

　　2004 年考入福建師範大學，在職攻讀教育史專業博士學位，三年裏之所以能如期完成課程學習和論文寫作，首先要感謝的是導師黃新憲研究員。走上工作崗位 20 年來，作爲學兄，他一直鼓勵我堅持學習，不斷給予幫助和指導，爲專題研究的開展打下了一定基礎。師從後，他更是無微不至地關心和督促，對於論文的寫作，從選題確定、資料收集、提綱形成到文字潤色的每個環節都傾注了他大量的心血。在學習過程中，福建師範大學的汪征魯教授、李明德教授、黃仁賢教授、鄭又賢教授、廖采勝教授等老師精彩的授課讓我無論在思維訓練還是知識擴充上都受益非淺。在預答辯時，李明德教授、余文森教授、許明教授、黃新憲研究員、黃仁賢教授，嚴格閱評，條條意見切中肯綮，「迫使」我對於一些重要觀點進行重新思考，對論文進行了重大修改。答辯時，答辯委員會主席廈門大學教育研究院副院長謝作栩教授、福建社會科學院管寧研究員和福建師範大學的林國平教授、李明德教授、余文森教授、許明教授、黃新憲研究員、黃仁賢教授、洪明教授，以問蘊教，使我深化了對於論文本身的認識，明確了進一步開展研究的方向。

　　三年的學習還得到了眾多同學、朋友、親友的幫助。入學後，有幸與福建師範大學教科院的葉一舵教授、洪明教授、連蓮副教授結爲同窗，每在學習過程與論文準備中遇到困難，他們都予以了無私的幫助。教科院的博士生黃慧娟、碩士生蔡韋齡同學對於論文的完成也給予了很大的幫助。張群與曹

瑞玉這對兩岸聯姻的夫婦，作為親友，不厭其煩地幫我查找資料、攜帶資料，以至於後來常常會帶給我一些不曾注意到的書籍與文獻。沒有他們的幫助，本研究和論文寫作是不可能順利進行的。福州大學教師謝亞萍博士在廈門大學求學期間，為我查閱和複印有關資料，付出了辛勤的勞動。還有，尤異小姐在論文打印及編排方面也費了不少功夫。

由於是在職學習，我能順利完成學業，自然離不開所供職的福建省教育廳領導與同事的理解與支持。特別感謝鄭祖憲副廳長和發展規劃處的張小靜、李建華、欒明輝、張文東、王飛、劉彥明等諸位同事對於我學習中不得不擠佔的時間和耽擱的工作所給予的寬容和擔當。

最後，還要感謝妻子與女兒以及四位老人，為準備考博及三年在職學習，多年來擠佔了幾乎所有的節假日，減少了許多親情相伴，但都得到了寬容和理解。

2008 年 7 月

花木蘭版後記

　　《臺灣光復初期教育轉型研究（1945～1949）》於 2008 年 12 月由福建教育出版社出版後，逐步得到了兩岸學界的肯定，表明拙著涉略的問題及研究的成果有存續的價值。因此，應臺灣花木蘭文化出版社徵詢，同意出版繁體字版，彙入「臺灣歷史與文化研究輯刊」。

　　實際上，希望出版繁體字版，還有兩個考慮：一是「臺灣光復初期教育轉型研究」這一課題研究，是為完成博士學位論文而進行的。2008 年對博士論文修訂出版時，深感這一課題遠未完成，還有許多問題需要進行深入地研究。後由於工作變動、事務繁忙，原計劃未能進行。近年來兩岸就臺灣光復初期出版了不少史料及研究成果，為這一時期教育轉型的深入研究提供了更好的史料基礎。出版繁體字版，就是希望兩岸教育史學者進一步重視這一重要階段的教育轉型課題。自己也將在適當時候重回這一領域。二是原版著作雖費歷心血而成，但始終深感不足。除許多觀點有待進一步闡發提升外，一些文字上的疏漏和錯誤讓我心存內疚，總感愧對讀者，希望著手修訂。只是礙於學術著作出版之不易，未敢奢望再版。此次正好趁出版繁體字版之機，修正原著中的錯誤，以舒緩良心上的不安。

　　當前，兩岸和平發展進入關鍵時期，進一步增進兩岸合作交流，實現祖國統一大業，是每個中國人的企盼與責任。筆者所任職的福建工程學院，辦學歷程肇始於 1896 年福州具有維新思想的鄉紳陳璧、孫葆縉、力鈞、林紓等創辦的「蒼霞精舍」。百十餘年來，學校的辦學與海峽東岸的發展攸息相關。臺灣著名革命烈士林祖密（名資鏗，字季商，1878～1925）曾入讀「蒼霞精舍」。學校在「福建高工」時期培養的一批人才，曾直接投身臺灣光復初期的

建設。即使在兩岸隔絕時期，「福建高工」在臺校友也始終堅持於每年校慶日聚會，數十年從未間斷，這份深情感染並激勵著學校的建設與發展。學校在2002 年升本組建爲福建工程學院以來，一直將推進兩岸教育交流與合作作爲辦學的重要使命，專門成立了海峽工學院，與臺灣雲林科技大學、明道大學、逢甲大學、中原大學等數所大學進行著緊密的人才培養與科學研究合作，師生往來頻繁、交往密切。此次有機會出版拙著繁體字版，也算是自己爲推動福建工程學院服務兩岸大學合作與交流做的一項具體工作，爲兩岸和平發展付出的一份綿薄之力。

拙著繁體字版基本保留了原簡體字版著作之面貌，只是將文字上的錯誤及表達的不規範處進行了修正。臺灣花木蘭文化出版社駐北京聯絡處楊嘉樂主任不僅從學術著作「大海」中將拙著「撈出」，還爲拙著繁體字版出版付出辛勤勞動，在此特表謝意！

2014 年 3 月